Erich Bauer
Marianne Riermeier

Das Reisehoroskop

Erich Bauer
Marianne Riermeier

Mit den Sternen in den Urlaub

Das Reise Horoskop

KAILASH

KAILASH

Bildnachweis:
Michael Allhoff (Seeheim) S. 64, 68, 72, 78, 80, 90, 94, 98, 148, 150, 154, 184, 192; Dänisches Fremdenverkehrsamt (Hamburg) S. 86; Annemarie Deißenböck (München) S. 92; Felix Hörhager (München) S. 60, 106, 144; Kai Lehmann (München) S. 112, 166; Mangum PR (München) S. 66, 206; Ulrich Rombach (München) S. 210; Staatliches Italienisches Fremdenverkehrsamt E.N.I.T. (München) S. 116; Thailändisches Fremdenverkehrsamt (Frankfurt) S. 196; Jürgen Wacker (Bad Urach) S. 104, 128, 174, 190.
Weitere Abbildungen stammen von Claudia Göbel, Jutta von Guretzky, Sandra Guzzon, Maren Hackmann, Asta Machat, Petra Riedhammer, Marianne Riermeier.

Die Deutsche Bibliothek – CIP-Einheitsaufnahme
Bauer, Erich:
Das Reisehoroskop : Mit den Sternen in den Urlaub /
Erich Bauer ; Marianne Riermeier. – Kreuzlingen ; München :
Hugendubel, 2002
(Kailash)
ISBN 3-7205-2281-4

Umschlaggestaltung: Zembsch'Werkstatt, München
Produktion: Maximiliane Seidl
Satz: Impressum, München
Druck und Bindung: Huber, Dießen
Printed in Germany

ISBN 3-7205-2281-4

Inhalt

So ist die Welt
ewig unter die zwölf Tierkreiszeichen aufgeteilt …
Und genau wie sich diese Zeichen miteinander vereinen
oder sich in Feindschaft gegenüberstehen …
so gesellt sich auch Land zu Land und Stadt zu Stadt,
so ist eine Küste mit der anderen im Krieg
und ein Reich mit dem nächsten.
So soll jeder Mensch
einen Ort scheuen oder aufsuchen …,
so soll er auf Treue hoffen können oder vor Übel
gewarnt sein, je nach dem Charakter,
der aus dem Himmel dort zur Erde hinabkam.

Marcus Manilius
(Römischer Astrologe um Christi Geburt)

Vorwort

Wohin im Urlaub? Welches Klima, welche Landschaft, welche Länder und Orte tun uns gut? Wo können wir am besten entspannen, was regt uns an, was auf, und was bringt den größten Spaß?

Wenn wir uns dabei von unseren Sternzeichen leiten lassen, werden unsere Reisen vielleicht eine ganz neue Qualität bekommen. Denn: Was dem Widder als Traumurlaub vor Augen schwebt, kann bei einem Krebs Vorbehalte wachrufen. Und was einer Waage für einen »richtigen« Urlaub als unverzichtbar erscheint, das ist einem Fisch möglicherweise völlig egal. Jedes Sternzeichen folgt dabei einem geheimen inneren Code, hat besondere Wünsche und Vorlieben, mag das eine und das andere nicht. Es ist, als gehöre jeder Mensch einer ganz spezifischen Spezies an, die sich nur dann voll entfalten kann, wenn die äußeren Umstände den inneren Anlagen entsprechen. So wenig wie beispielsweise ein Zitronenbaum an der Schneegrenze blüht, so unwohl fühlt sich ein Steinbock-Geborener, wenn um ihn herum Menschenmassen wogen, und so fremd kommt sich ein Zwillinge-Mensch vor, wenn er alleine sein muss. Jeder Mensch sucht in seinem Leben Bedingungen, die seiner Eigenart entsprechen. Aber jeder muss auch mit Bedingungen zurechtkommen, die seinem Wesen nur wenig oder nur annähernd genügen. Als Ausgleich für das permanente Manko sehnt man sich nach der Phase, in der man von täglichen Zwängen und entfremdeter Arbeit freigesprochen ist und kein Nachbar oder Chef einem vor der Nase herumtanzt: In den Ferien wenigstens will man restlos glücklich sein, da wenigstens soll alles stimmen. Insofern wird jeder Urlaub immer auch von der Sehnsucht nach Vollendung und Perfektion begleitet: Man sucht das große Glück. Aus astrologischer Sicht bedeutet dies, wenigstens eine kurze Zeit gemäß dem Wesen des eigenen Sternzeichens zu leben. Reisevorlieben hängen also – wie auch alles andere im Leben – ganz davon ab, welches Sternzeichen-Kind man ist.

In diesem Buch werden daher die typischen Reisegewohnheiten, Vorlieben und Abneigungen der zwölf Tierkreiszeichen (die astrologisch richtige Bezeichnung für Sternzeichen) vorgestellt.

Darüber hinaus bekommen über 100 Reiseziele – Länder und Städte, die gerade »in« sind –, ihr astrologisches Kennzeichen. Was die Länder, Inseln und Städte für die einzelnen Sternzeichen bereit halten, erfahren Sie auch aus einer ausführlichen Tabelle zu jedem Reiseteil, die den Sternzeichen-typischen Erlebnisgehalt widerspiegelt.

Die Betrachtung aus der Perspektive der Sterne kann bei der Suche nach dem richtigen Reiseziel das berühmte Zünglein an der Waage sein. Und bei der Vorbereitung für die Reise selbst hat man eine zusätzliche Checkliste, was unbedingt mit in den Koffer muss. So vermag die Betrachtung durch die astrologische Brille neue, interessante oder spannende Details zum Vorschein bringen.

Um eine etwaige Befürchtung aufzugreifen: Man muss kein Astro-Profi sein, um dieses Buch zu verstehen. Wenn man die folgenden, einführenden Seiten gelesen hat, ist alles kinderleicht. Auf der anderen Seite ist dieses Buch auch für den Astro-Profi interessant. Er bekommt viele Informationen über zahlreiche Länder und kann die hier vorgestellten Gedanken für sich weiterführen.

Auch eine weitere, nahe liegende Befürchtung kann gleich hier zu Anfang beseitigt werden: Grundsätzlich ist jedes Reiseland für jedes Sternzeichen interessant. Also keine Angst, dass Sie womöglich nach der Lektüre des Buches nicht mehr leichten Gewissens in Ihr Lieblings-Urlaubsland reisen könnten! Auch Streitereien in der Art »Nie wieder fahre ich in dein Urlaubsland, in meinem wäre das nie passiert …!«, lassen sich durch die Sterne nicht legitimieren.

Dieses Buch mag die Augen öffnen und zu mehr Verständnis für seine Mitreisenden anregen. Es kann eine ganz Reihe von Aha-

Erlebnissen auslösen, weil man plötzlich versteht, warum etwas so ist, wie es ist, und warum etwas, was dem einen gefällt, dem anderen nicht einmal auffällt. Es weckt mehr Verständnis und Toleranz für einander und stiftet zum Miteinander auf der Basis individueller Unterschiede an.

Dass durch einen kosmischen Blick die schönste Zeit des Jahres noch schöner werde – das wäre der innigste Wunsch der beiden Autoren.

München, im Dezember 2001

Erich Bauer
Marianne Riermeier

Die Reisegewohnheiten der zwölf Sternzeichen

Der Widder (21. März bis 20. April)
will im Urlaub Action

Für einen Widder ist ein geruhsames Urlaubsparadies eher ein Ort der Verbannung. Denn er braucht Action – gerade auch in seiner freien Zeit. Er mag es sich zum tausendsten Mal vornehmen, dieses Mal wirklich nur faul in der Sonne zu dösen, aber kaum 24 Stunden am Ort, kämpft er bereits auf einem – notfalls geliehenen – Wellenbrett gegen die Brandung oder ringt mit einem anspruchsvollen achthundert Seiten starken Roman. Es muss etwas geboten werden, damit er seinen Urlaubsfrieden findet.

So gesehen scheinen seine Vorlieben zunächst einmal dem Klischee eines Urlaubsprogramms völlig konträr zu gehen: Schließlich will das Gros der Menschheit in den Ferien entspannen und sich treiben lassen. Schon morgens aus den Federn zu hechten, um an einem Segeltörn oder an einer Bergwanderung, einem Radrennen oder einem Tennismatch teilzunehmen, das ist nicht gerade jedermanns Sache. Aber so sind eben die verschiedenen astrologischen Geschmäcker! Ein richtiger Widder kommt erst dann zur Ruhe, wenn er sich zuvor verausgabt hat. Oder anders gesagt: Rafft sich ein Widder nicht im Urlaub zu einem Action-Programm auf, wird sein Betätigungsfeld der Urlaubsalltag: Dann ist das Hotel zu laut, das Essen schlecht, der Strand verschmutzt – und am Ende kämpft er gegen den Ober und die gesamte Küchenmannschaft. Ist es da nicht besser, er lebt sein Feuer auf dem Tenniscourt oder beim Joggen aus? Ein Widder-Geborener braucht Trubel und Herausforderung, und wenn er nicht selbst dafür sorgt, »verschafft« es ihm eben das Schicksal. Richtig ruhig wird ein Widder erst, wenn er am Morgen sein Fitness-Programm absolviert, den Nachmittag mit Tennisspielen zubringt und dann bis tief in die Nacht hinein in einer Diskothek tanzt. Dann findet er seinen Urlaubsfrieden, fühlt sich wohl, ist bei sich.

Das soll jetzt nicht heißen, alle Widder wären Athleten oder Draufgänger. Sie können stundenlang in einer Hängematte liegen, entspannen, träumen, einfach nur vor sich hindösen. Sie haben sogar die besten Ideen, wenn sie nichts tun. Sie sind ritterlich und fürsorglich, und vor allem sind sie wahnsinnig unterhaltsam: Langweilig wird es mit einem Widder niemals! Aber all seine Vorzüge kommen eben erst zum Vorschein, wenn sich sein Feuer, mit dem er nun mal so überaus reichlich gesegnet ist, entfachen, seine Natur sich Ausdruck verschaffen kann. Im anderen Fall kann ein Widder ein nerviger Zeitgenosse sein.

Sind Herr und Frau Widder verschieden? Eine Widder-Frau ist nicht ganz so feurig wie das männliche Pendant. Eine Frau lebt ja auch ihr Mondzeichen, das nicht identisch mit ihrem Sonnen-Tierkreiszeichen sein muss. Allerdings umgeben sich Widder-Frauen gerne mit Männern, die für die Action und Unruhe sorgen, die sie selbst brauchen. So organisieren sie sich sozusagen auf Umwegen ihr Quantum Widder-Energie. Es geschieht sogar mitunter, dass sich eine Widder-Frau bei ihrem Partner (der womöglich kein Widder ist) über seine Ruhe oder gar Langeweile beschwert. Solch eine Frau »vergisst« einfach, dass es eigentlich ihr als Widder zukäme, für genügend Feuer zu sorgen.

Der Widder als Reisebegleiter. Wer mit einem Widder verreist, muss wissen, dass es unruhig werden und zu Auseinandersetzungen mit dem Hotelbesitzer, dem Service, dem Reiseleiter, den Verkäuferinnen der Beach-Boutique oder wem auch immer kommen kann. Ein Widder »zappt« sich durch seine Ferien und wechselt ununterbrochen das Programm. Hält man sich selbst eher für einen ruhigen Zeitgenossen, darf man eben nicht mit einem Widder verreisen. Allerdings ist es so, dass kein Mensch »zufällig« mit solch einem Temperamentsbündel auf Reisen geht; in der Regel besitzt man selbst eine Portion Widder-Energie in seinem Horoskop. Es ist die Gerechtigkeit der Sterne, dass eigentlich niemand unter einem falschen Sternzeichen leidet, sondern man stets bekommt, was auch in einem selbst angelegt ist. Man stelle sich daher am besten gleich von vornherein darauf ein, dass Reisen mit einem Widder lebendig wird – und dass einem das in 99 von 100 Fällen auch selbst gut tut.

Der Stier (21. April bis 20. Mai)
mag gemütliche Ferien

Gemächlich, sicher und bequem, das sind die Attribute eines Urlaubs, wie ihn sich ein Stier erträumt. Stiere zählen zu den Erdzeichen – und ihrer Qualität nach zu den fixen Zeichen. Es fällt ihnen also schwer, sich auf Unwägbarkeiten oder große Veränderungen einzulassen. Es bereitet ihnen Qualen, wenn ein Flugzeug nicht zur angekündigten Zeit abhebt, eine Umleitung die geplante Route vermasselt oder die Zimmerreservierung schief läuft. Für eine Reise ins Blaue kommen Stiere nur bedingt in Frage. Sie zieht es an Orte, die sie bereits kennen, und sie bleiben dort über Jahre ihrer Pension oder ihrem Zeltplatz treu. So braucht ein Stier keine bösen Überraschungen zu fürchten. Und sollte das gewohnte Restaurant bei der nächsten Ankunft noch bessere Spezialitäten oder größere Portionen auffahren: Derlei Veränderungen nimmt ein Stier gerne in Kauf.

Aber weshalb lässt sich ein Stier überhaupt auf eine Urlaubsreise ein? Er sucht seine »Weide«, er braucht Natur. Ein Stier will die Erde unter den Füßen fühlen, er will auf ihr sitzen und sie unter sich spüren, wenn er liegt. Das »Dickicht der Städte« (von den wenigen mit viel Grün gesegneten Ausnahmen abgesehen) lockt keinen Stier. Natur aber heilt einen Stier. Jeder Atemzug draußen auf einer Wiese oder in einem Wald macht ihn gesünder. Jeder Spaziergang durch das Land lässt ihn glücklicher werden.

Ob Urlaub oder nicht, immer wichtig ist einem Stier das Essen. Er ist überaus wählerisch und besitzt einen fabelhaften Gaumen und ausgezeichnete Geschmacksorgane. Man kann ihn nicht einfach abspeisen, und ein großes Ärgernis sind ihm auch irgendwelche gestylten Miniportionen. Ihm munden einfache, natürliche, wohl zubereitete Gerichte. Er probiert durchaus auch landestypische Kost, solange ihm dabei nicht allzu exotische Düfte in die Nase steigen. Zweihundertprozentige Stiere gehen daher im Urlaub auf Nummer sicher und reisen mit eigenem Herd und einem Vorrat an einheimischen Spezialitäten –

alles fein sortiert und wohnmobilgerecht verstaut. Denn im Ausland über unvorhergesehene kulinarische Engpässe zu stolpern, gehört zu den großen Urlaubskatastrophen dieses Tierkreiszeichens.

Sind Herr und Frau Stier verschieden? Stier-Frauen sind flexibler als Männer. Sie wagen eher auch mal etwas Neues, sind nicht ganz so fixiert auf ganz bestimmte Erwartungen. Das beruht darauf, dass bei einer Frau auch das Mondzeichen das Verhalten bestimmt, und das muss ja nicht identisch mit ihrem Sonnen-Tierkreiszeichen sein. Allerdings ergibt sich daraus fast zwangsläufig, dass sich eine Stier-Frau einen (Reise-)Partner sucht, der ihre Stieranteile lebt. Sie projiziert also ihre Stier-Sonne auf einen Mann. Das wäre an sich noch kein Problem. Probleme gibt es erst, wenn diese Frau dann den Mann kritisiert, weil er sich nicht hundertprozentig nach ihrer Projektion richtet, also nicht oder nicht genug den soliden, Sicherheit vermittelnden Mann mimt.

Der Stier als Reisebegleiter. Mit einem Stier findet man in jedem Land die besten Restaurants und Hotels. Außerdem wird es in seiner Nähe beim Souvenirkauf keinem gelingen, einem Waren überteuert anzudrehen. Der Stier-Begleiter ist ein Garant für solides, preisgünstiges Reisen. Aber man wage bloß nicht, das Urlaubsprogramm mir nichts dir nichts umzuwerfen. Man erwarte auch nicht, dass ein Stier des lieben Urlaubsfriedens willen Kompromisse schließt: Wenn der Blick aus dem Zimmerfenster nicht wie im Prospekt angekündigt ins Grüne geht, dann wird er sich beschweren und nicht eher ruhen, bis die Sache geregelt ist. Man gewinnt in Stier-Begleitung bestimmt viel Sicherheit. Aber man verliert auch etwas: Spontaneität und Freiheit.

Die Zwillinge (21. Mai bis 21. Juni) *mögen es im Urlaub abwechslungsreich*

Zwillinge sind beliebte Reisebegleiter. Sie bereichern die gemeinsame Zeit durch ihre charmante und unterhaltende Art; alles erscheint leicht und entspannt, gleichzeitig aber auch anregend durch ihre Gegenwart. Zwillinge selbst reisen ungern alleine. Nur auf sich angewiesen zu sein, das ist nicht ihre Stärke – nicht zu Hause und erst recht nicht im Urlaub.

Ziehen sie alleine los, um ein fremdes Land zu erkunden, geraten sie allemal ganz schnell an Leute, die ebenfalls Anschluss suchen: eine Clique hat sich gefunden. Aus diesem Grund meiden Zwillinge von vornherein die stillen Winkel dieser Erde. Sie zieht es in die Städte, an öffentliche Plätze, in Cafés. Sie brauchen das Flanieren, das Sehen und Gesehen-Werden, die Diskotheken und Bars, die das Leben vieler Touristen erst richtig in Stimmung bringen. Auf eine einsame Insel oder ins ländliche Idyll lassen sich Zwillinge nur dann entführen, wenn sie dort eine Gruppe erwartet, die ausreichend Kontakt und Unterhaltung verspricht.

Zwillinge lieben es, durch Souvenirläden oder Buchshops zu streunen und Zeitungskioske zu umrunden. Überhaupt Zeitungen! Um auch im Urlaub auf dem Laufenden zu sein, lassen sie sich – wenn irgend möglich – die heimische Tageszeitung nachsenden.

Ihr Informationsbedürfnis vor Ort stillen Zwillinge mit Vorliebe in Museen. Sie gehören zu den typischen Kulturtouristen und ziehen auch deshalb kulturbehaftete Länder unberührten Gegenden vor.

Im Übrigen sind Zwillinge auf Reisen sehr spontan und flexibel. Für sie ist es kein Problem, wenn das Programm täglich umgeworfen wird. Sie sind Improvisations-Genies, machen aus jeder Situation das Beste, kommen daher auch überall gut zurecht und finden ganz schnell Freunde. Unverzichtbare Reiseutensilien sind neben der schon erwähnten Tageszeitung Journale, Reiseführer und andere Literatur. Nichts zu lesen zu haben, nichts Informatives in Händen zu halten, in keine Geschichte eintauchen zu können: Das betrübt die Zwillinge und ihr Urlaub wird kein ultimatives Erlebnis.

Sind Herr und Frau Zwillinge verschieden? Zwillinge-Frauen fallen mit ihren Eigenarten, die sich in nichts von denen ihres männlichen Parts unterscheiden, nicht gleich mit der Tür ins Haus. Sie umgeben sich gern mit aufgeschlossenen, fröhlichen Menschen, die gewissermaßen stellvertretend für sie die zwillingshafte Seite übernehmen. Sobald sie mit jemandem zusammen sind, der das Gespräch beginnt, die Initiative ergreift, dann »outen« sich auch Zwillinge-Frauen und sprudeln los mit ihrer charmanten Lebensart. Ihrer Begleitung überlassen sie allerdings weiterhin die Initiative beim Planen, Organisieren und Kontaktieren, behalten aber gleichzeitig das Heft in der Hand und neigen recht schnell zu Vorwürfen. Das kann zum Problem werden, weil die Zwillinge-Frau im Grunde genommen alles besser zu wissen meint, sich jedoch immer erst dann äußert, wenn der andere bereits den ersten Schritt getan hat.

Zwillinge als Reisebegleiter. Wir haben Zwillinge als charmante, unterhaltsame und interessierte Reisende kennen gelernt, mit denen man ausgesprochen gut unterwegs sein kann. Allerdings sollten sich Zeitgenossen, die Ruhe suchen, nicht gerade Zwillinge als Reisebegleitung wählen, die verbal um so lebhafter reagieren, je mehr Stille entsteht. Zwillinge wären in solch einer Gruppierung ein permanenter Stein des Anstoßes, denn einfach »abstellen« lassen sie sich nicht. Zu einem Zwilling zu sagen: »Jetzt sei doch bitte mal still!«, ist eine Zumutung. Diese Menschen sind schließlich dafür geboren, andere zu unterhalten. Warum sollten sie gerade dann, wenn sie im Urlaub sind, ihr Naturell unterdrücken?

♋ Der Krebs (22. Juni bis 22. Juli)
verreist am liebsten mit der ganzen Familie

Krebsgeborene sind gemütliche, gefühlvolle Menschen. Sie sind »My-home-is-my-castle-Typen« und zögen am liebsten mit ihrem Zuhause huckepack in den Urlaub. Ideal lässt sich das mit einem Wohnwagen oder einem komfortablen Zelt verwirklichen. Man richtet sich ein, steckt sein Terrain ab, stellt Tisch und Stühle auf und macht sich die Abende mit Kerzenschein lauschig. Wichtig ist ihnen ein Platz, den sie sich gestalten und an dem sie sich gehen lassen können. Krebse gehören nicht zu den Urlaubern, die sich gern auf Unbekanntes einlassen – nicht wissend, wo sie letztlich landen werden. Schon der Aufbruch von zu Hause, von ihrem wohl geordneten und gemütlichen Heim, kostet sie Überwindung, und die Ankunft in einer gänzlich fremden Umgebung bereitet ihnen immer etwas Angst. Krebse gehören daher eindeutig zu den »Wiederholungstätern« unter den Urlaubern. Wenn sie einmal einen Platz gefunden haben, der ihnen entspricht, dann zieht es sie dort immer wieder hin. Eine Bedingung muss ein solcher Ort jedoch erfüllen: Er muss Zugang zum Wasser haben. Krebse zieht es an den ruhigen Strand am Meer, den stillen See im Wald. Es sind die kleinen Orte inmitten der Natur, die das Urlaubsbild der Krebse prägen.

Zu einem richtigen Krebs-Urlaub gehört auch die Familie. Niemand reist so gern im eigenen Clan wie Krebse. Mit jedem Familienmitglied wird der Urlaub schöner, egal, wie turbulent und anstrengend dies auch sein mag. Das Glück ist vollkommen, wenn am Abend alle gemeinsam am Tisch sitzen und sich das vom Krebs bereitete Essen schmecken lassen. Krebse sind Familientiere, sie sind auf der Welt, um das Prinzip der Familie zu achten. Weshalb sollten sie gerade im Urlaub darauf verzichten? Krebse, die ohne familiären Verbund verreisen, zieht es daher automatisch in Clubs, oder sie machen sich mit Freunden auf den Weg. Krebse, die ganz alleine reisen, sind selten. Wenn zuvor gesagt wurde, dass Krebse Land und Wasser brauchen, so bedeutet das nicht, dass sie nichts für Kultur übrig hätten. Ganz im Gegenteil. Krebse sind Wesen, die aus der Vergangenheit schöpfen. Es ist ihnen daher wichtig, an ihrem Urlaubsort auf Vergangenes zu stoßen: beispielsweise ein Museum, eine alte Stadtmauer oder eine Burg. Sie tauchen in die Vergangenheit und kommen daraus gestärkt hervor.

Sind Herr und Frau Krebs verschieden? Die Frauen unter den Krebsen vertreten das fürsorgliche, Gemütlichkeit spendende Prinzip in größerem Maß als die Männer. Eine Krebs-Frau ist so etwas wie die Mutter Natur, bei der jeder einen Platz findet, die niemanden zurückweist, der sie um Hilfe bittet. Natürlich trägt auch ein Krebs-Mann sein Naturell, aber er versteckt es eher, weil für einen Mann in unserer Gesellschaft die typischen Krebsattribute – fürsorglich, mütterlich, weich, gefühlvoll – nicht opportun sind. Im Urlaub aber lässt auch er seinem Naturell freien Lauf und steht am Camping-Kocher – auch wenn er zu Hause keinen Kochlöffel anrührt. Eine Frau wiederum wird versuchen, bei ihrem Urlaubspartner das Krebshafte zu wecken und zu nähren. Ein Mann – sein Sternzeichen spielt dabei keine Rolle –, der mit einer Krebs-Frau in den Urlaub fährt und dann nicht sorgt, kocht oder Gemütlichkeit herstellt, der hat es bald bei dieser Frau verscherzt.

Der Krebs als Reisebegleiter. Wer mit einem Krebs verreist, wird entweder verhätschelt und verwöhnt oder muss umgekehrt seinen Krebs-Partner wie eine italienische Mama versorgen. Dass in einem gemeinsamen Urlaub jeder machen kann, was er möchte, ist mit anderen Tierkreiszeichen möglich, bestimmt aber nicht mit einem Krebs. Das »Betütelt-Werden« durch einen Krebs kann einem Menschen, der gewohnt ist, alles Nötige selbst zu erledigen, ganz schön auf die Nerven gehen. Auf der anderen Seite hat man bei einem Krebs einen Menschen an seiner Seite, der allein durch seine Anwesenheit bewirkt, die Seele auftanken zu lassen – und das ist wichtiger als alles andere.

♌ Der Löwe (23. Juli bis 23. August)
stellt Ansprüche an seine Ferien

Für den klassischen Löwen ist eigentlich immer Urlaub. Sicher, das ist überspitzt formuliert, aber es soll ja auch etwas deutlich machen: Löwen besitzen die ungeheure Kunst, sich das Leben so angenehm wie möglich zu gestalten. Sie ruhen, wenn es nichts zu tun gibt, und sie können arbeiten wie Ochsen, wenn es nötig ist. Sie lassen sich nicht vor falsche Ideale spannen und entgehen damit auch großen Enttäuschungen. Sie sind bei sich, folgen ihrem Herzen, sind deshalb wahrhaftig und bekommen daher auch von den allermeisten Menschen Zuspruch. Im Grunde leben Löwen so, wie es viele Menschen nur im Urlaub schaffen: bei sich sein, ruhen, genießen, gut zu sich selbst sein, seinem Herzen folgen. Jeder, der in den Urlaub fährt, sucht ja genau dieses: sich selbst finden, selbst sein, sich selbst leben, zufrieden und glücklich sein, nicht fremdbestimmt werden, nicht aufstehen müssen, wenn der Wecker klingelt, nicht essen, wenn Mittagspause ist – kurz, man will seinem natürlichen Rhythmus folgen können.

Löwen im Urlaub überbieten sich selbst. Sie sind die Stars, jene Menschen, die einem sofort auf der Uferpromenade auffallen, weil sie schöner, strahlender, glücklicher sind, schreiten statt gehen, lachen und Zufriedenheit ausstrahlen. Man sieht sie allerdings kaum dort, wo alle hingehen. Das ist sich ein Löwe schuldig, dass er seine Ferien an einem Platz verbringt, der etwas Besonderes hat: ein Schloss, einen Privatstrand, eine Privatyacht, ein exklusives Hotel, ein Landhaus. Nicht, dass Löwen snobistisch oder übermäßig anspruchsvoll wären: Nein, sie wollen nur von allem das Beste. Ein Löwe, dessen finanzielle Situation es nicht anders zulässt, begibt sich eben an einen besonders schönen Strand und übernachtet dort durchaus auch im Freien. Aber was er hat, das wird ausgegeben, nicht mehr und nicht weniger.

Zieht es ihn eher aufs Land oder in die Stadt? – Existieren lediglich diese beiden Alternativen, zieht er die Stadt vor. Aufs Land lässt er sich nur ein, wenn das Haus besonders schick eingerichtet oder die Aussicht besonders erbaulich ist. Aber man kann keinen Löwen in ein verschrobenes Häuschen in einem unbekannten Dorf bringen, wo man das Wasser morgens mit dem Eimer aus dem Brunnen ziehen muss. Es sei denn, dieser Brunnen stünde sozusagen als »Gag« in einer riesigen Hazienda. Besonders Kultur beflissen ist der Löwe nicht. Er genügt sich selbst. Zwar sieht er sich auch gerne eine Gemäldesammlung an. Aber irgendwo Schlange zu stehen, um dann für ein paar Minuten ein Bild betrachten zu können, ist nicht Löwe-Art. Geschichtsträchtige Plätze tun's ihm auch nicht besonders an. Auch hier heißt seine Devise: »Meine Geschichte reicht mir!«

Sind Herr und Frau Löwe verschieden? Die Löwe-Frau lebt das Löwe-Prinzip nicht ganz so vehement wie der Löwe-Mann. Sie wartet auf besondere Gelegenheiten, um ihr Naturell zu zeigen. Und dazu zählen auf alle Fälle die Ferien. So mancher Begleiter einer Löwin ist bass erstaunt, wie anders sich seine Partnerin da plötzlich gibt: anspruchsvoll, teuer, aber auch ungeheuer sinnlich, lustvoll und voller Ausstrahlung. Hinzu kommt, dass eine Löwin von jedem Mann, egal welchen Sternzeichens, erwartet, dass er sich wie ein Löwe verhält. Ein Urlaub mit einer Löwin ist daher nichts für sparsame Männer, die sich nichts gönnen mögen, die auch im Urlaub noch ständig an ihrem Auto herumwerkeln und überall nach den billigsten Restaurants und Hotels Ausschau halten. Bei so jemandem bleibt eine Löwin nicht lange, denn er versagt in ihren Augen in puncto Großzügigkeit, einer Eigenschaft, die jede Löwin einfach erwartet.

Der Löwe als Reisebegleiter. Das Reisen mit einem Löwen ist angenehm. Schon alleine seine Nähe fördert die Urlaubsqualität. Man fällt in einen herrlichen Zustand, sobald man vor Ort angekommen ist. Nachteile gibt es kaum, es sei denn, man regt sich darüber auf, dass der Löwe einen immer dorthin führt, wo das Essen teuer und die Hotels mit einigen Sternen versehen sind. Aber das ist der Preis dafür, dass man zusammen mit einem Löwen oder einer Löwin auch mehr von seinem Urlaub hat.

♍ **Die Jungfrau** (24. August bis 23. September) *hat es gerne einfach in den Ferien*

Jungfrau-Geborene wollen wissen, was sie erwartet. Auch sie gehören zu den »Wiederholungstätern«, die immer wieder den selben Ort, das selbe Haus wählen. Es erleichtert eine Jungfrau, wenn sie weiß, wohin sie kommt, oder wenn sie auf bekannte Gesichter trifft. Die Situation, vor einem Hotel zu stehen und erst nach einem Zimmer zu fragen oder eine teure Unterkunft nehmen zu müssen, weil es nichts anderes mehr gibt – all das dämpft das Urlaubsvergnügen einer Jungfrau ganz gewaltig. Sobald alles geklärt ist, sie sich angenommen und nicht ausgenommen fühlt, lebt die Jungfrau auf.

Jungfrauen brauchen des Weiteren Natur. Das bedeutet nicht, dass sie ihre Ferien unbedingt auf dem Land verbringen müssen. Aber irgendwo sollte etwas Grünes sein, müssen sie Kontakt zur Erde haben, um sich wirklich wohl zu fühlen. Ansonsten hat eine Jungfrau das Talent, aus allem das Beste zu machen. Hält sie sich in einer Stadt auf, streift sie durch die Museen, sie findet bald heraus, wo die Parks sind, und wo man baden gehen kann. Verbringt sie den Urlaub auf dem Land, widmet sie sich der Natur, studiert die Bäume und andere Pflanzen, unternimmt Wanderungen und badet im See. Sie ist ungeheuer neugierig, sie will alles kennen lernen, sei es rund um ihr Hotel, in der Stadt oder auf dem Land. Dabei macht sie gerne ihre eigenen Entdeckungen und sucht sich wenig begangene Wege. Voraussetzung ist allerdings, dass sie sich an einen sicheren Platz zurückziehen kann, in ihr Hotel, auf den Zeltplatz oder an einen anderen Ort, der ihr vertraut ist.

Die Jungfrau ist sparsam. Das bedeutet nicht, dass sie kein Geld ausgeben will, aber sie legt Wert auf ein richtiges Preis-Leistungs-Verhältnis. Nur einfach viel Geld auszugeben, um in einem teuren Restaurant das gleiche (gute oder schlechte) Essen zu verspeisen wie in einem einfacheren Lokal: Das sieht eine Jungfrau nicht ein, da streikt ihr Naturell. Aber sie gönnt sich gerne mal etwas, wenn sie das Gefühl hat, dass sie es sich verdient hat. Das ist überhaupt ein wichtiger Gesichtspunkt: Eine Jungfrau kann nicht entspannen, wenn sie sich nicht vorher angestrengt hat; sie kann kein Geld ausgeben, wenn sie zuvor nichts geleistet hat. Sie braucht dieses Wechselspiel. Sie bringt es auch fertig, sich mit Aktenordner und Laptop auf den Weg zu machen, weil sie meint, sie hätte noch nicht genug getan, ihren Urlaub also noch nicht so recht verdient.

Sind Herr und Frau Jungfrau verschieden? Beide sind sich sehr ähnlich. Jedoch offenbart bei den Jungfrauen die Frau ihr Naturell etwas stärker und direkter als die männliche Spezies. Sie neigt außerdem dazu, sich Männer auszusuchen, die das jungfräuliche Naturell deutlich zeigen. Sollte sie an einen Mann geraten, der davon nichts besitzt, ist sie enttäuscht, sie versucht ihn jedoch entsprechend zu »modellieren«, also planvoller, sparsamer, genauer und zuverlässiger zu machen. Das kann für einen Mann, der von Natur aus ganz anders gestrickt ist, ganz schön nervig werden.

Die Jungfrau als Reisebegleiter. Reisen mit einer Jungfrau ist angenehm. Sie ist kein Mensch mit bestimmten unumstößlichen Einstellungen. Sie kann sich an jede Situation anpassen. Sie gehört nicht zu den Typen, denen man sich unterordnen oder mit denen man ständig Krieg führen muss. Nein, die Jungfrau ist pflegeleicht, und im Urlaub erst recht. Sie ist aber ein unsicherer Kandidat, und wer von ihr erwartet, dass sie vor Ort die Organisation übernimmt, sich nach Hotels und dem Preis erkundigt, der liegt falsch. Da hält sich die Jungfrau gerne zurück. Nicht so mit ihrer Kritik: Sie wird immer etwas auszusetzen haben. Und man tut gut daran, einfach darüber zu stehen, wenn man mit einer Jungfrau verreist.

Die Waage (24. September bis 23. Oktober)
liebt stilvolle Ferien

Nomen est omen: Waagen sind wohl temperiert, alles Kantige, Gewöhnliche und Dissonante erregt in ihnen Unbehagen. Sie fühlen sich zur Verschönerung der Welt berufen, nicht zur Erledigung des banalen Alltagmülls. Und weil dieser Anspruch im normalen Leben so furchtbar schwer herzustellen ist, erwarten Waagen, dass sie wenigstens den Urlaub am Ort ihrer Sehnsüchte verbringen können. Sie brauchen Plätze, die in sich stimmig sind, die Atmosphäre haben, die romantisch, verspielt, kunstvoll gestaltet sind. Zum Beispiel gehört zu einem erfüllten Waage-Urlaub ein Sonnenuntergang am Meer. Und wenn die glutrote Scheibe in das Meer sinkt, dann darf sie nicht von Wolkenkratzern oder anderen Gebäuden verstellt werden. Das soll jetzt nicht heißen, dass Waagen immer ans Meer oder wenigstens aufs Land fahren müssen. Es soll nur zeigen, wie stimmungsabhängig Waagen sind. Natürlich können sie auch in einem schönen Hotel mit großzügigen Zimmern, Gemälden an der Wand und Ausblick über die Silhouetten der anderen Dächer Ferien machen. Aber wo immer sie sind, es darf nicht gewöhnlich sein, nicht lieblos, nicht gleichgültig. Das bezieht sich nicht nur auf die Lokalität, sondern auch auf die Menschen. Eine Waage kann an einem lieblosen Kellner verzweifeln und ihren Urlaub deswegen für misslungen erklären.

Einen wesentlichen Punkt auf der Werteskala einer Waage belegt die Kultur. Ein Platz ohne Kunst, ohne Geschichte, ohne irgendeinen Ausdruck davon, dass sich Menschen um einen ästhetischen Ausdruck bemüht haben oder bemühen, ist für eine Waage nicht geeignet. Sie braucht die eleganten Boulevards, möchte stilvolle Möbel und Kleider sehen, durch Kirchen und Museen streifen, in Konzerte und ins Theater gehen können.

Das Wichtigste für eine Waage aber ist die Liebe. Diese Sternzeichen sind geboren, um der Menschheit Liebe zu bringen. Liebe ist für eine Waage wie für andere die Luft; sie braucht sie zum Leben, sie braucht sie, um glücklich zu sein. Und bekanntlich gehören zur Liebe mindestens zwei. Kein Wunder daher, dass die Waage ein Urlauber ist, der mit seinem Partner verreist. Im Urlaub nämlich soll endlich die Liebe zum Tragen kommen, zu der es im normalen Alltag nicht reicht, weil man zu wenig Zeit hat oder die entsprechende Kulisse fehlt. Eine Waage, die allein verreist, ist erst dann glücklich, wenn sie jemanden gefunden hat, mit dem sie wenigstens reden und sich austauschen kann. Das Nonplusultra ist es natürlich, wenn sie dabei auf den Menschen trifft, nach dem sie schon lange gesucht hat und mit dem sie von nun an gemeinsam durchs Leben ziehen will.

Sind Herr und Frau Waage verschieden? Die Waage-Frau ist in aller Regel noch stärker du-orientiert als ein Waage-Mann. Sie sucht sich den Menschen, der ihre eigene Waage-Energie ergänzt, wenn sie meint, sie allein überhaupt nicht richtig leben zu können. Waage-Frauen sind allesamt Liebeskünstlerinnen, verliebt in die Liebe, und sie warten sehnlichst darauf, dass sich ihr Wunsch nach Liebe erfüllt.

Die Waage als Reisebegleiter. Wenn man mit einer Waage reist, kommt es nie zum Streit. Eine Waage versteht es mehr als jedes andere Sternzeichen, sich in einen anderen Menschen einzufühlen und seine Gedanken zu erraten. Sie ist daher ein wunderbares Pendant für jeden – und erst recht in den Ferien. Wundern darf man sich nur nicht, dass diese Waage, die einem ständig verliebte Blicke zuwirft, das auch bei jedem anderen, den sie einigermaßen nett findet, tut. Das kann zu Irritationen im Urlaub führen, allerdings eher bei demjenigen, der mit der Waage reist, als bei der Waage selbst.

♏ Der Skorpion (24. Oktober bis 22. November)
mag gerne etwas extreme Ferien

Skorpione stehen ihr ganzes Leben lang vor einem Abgrund. Wenn sie lieben, geht es um Leben und Tod, und wenn sie arbeiten, heißt es »Einsatz total«.

Klar, dass diese zu allem bereiten Menschen nicht an einem Allerweltsplatz Urlaub machen können. Sie brauchen das Abenteuer, das Risiko – und wenn sie es schon nicht zu Hause finden, dann wenigstens während der Ferien. Skorpione gehören daher zu den Urlaubern, die sich gerne zu Extremsportkursen – Paragliding, Fallschirmspringen oder Rafting – anmelden. Wenn sie sich nicht auf derlei organisierte Unterfangen einlassen, suchen sie Grenzerlebnisse, etwas, das den Alltag sprengt. Dazu kann auch einmal gehören, dass sich ein Skorpion ganz unvernünftig lange in die Sonne »knallt« oder so weit ins Meer hinaus schwimmt, dass ihn die Rettungsmannschaften zurückpfeifen. Aber von solch törichtem Tun einmal abgesehen, weiß der Skorpion ganz genau, wie weit er gehen kann (und das ist in jedem Fall weiter als die anderen), aber er weiß auch, wo die wirkliche Gefahr beginnt. Er liebt das Leben, er will etwas aus seinem Leben machen, und da ist Leichtsinn nicht angebracht.

Was zu einem erfüllten Skorpion auch immer gehört, sind leidenschaftliche Gefühle. Daher verreist der Skorpion am liebsten mit seinem Partner, um dann in den Ferien endlich all die gefühlsmäßigen, vor allem erotischen Erfahrungen nachzuholen, für die ihm im Alltag die Zeit, die Lust oder die Gelegenheiten fehlen.

Verreist ein Skorpion allein, gehört er zu den Urlaubern, die am leichtesten zu einem Abenteuer bereit sind – auch in den Betten. Das soll aber jetzt nicht so verstanden werden, als hätte ein Skorpion in den Ferien nur Sex im Kopf. Es geht ihm um Leidenschaft, um ein intensives Gefühlsleben. Und er kann bei einer Fahrt im PKW an einer steilen Küstenstraße genauso in Euphorie geraten wie im Bett.

Aber nicht nur als Paar findet der Skorpion sein Urlaubsglück. Hat er Familie, hält er es für das schönste, mit dem ganzen Clan – Mutter und Schwiegervater inklusive – aufzubrechen, ein Häuschen zu mieten und dort endlich den Traum von der heilen Familie und Sippe zu leben.

Sind Herr und Frau Skorpion verschieden? Skorpion-Frauen sind noch gefühlvoller, noch leidenschaftlicher, noch hingebungsvoller als Männer. Skorpion-Frauen gehören daher zu den gefürchteten, aber gleichermaßen beliebtesten Frauen. Gefürchtet, weil sie so stark sind, weil sie bereit sind, sich völlig hinzugeben, dafür aber alles fordern – und mit kolossaler Eifersucht reagieren. Beliebt und geliebt, weil ihre Leidenschaft und ihre Hingabe überall gerühmt werden.

Der Skorpion als Reisebegleiter. Wer mit einem Skorpion verreist, muss wissen, dass er damit eine Abmachung getroffen hat: Er ist nicht mehr frei. Er kann nicht mehr tun und lassen, was er will, sondern er muss sich mit seinem Skorpion arrangieren, eventuell mehr als ihm lieb ist. Denn ein Skorpion empfindet auch Eifersucht, wenn sein Partner etwas zu lange mit dem Kellner redet oder mit einer Verkäuferin flirtet. Das geht ihm gegen den Strich und wider sein Naturell.

Der Schütze (23. November bis 21. Dezember) *mutiert im Urlaub zum Nomaden*

Wenn der Flieger abhebt oder die eigenen vier Räder die erste Grenze überrollen, nimmt die Schütze-Seele einen tiefen Atemzug: Endlich ist sie in ihrem Element! Reisen gehört zum Grundbedürfnis eines Schützen. Ja, es ist sogar so, dass das Schütze-Zeichen in der Astrologie als das Reisezeichen überhaupt gilt.

Es gehört auch schon fast zur Regel, dass Schützen Bekanntschaften mit Menschen anderer Nationen schließen. Wenn dann die Ferienzeit gekommen ist, will ein Schütze seinem Bedürfnis zu reisen und der Sehnsucht nach der Fremde frönen; insbesondere, wenn er in einen beruflichen Alltag eingespannt ist, der ihm sein Naturrecht verwehrt.

Ein Schütze wird niemals die Route wählen, die andere für ihn abgesteckt haben, oder gar ein fixes Programm buchen. Eine einsame Burg, von ihm entdeckt und in keinem Reiseführer verzeichnet, wiegt in seinen Augen viel mehr als touristische Highlights, die alle anderen mit der Kamera ablichten. Letztendlich ist der Schütze ein Entdecker, ein Abenteurer – ein Columbus oder ein Robinson Crusoe. Selbst wenn er doch einmal in einem gebuchten Hotel mit Programm landen sollte, wird er immer noch versuchen, seine eigenen Wege zu gehen. Schützen gehören zu den Menschen, die man am Strand wandern, die Inseln umrunden, die Wälder durchforsten und Berge besteigen sieht. Und mit jedem Schritt, den sie machen, verwandeln sie sich mehr in ihre Urgestalt, in den Jäger, der im Unterbewusstsein eines jeden Schützen weiterwirkt.

Zwei Neigungen des Schützen, denen er auch im Urlaub nachgehen möchte, sind noch zu erwähnen. Die eine betrifft seine sportlichen Ambitionen. Der Schütze ist in der Astrologie als Kentaur entworfen, ein Wesen halb Tier, halb Mensch. Er ist in besonderer Weise aufgerufen, seinen Körper durch sportliche Ertüchtigung zu trainieren und sich fit zu halten. Sein Programm für die Ferien wird also immer auch sportliche Unternehmungen einschließen: von der Bergwanderung über eine Biketour bis hin zum Abenteuer- und Extremsport.

Neben der rein körperlichen Ertüchtigung geht es dem Schützen aber immer auch um geistiges Wachstum. Ein Schütze wird nicht ohne entsprechende Informationen ein Land bereisen. Ein Schütze will wissen, was das Land an Geschichte und Kultur, an Mensch und Natur zu bieten hat. Er gibt sich dabei nicht mit oberflächlicher Reiseliteratur ab, und der eigenen Erfahrung wird er immer den Vorzug geben. Der Schütze gehört übrigens zu den Touristen, die ohne weiteres nur mit einem Rucksack ausgerüstet in die Ferien fahren können. Mehr braucht er nicht.

Sind Herr und Frau Schütze verschieden? Die Schütze-Frau gehört zu den männlichsten Frauentypen überhaupt. Sie ist sportlich, innovativ, trägt gerne Hosen – und hat diese auch sonst in aller Regel an. Sie ist stark, und ihr Motto lautet: Selbst ist die Frau. Und sie träumt von einem Mann, dessen sportive, kantige, feurige Eigenschaften die ihren noch überwiegen. Eine Schütze-Frau erwartet von ihrem Mann all das, was in ihr selber liegt, selbst wenn ihr Partner von seinem Naturell her dafür gar nicht geschaffen ist. Egal, welches Sternzeichen ihr Partner hat, eine Schütze-Frau sucht in ihm immer den feurigen Abenteurer. Und sie ist sehr enttäuscht, wenn der andere – ihr Freund, ihr Mann – diesem Ideal nicht entspricht. Das Reisen mit ihr kann daher für einen mit Feuer nicht so gesegneten Mann eine richtige Last werden, weil er ständig mit Belangen konfrontiert und hineinprojiziert wird, mit denen er überhaupt nichts am Hut hat.

Der Schütze als Reisebegleiter. Schützen erwarten, dass andere genauso drahtig, zackig, feurig, abenteuerlustig sind wie sie selbst. Von daher kann eine Tour mit einem Schützen anstrengend werden: Man ist von früh bis spät unterwegs und hetzt von einem Ziel zum nächsten. Nicht dass ein Schütze einen dazu nötigen würde. Allein sein eigenes Verhalten trägt dazu bei, dass jeder versucht mitzuhalten, aber wenn er nicht genauso fit ist, mobilisiert er früher oder später Widerstände.

♑ Der Steinbock (22. Dezember bis 20. Januar)
weiß im Urlaub, was er will

Steinböcke sind eigenartige Menschen. Obwohl sie aus astrologischer Sicht die besten Qualifikationen von allen zwölf Tierkreiszeichen für Karriere, Ruhm und Ehre haben, bleiben sie in aller Regel einfache, bescheidene und genügsame Menschen. Falls sie es im Leben zu etwas bringen, dann nicht so sehr aus Ehrgeiz, sondern mit Hilfe der Hoffnung, von einer höheren Position aus eher zu einem eigenständigen Leben zu kommen. Nicht Ruhm, Geld oder Macht sind ihre Beweggründe, sondern schlicht ihr Wunsch, das tun zu können, was ihnen vorschwebt: ein einfaches, genügsames und stimmiges Leben zu führen. Dieses Bedürfnis bestimmt dann auch den Urlaub eines Steinbocks. In den Ferien wenigstens will er so sein, wie er von den Gestirnen geprägt wurde. Deswegen findet man ihn auch in Regionen, die seinem Naturell entsprechen. Die Natur steht dabei an allererster Stelle. Für einen Steinbock gibt es nichts Schöneres, als irgendwo auf dem Land in einer einfachen Hütte zu wohnen, das Leben lediglich bestimmt durch den Rhythmus von Sonne, Mond, Sternen, von Wind und Wetter. Er braucht nichts weiter als ein Dach über dem Kopf. Steinböcke trifft man – nomen est omen – auch häufig in den Bergen, ihrem angestammten Revier. Dort finden sie alles, was sie eigentlich suchen. Dort – über den menschlichen Behausungen – sind sie allein und brauchen nicht zu fürchten, von irgendjemandem behelligt zu werden. Und zudem ist das Leben oben in den Bergen einfach, karg – eben genau nach ihrem Geschmack. Man kann sie nicht mit einem Drei-Sterne-Lokal oder einem Fünf-Sterne-Hotel locken oder mit Traumstränden, an denen sich Tausende von Menschen tummeln. Eine kleine Bucht, die der Steinbock für sich (und seine Begleitung) entdeckt hat, ist mehr wert als die ganze Côte d'Azur. Nun treibt sich der Steinbock nicht nur in der Natur herum. Es zieht ihn durchaus auch in die Stadt. Er ist interessiert an Kultur und Geschichte, an Gesellschaftskunde, an den Menschen, an allem, was eine Stadt zu bieten hat. An den großen

Einkaufsmeilen jedoch geht der Steinbock in aller Regel vorbei. Wenn er sie überhaupt wahrnimmt, dann höchstens deswegen, um mal zu schauen, was es so alles gibt. Im Ausnahmefall genehmigt er sich vielleicht sogar etwas Teures. Aber wie gesagt: Im Ausnahmefall …!

Sind Herr und Frau Steinbock verschieden? Eine Steinbock-Frau erwartet von einem Mann immer hundertprozentig Zuverlässigkeit, Geradlinigkeit, Selbstbewusstsein und Stärke. Hat der Partner das nicht zu bieten, erwartet sie zumindest, dass er sich dazu erziehen lässt, um irgendwann zu dem Mann ihrer Vorstellung zu werden. Das Reisen mit einer Steinbock-Frau ist unter solchen Gegebenheiten nicht einfach. Sie erwartet, dass man die Route im Kopf hat, ein guter Führer ist, die richtigen (auch preisgünstigen) Hotels aussucht und allerlei sonstige auf Reisen fällige Dinge erledigt. Vor allem erwartet sie Sicherheit und ist erbost, wenn der andere sie nicht bietet. Ist ihr Begleiter nicht gerade auch ein Steinbock, ist für reichlich Zündstoff gesorgt. Dafür hat man eine Frau an seiner Seite, die unerschrocken auch Abenteuer auf sich nimmt. Mit einer Steinbock-Frau könnte man zum Mittelpunkt der Erde reisen; sie wäre bis zum Ende dabei.

Der Steinbock als Reisebegleiter. Man mache sich nichts vor! Neben einem Steinbock hat man nicht viel zu sagen. Er (oder sie) bestimmt das Reiseziel, die Route und alles andere, was zu richtigen Ferien gehört. Die Art und Weise mag variieren. Manche »dirigieren« indirekt, ohne dass man's richtig merkt, andere sagen klipp und klar, wo's lang geht. Wer's so nicht mag, meide besser einen Steinbock. Aber man ist auch nie schlecht beraten, wenn man einem Steinbock folgt. Er hat einfach den besseren Überblick.

Der Wassermann (21. Januar bis 19. Februar)
sucht das Besondere in seinen Ferien

Er will es exklusiv, im Alltag wie in den Ferien. An einen Allerweltsort wie Mallorca bringen ihn normalerweise keine zehn Pferde. Je weiter desto lieber und je extremer die Anreise, desto größer die Genugtuung, zu den »happy few« zu gehören, deren Reiselust weder durch zeitliche noch finanzielle Grenzen gebremst wird. Wen wundert's also, wenn der Traum all seiner Ziele das Weltall ist? Allerdings würde er den Trip zu den Sternen – wie jede andere Reise auch – nur in Begleitung genießen. Denn nichts braucht ein Wassermann so dringend für sein Wohlbefinden wie seinen ganz privaten Fan-Club. Und auf diese Entourage aus Freunden, Bekannten und Anbetern will er auch im Urlaub nicht verzichten. Einzige Ausnahme: der Ferien-Club (natürlich nur der feine). Da wird Gesellschaft bekanntlich gleich rudelweise mitgeliefert.

Ein Wassermann-Urlaub ist daher in aller Regel sehr teuer. Denn wenn man sich schon normalerweise ein kultiviertes Wassermann-Leben nicht leisten kann, möchte man wenigstens in den Ferien einen Geschmack davon bekommen. Wenn schon der graue Alltag voller idiotischer Zwänge ist, dann will man wenigstens im Urlaub frei davon sein. Unabhängigkeit und Grenzenlosigkeit – das sind weitere Ferienideale eines Wassermanns. Und das kostet natürlich in aller Regel eine Stange Geld.

Ein Wassermann ist nicht unbedingt der Richtige für einen Urlaub auf dem Land. Es sei denn, die ländliche Szenerie ist ein Schloss mit Hunderten von Zimmern, entsprechend vielen Menschen und einem großen Park. Auch in der Wüste kann ein Wassermann sich wohl fühlen, wenn er die Zeit dort als persönlicher Gast eines Scheichs verbringt. Aber normalerweise zieht es einen Wassermann in die Citys von New York, San Francisco, Paris, London, Rom, Bangkok etc. Er braucht das Flair der Großstadt. Das gibt ihm die Illusion, seiner Zeit voraus oder zumindest an ihrer Spitze zu sein. Ein gemächliches Landleben hingegen kommt ihm allemal ein bisschen rückständig und sehr von gestern vor. Fliegen ist seine Lieblingsbeschäftigung und bestimmt auch die Art, zu seinen Reisezielen zu gelangen: im Flieger – und das möglichst weit. Dass er Gesellschaft braucht, wurde schon gesagt. Er gehört nicht zu diesen einsamen Wölfen, die sich nur dann wohl fühlen, wenn keine Menschen um ihn herum sind. Wenn er aber allein verreist, braucht er in aller Regel nicht lange zu darben: Sein Charme, sein natürliches Sozialverständnis schaffen ihm, wo immer er ist, in kürzester Zeit Bekannte und Freunde. Selbst auf einer einsamen Insel bleibt ein Wassermann nicht allein.

Sind Herr und Frau Wassermann verschieden? Der Unterschied zwischen dem männlichen und dem weiblichen Wassermann kann sehr groß sein. Wassermann ist ein männliches Zeichen; das bedeutet, es fällt einem Mann leichter, sich damit zu identifizieren. Eine Frau übernimmt zwar Züge, zum Beispiel die Unabhängigkeit, das Freiheitsbedürfnis, auch den exquisiten Geschmack, aber sie projiziert auch ihre innere Natur auf den jeweiligen Mann, mit dem sie es zu tun hat. Sie sucht dann einen Mann mit Wassermann-Charakter. Soweit sie den findet, ist alles wunderbar. Hat sie es aber mit einem anderen astrologischen Typ zu tun, wird sie nicht müde, ihn zu schikanieren, wenn er nicht ihren Erwartungen entspricht.

Der Wassermann als Reisebegleiter. Es gibt sicher keinen besseren Unterhalter als den Wassermann. Er weiß viel, ist belesen, intelligent und höchst sozial. Vor allem trifft er immer den Umgangston, so dass es auf einer Reise mit ihm bald von neuen Bekanntschaften nur so wimmelt. Für jemanden, der das mag, ist das wunderbar. Sucht man aber eine Idylle mit seinem »Schatz«, und will man seine Ruhe haben, ist man mit einem Wassermann schlecht beraten. Er wird immer die Gesellschaft anderer Menschen suchen.

♓ **Die Fische** (20. Februar bis 20. März)

Ruhe geht ihnen über alles

Fische sind vielschichtig, mysteriös und ein bisschen menschenscheu. Am liebsten würden sie sich unter einem Zaubermantel verstecken, der sie unsichtbar werden oder wenigstens fremd und geheimnisvoll erscheinen lässt. Bei seinen Reiseplänen wird ein Fisch daher keinesfalls Orte wählen, in denen er gekannt, erkannt oder auffallen könnte. Ihn zieht es auf eine einsame Insel, aufs Land, an einen abgelegenen Strand, in ein Dorf irgendwo hoch in den Bergen, oder er taucht in der Menge eines ganz normalen Strandes unter. Er möchte ohne Störung seine Kreise ziehen; seine Seele braucht Raum. Ein Fisch ist ein wenig ein Weltenflüchter, jemand, der gelegentlich mit dem Gedanken an einen Rückzug ins Kloster spielt.

Aber wie sieht der Alltag von Fischen denn in Wahrheit aus? Bleibt ihnen – eingespannt in ihren normalen Tagesablauf in einem Büro, einem Laden, einer Werkstatt oder wo auch immer – denn überhaupt ein Fünkchen von dem, was sie eigentlich suchen? Doch höchst selten! So verschieben Fische ihre Sehnsucht, heben sie sich auf und versuchen, sie wenigstens im Urlaub zu erfüllen. Ferien sind für Fische noch viel mehr als für andere Tierkreiszeichenvertreter eine Flucht aus dem Alltag in das Reich, in dem sie eigentlich zu Hause sind, das ihre Träume und Sehnsüchte nährt, sie verzaubert und für die restlichen Tage des Jahres entschädigt.

Dass Fische, diese »Rühr-mich-nicht-an-Wesen«, gern allein reisen, wundert nicht. Sie suchen auch nicht groß am Ferienort Anschluss. Beim Frühstück bevorzugen sie einen Einzeltisch und schätzen die Distanz zum Geplauder der übrigen Gäste.

Sind Herr und Frau Fische verschieden? Noch rätselhafter als der männliche Fisch präsentiert sich die Fische-Frau. Sie entwischt immer wieder – den anderen genauso wie sich selbst. Sie ist unberechenbar, weil sie sich selbst nicht richtig einzuschätzen weiß, und verwirrt dadurch jeden, der meint, ein klares Bild von ihr zu haben.

Die Fische-Frau erhebt das Alleinsein nicht zum Prinzip. Sie sucht – im Unterschied zum Fische-Mann – nach Menschen, mit denen sie sich innig versteht und austauschen kann. Dass sie allerdings dabei häufig Enttäuschungen erlebt, liegt an ihr selbst, an der so schwer fassbaren Natur der Fische-Frau. Sie möchte nämlich niemals aufdringlich sein, signalisiert daher (vorsichtshalber), dass sie lieber allein bleiben will – und bleibt es dann auch oft, beziehungsweise wird es häufig wieder, wenn sie dann doch einen Mann kennen gelernt hat.

Fische als Reisebegleiter. Fische sind wunderbare Begleiter, einfühlsam, hilfsbereit, immer auf der Seite ihrer Reisepartner. Reisen mit ihnen wird zu einem intensiven Erlebnis. Für ihre Begleiter gilt es eigentlich nur auf zwei Dinge zu achten: die Einsamkeit oder wenigstens Abgeschiedenheit bei der Wahl des Ortes und die Möglichkeit zum Alleinsein am Ort.

Auch Länder, Inseln und Städte haben Sternzeichen

Dem Gros unserer Gesellschaft dürfte es nicht schwer fallen, den eigenen Geburtsdaten das entsprechende Tierkreiszeichen hinzuzufügen. Weitgehend unbekannt hingegen ist, dass auch jedem Land und jeder Stadt ein Tierkreiszeichen zugeordnet werden kann. Zu den Widder-, Löwe- oder Fische-Menschen gesellen sich zum Beispiel auch Widder-, Löwe- und Fische-Länder und -Städte. Wie funktioniert das?

Ganz einfach! So wie ein Mensch aufgrund seines Geburtsdatums einem bestimmten Tierkreiszeichen zugeordnet wird, erhält ein Land seine auf dem Gründungstag basierende Sternzeichen-typische Taufe. Die Bundesrepublik Deutschland zum Beispiel in ihrer jetzigen Staatsform geht auf die Wiedervereinigung am 3. Oktober 1990 zurück. Dieses wichtige Ereignis, das auch in einem alljährlich wiederkehrenden Festtag gefeiert wird, ist der moderne Geburtstag Deutschlands. Damit ist Deutschland ein Waage-Land, denn ähnlich wie bei den Menschen richtet sich die Zugehörigkeit nach dem »Geburtstag« des jeweiligen Landes. Die Schweiz wiederum ist ein Jungfrau-Land. In der jetzigen Staatsform wurde sie am 12. September 1848, einem eindeutigen Jungfrau-Datum, gegründet.

Was heißt das, dass ein Land zum Beispiel ein Widder- oder ein Jungfrau-Land ist? Nun, der astrologische Charakter eines Landes oder einer Stadt »färbt« alle, die sich darin aufhalten. Die »Schwyz« und ihre Eidgenossen sind ja auch tatsächlich weltberühmt für Tugenden, die auch Jungfrau-Menschen auszeichnen: Ehrgeiz, Fleiß, Sparsamkeit und Genauigkeit. Und die Deutschen sind demnach ein Volk vielseitiger, unterhaltsamer, auf Harmonie bedachter und oft etwas unschlüssiger Zeitgenossen. Natürlich zählt das individuelle Sternzeichen eines Menschen viel mehr als das astrologische Kennzeichen des Landes. Aber der Ton des astrologischen Landes-Kennzeichens schwingt immer mit. Mehr noch: Jeder, der dieses Land betritt, nimmt automatisch etwas von seiner Stimmung auf. Das heißt, wenn jemand Deutschland betritt, wird er automatisch eine Spur Waage-hafter, und genauso verändert man sich ein bisschen in Richtung Jungfrau, wenn man in die Schweiz reist.*

Es klingt ziemlich »verrückt«: Da treffen sich Politiker und unterschreiben eine Staatsurkunde, und dieser Zeitpunkt soll den Charakter des Landes bestimmen? Oder: Da rebelliert das Volk, es kommt zum Umsturz, und der Tag, an dem das alte Regime beseitigt und das neue eingesetzt wird, dieser Tag soll den Charakter des Landes und all der Menschen, die in ihm wohnen, bestimmen? Wie soll so etwas denn überhaupt funktionieren?

Vorneweg, niemand kennt die Wahrheit. Man kann nur Vermutungen darüber aufstellen, wie es zu einem bestimmten Horoskop kommt, und wie dieses Horoskop dann wirkt. Dabei überträgt man Überlegungen und Erfahrungen, die man bei einem persönlichen Horoskop gemacht hat, auf die Astrologie von Ländern und Städten.

Bei einem Menschen geht man von der Annahme aus, dass sich seine Seele einen bestimmten Zeitpunkt auswählt. Dieser kann sich zum Beispiel auf Grund bestimmter Erlebnisse früherer Leben ergeben. Oder die Existenzen der Eltern – Vater und Mutter – bedingen einen derartigen Zeitpunkt. Das setzt aber auch voraus, dass etwas existieren muss – Energien oder magnetische Felder –, die Botschaften aufzeichnen und weitergeben können. Ich nenne dieses System von Energien und Botschaften gerne »Matrix«. Sie ist vergleichbar mit der Matrix der Schaltkreise auf einem Computer-Speicher-Chip, nur dass man sie natürlich nicht elektrisch nachweisen kann. Sie ist auch nicht lokalisierbar, sondern wirkt überall. Zwei Menschen zum Bei-

* Nicht immer ist das Tierkreiszeichen eines Landes oder einer Stadt genau festzustellen. Von vielen Städten und Inseln kennen wir das exakte Gründungs- bzw. Entstehungsdatum nicht. Die Astrologie ist daher auf Schätzungen angewiesen, die bislang aber nicht widerlegt werden konnten.

spiel, die ein Kind bekommen, erwirken eine neue Matrix, wenn ihre persönlichen Energien zusammenkommen. Diese gemeinsame Matrix umfasst alle relevanten Informationen aus ihrer beider Vergangenheit. Ihr gemeinsames Kind erfüllt diese Matrix. Es kommt zu einem Zeitpunkt auf die Welt, das mittels seines Horoskops diese Informationen festgehalten hat. Mit anderen Worten: Das Horoskop ist so etwas wie die Sichtbarmachung der Matrix. Es enthält die (unbewussten) Wünsche, Absichten, Hoffnungen, auch Dramen und Konflikte der Vergangenheit beider Elternteile. Das Neugeborene tritt an, um diese Vergangenheit in die Zukunft zu tragen.

Bei einer Staatsgründung geschieht, denke ich, ganz Ähnliches. Die Geschichte einer Nation kreiert eine bestimmte Matrix, die wiederum ein bestimmtes Gründungsdatum und damit Horoskop erwirkt. Das neue Horoskop ist Ausdruck dessen, was in einer Nation, in einer Stadt, auf einer Insel an Wünschen, aber auch an Konflikten und Problemen vorherrscht, und die aus der Vergangenheit in die Zukunft getragen werden sollen.

Umgekehrt halte ich die gängige Ansicht ganz sicher für falsch, nämlich dass nur ein Horoskop irgendetwas bewirken würde, dass also ein Ereignis wie eine menschliche Geburt oder die Gründung eines Staates unbedingt zu bestimmten Wirkungen führen würden. Es sind nicht nur die Sterne, die den Menschen zu einer Jungfrau oder einer Waage machen. Genauso wenig sind es nur die Sterne, die einen Deutschland-Reisenden Waage-hafter werden lassen. Die Sterne, das Ereignis, das Horoskop, sind allesamt ein Ausdruck einer unsichtbaren Dynamik. Ein Horoskop fungiert als eine Art Diagnostikum, es verrät die Geschichte eines Landes und fasst die relevanten Botschaften zusammen.

Die vier Elemente bestimmen das Leben – und das Reisen

Kein Mensch ist nur von seinem Sternzeichen geprägt, zum Beispiel als Zwilling oder Löwe. Das Tierkreiszeichen bestimmt zwar einen erheblichen Teil des Charakters, aber eben nicht alles. Ein Horoskop – also die astrologische Matrix, die einen Menschen umfassend spiegelt – besteht nicht nur aus dem Tierkreiszeichen, sondern bezieht noch weitere astrologische Größen mit ein:

Das Tierkreiszeichen ist identisch mit dem Stand der Sonne. Weitere »facts«sind der Stand des Mondes, der Aszendent und die Stellungen der Planeten Merkur, Venus, Mars, Jupiter, Saturn, Uranus, Neptun und Pluto. Erst alles zusammen genommen ergibt ein umfassendes astrologisches Spiegelbild eines Menschen.

Entsprechend ist es bei einem Land oder einer Stadt. Genau wie bei dem Horoskop eines Menschen wirken in einem Länder-Horoskop nicht nur die Sonne (das Tierkreiszeichen), sondern auch der Mond, der Aszendent und alle Planeten: Alle Komponenten zusammen sind verantwortlich für die astrologische Qualität einer Stadt oder eines Landes.

Nun wäre es sehr kompliziert (und für einen astrologischen Laien schlichtweg unverständlich), beschriebe man den Charakter eines Landes oder einer Stadt durch die Aufzählung sämtlicher astrologischer Daten. Für das moderne Deutschland zum Beispiel mit seinem Geburtstag am 3. Oktober 1990 gelten die folgenden astrologischen Merkmale:

Sonne in der Waage, Mond in den Fischen, Aszendent im Löwen, Merkur in der Jungfrau, Venus in der Waage, Mars in den Zwillingen, Jupiter im Löwen, Saturn im Steinbock, Uranus im Steinbock, Neptun im Steinbock, Pluto im Skorpion.

Um eine solche Auflistung zu umgehen, verwendet die Astrologie die Methode, die Tierkreiszeichen den vier Elementen Feuer, Erde, Luft und Wasser zuzuordnen und den Anteil der Elemente zu analysieren.

Die Annahme, dass jedes Ding, jeder Körper auf der Welt – ein Baum, ein Stein, eine Wolke, jedes lebende Wesen – eine besondere Mischung nur aus diesen vier Grund- oder Urstoffen darstellt, stammt aus der griechischen Philosophie. Die Astrologie »denkt« immer noch so. Je nachdem wie stark ein einzelnes Element vertreten ist, ergibt sich eine andere Wesensart: Sie ist mehr feurig, wässrig, luftig oder erdig. So wie das ganze Universum aus diesen vier Elementen besteht, so ist auch jeder Mensch und eben auch jedes Land, jede Stadt eine besondere und einmalige Mischung. Ein Element kann überwiegen und die anderen verdrängen, d.h. Menschen, Länder oder Städte können eher wässrig, luftig, erdig oder feurig sein. Oder alle vier Elemente können in einem ausgewogenen Verhältnis vorhanden sein.

Widder, Löwe und **Schütze** sind der Energie nach **Feuer.**
Stier, Jungfrau und **Steinbock** sind der Energie nach **Erde.**
Zwillinge, Waage und **Wassermann** sind der Energie nach **Luft.**
Krebs, Skorpion und **Fische** sind der Energie nach **Wasser.**

Die Astrologie hat einen Schlüssel entwickelt, mit Hilfe dessen sich die Anteile der Elemente in einem Horoskop (von einem Menschen oder von einem Land / einer Stadt) grafisch darstellen lassen.*

Für Deutschland ergibt sich aufgrund der Stellungen der Planeten in den Tierkreiszeichen (siehe S. 88f.) und der verschiede-

* Bei der Elementen-Berechnung wurde ein eigens entwickelter Schlüssel angewandt, der zum Beispiel dann, wenn die genaue »Gründungs-Zeit« bekannt ist, auch den Aszendenten mit einbezieht.

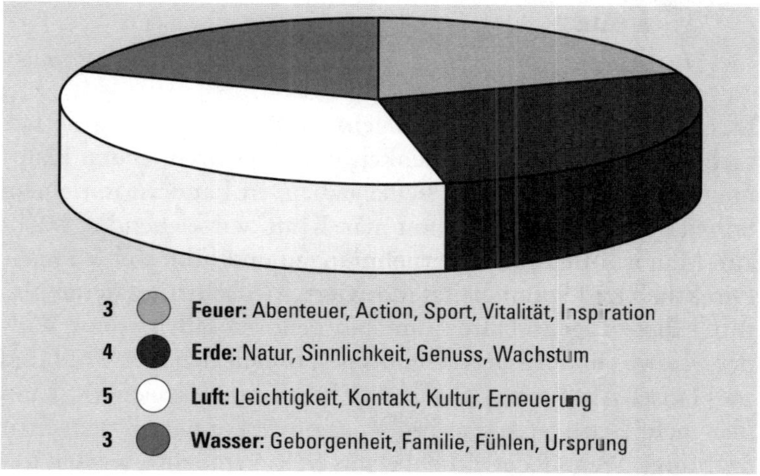

nen Gewichtung der Planeten, die hier nicht erläutert werden soll, das oben gezeigte Bild.

Der Grafik zu Deutschland kann man entnehmen, dass das Element Luft am stärksten vertreten ist, gefolgt von Erde. Feuer und Wasser sind mit jeweils drei Punkten vertreten.

Und nun wird es interessant: Anfangs wurde gesagt, dass jeder Mensch in seinem Urlaub die Umstände sucht, die seiner Natur, seinem Tierkreiszeichen entsprechen. Jetzt können wir detaillierter hinzufügen, dass jedermann in seinen Ferien versucht, möglichst viel von seinem tierkreisspezifischen Element zu finden: Ein Feuerzeichen wie Widder oder Löwe beispielsweise braucht auch im Urlaub Feuer. Findet er es, sind seine Ferien ein Erfolg. Findet er aber kein oder zu wenig Feuer, ist die Enttäuschung vorprogrammiert.

Alles hängt davon ab, ob es zu ausreichend Begegnungen mit dem eigenen Element kommt bzw. wie gut die eigene Sternzeichen-Energie mit der des Landes bzw. des Ortes harmonisiert.

Im Folgenden werden die vier Elemente hinsichtlich ihrer Bedeutung für Reisen und Urlaub näher beschrieben.

Feuer

Abenteuer, Action, Vitalität, Sport, Inspiration

Das Urelement Feuer fasst Eigenschaften zusammen, die tatsächlich eine gewisse Ähnlichkeit mit einer brennenden Flamme oder einem lodernden Feuer haben. In Ländern mit einem hohen Feuer-Anteil bekommt man Kraft, wird lebendig, wacht auf. Man ist offen für Unternehmungen und fühlt sich zu mehr Direktheit und Spontaneität motiviert. Menschen, zu deren Naturell diese Eigenschaften ohnehin gehören (allen voran Widder-, Löwe- und Schütze-Geborene), fühlen sich hier wohl und zu Hause. Aber jeder, gleich welchen Tierkreiszeichens, kann hier mehr Feuer »tanken«, wenn er nur die innere Bereitschaft mitbringt. Wer wieder einmal etwas erleben möchte, wessen Leben von Langeweile begleitet wird, wer seine männliche Seite stärken möchte, findet hier, was er sucht.

Für Menschen, die ohnehin einen besonders hohen Feueranteil in ihrem Horoskop haben, könnte es jedoch auch des Guten zu viel werden. Feuer und Feuer kann sich nämlich gegenseitig verstärken und zu unüberlegten Handlungen anstiften.

Feuer-Länder sind wunderbare Urlaubsländer. Hier erwacht der »Eroberer« und »König« aus seinem Tiefschlaf im Unterbewusstsein: Ein Held betritt die Bühne! Feuerländer nähren auch die Selbstgefälligkeit, im Extremfall sogar Dünkel und Snobismus. Aber mit ein bisschen Behutsamkeit findet man hier, was im normalen Alltag so wenig zum Zuge kommen darf: natürliches Sein. Jeder ist doch mehr oder weniger nur eine Nummer, irgendwo eingespannt, erfasst, registriert, eingeteilt, verwaltet ... Fast nirgendwo kommt man seiner eigentlichen menschlichen Größe nahe. Das Gefühl, einmalig zu sein, entsteht grundsätzlich im Urlaub, ganz egal, wohin man sich begibt. Aber es gibt Plätze, an denen sich dieses kleine »Wunder« noch viel selbstverständlicher vollzieht: in Feuer-Ländern und -Städten. Dort kann man die »Uniform« abstreifen und Mensch sein, sich eine »Aus-Zeit« gönnen, nachdem man wieder einmal besonders intensiv in der Tretmühle des Alltags gesteckt hat.

Das kann zu einer regelrechten »Therapie« für Menschen werden, die sich selbst nicht mehr richtig spüren, sich minderwertig fühlen und am Leben keine Freude mehr finden. Ein Aufenthalt in einem Feuer-Land schenkt denen neue Kraft, die mutlos geworden sind. Für Furchtsame und Schreckhafte ist ein Aufenthalt Labsal für die Seele, für solche, die sich alt fühlen, so etwas wie ein Jungbrunnen.

Abenteuer, Action und Sport gehören ebenfalls zu diesem Element. Feuer-Länder eignen sich daher wenig dafür, einfach nur in der Hängematte zu dösen. Feuer weckt den Pioniergeist, den Forscherdrang. Man macht sich auf den Weg, um etwas Neues zu entdecken, fühlt sich ein bisschen wie Kolumbus. Man ist – bewusst oder unbewusst – innerlich darauf eingestellt, etwas Aufregendes, Neues zu erleben und meidet vor allem eines: auf ausgetretenen Wegen zu gehen. Man will »sein« Land neu entdecken, auch wenn es zuvor bereits von Millionen anderer Menschen (allesamt Touristen wie man selbst) betreten wurde. Das spielt keine Rolle! Man ist Robinson Crusoe auf seiner Insel und beginnt wieder beim Punkt Null. Man hört auf seine Eingebungen, ist in seiner Seele wieder ein Jäger und streift die Zivilisation ab wie eine alte Haut.

Feuer steht in der Astrologie auch für Inspiration. Inspiration bedeutet die Fähigkeit zu spontaner Einsicht, zu »Erleuchtungen«, die weder aus der Logik, noch aus der Erfahrung und auch nicht aus der Gefühlswelt stammen, sondern quasi aus dem Nichts zu kommen scheinen. Dennoch sind sie manchmal stärker als jede Erfahrung und jeder logische Schluss. Inspiration rührt an einen Glauben, der auch jeglicher Vernunft widersprechen kann. Feuer-Länder wecken diese Kraft. Man fühlt sich »beseelt«, träumt intensiver, ist voller Ideen oder wird in seinem Glauben bestärkt. Insbesondere bei Menschen, die kreativ arbeiten, kann ein Aufenthalt in einem Feuer-Land die schöpferische Produktion enorm anregen.

Erde

Natur, Sinnlichkeit, Genuss, Wachstum, Heilung

Ein Erde-Land macht reich. Hier fühlt man sich mit der Erde verbunden, spürt seine Wurzeln, wird ruhig. Man tankt die Kraft der Erde, entwickelt Vertrauen, fühlt sich geborgen. Ein Gefühl entsteht, als müsse eigentlich überhaupt nichts getan werden, als hätte die Existenz unerschöpfliche Ressourcen. In solch einem Land unter einem Baum zu sitzen und Natur pur zu tanken, ist wie eine Meditation: Man findet zu sich.

Erde-Länder strahlen Sicherheit aus. Das Leben scheint planbar, man weiß, was kommt, es gibt keine Unwägbarkeiten. Man kann jedes Jahr in solch ein Land reisen – und wird alles so vorfinden, wie man es im Jahr zuvor verlassen hat.

In Ländern mit einem hohen Erde-Anteil erwachen die Sinne. Hier isst und trinkt man mehr, kauft gerne ein und sammelt mehr oder weniger alles, was einem unter die Finger kommt, schön aussieht, gut riecht oder schmeckt. Menschen, die bereits in ihrem Horoskop viel Erde-Energie besitzen – allen voran Stiere, gefolgt von Jungfrauen und Steinböcken – nehmen in einem solchen Land regelmäßig zu.

Erwachende Sinnlichkeit schließt selbstverständlich auch den Austausch von Zärtlichkeiten, Erotik und Sex mit ein. Diese Länder sind sozusagen ein natürliches »Viagra« für eingeschlafene Beziehungen. Ganz wunderbar wird es hier natürlich für frisch Verliebte und als Ziel oder Durchgangsland einer Hochzeitsreise.

Aber Achtung, Erde-Länder sind sehr fruchtbar. Das bedeutet auch, dass in solchen Ländern schneller Kinder empfangen werden. Wenn man nichts dergleichen im Sinn hat, sollte man daher sicher verhüten.

Wie geschaffen sind derartige Länder auch für Menschen, die eher etwas »trocken« und der Sinneslust nicht besonders zugeneigt sind, beziehungsweise sich in ihrem Alltag zu wenig Zeit dafür nehmen: Sie sollten in diese Länder reisen, denn dort erwacht ihre Lust.

Lust und Fruchtbarkeit bezieht sich allerdings auch auf ganz andere Dinge. Zum Beispiel findet man hier am ehesten Mittel und Wege, seinem beruflichen Wirken mehr »Wachstum« angedeihen zu lassen, weil hier die Energie des Landes zu den richtigen Überlegungen führt.

In Erde-Ländern lebt man mehr in Einklang mit der Natur. Es scheint, als besäße ein Wald, ein Berg, ein See in diesen Ländern mehr Intensität, mehr Wirksamkeit. Hier kommt man schneller »zum Punkt«, erkennt alles Unnötige, vor allem aber alles Schädliche. Man sieht seine Bestimmung klarer, seinen Lebensweg, das, worauf alles abzielt, die Ernte, die man einbringen möchte. Ein Aufenthalt in diesen Ländern bringt immer eine tiefe Befriedigung, weil man reicher zurückkommt.

Für Menschen, die zu wenig auf ihre Gesundheit achten, gehört ein Aufenthalt in einem Erde-Land zum »Pflichtprogramm«. Gewissermaßen en passant kommen sie zu einem Körper und Seele stärkenden Kuraufenthalt – wobei Erde und Natur die Funktion des Arztes oder Therapeuten übernehmen. Heilsam sind diese Länder auch für Menschen in kritischen Lebensphasen: nach einer Trennung oder einem Verlust. Hier findet man Trost und Vergessen, als wirke hier ein Elixier, das die Versöhnung mit dem Schicksal erleichtert.

Erde-Länder klären den Blick für die eigene Sache. Man gewinnt einen objektiveren Standpunkt, wird reifer, weiser, erwachsener – egal, wie alt man bereits ist.

So sind diese Länder für Menschen wie geschaffen, die sich selbst verloren haben. Hier finden sie Zeit und Muße, das Leben neu zu »erden«, ihm Sicherheit, Verlässlichkeit und ein Ziel zu verleihen.

Luft

Leichtigkeit, Kontakt, Kultur, Erneuerung

Länder mit hohem Luft-Anteil sind wunderbare Aufenthaltsorte, um sich zu erholen, auf andere Gedanken zu kommen, Amüsement und Unterhaltung zu finden. Die Neugier erwacht, sobald man die Grenze zu einem dieser Länder überschritten hat. Dabei will man gar nicht die Tiefe, sondern die Vielfalt, das, was sich ohne langes Suchen und Fragen entdecken lässt. Man wird in diesen Ländern unkompliziert, was für Menschen, die sonst bis zum Hals in Alltagssorgen stecken oder in schwierigen Berufsfeldern arbeiten, einfach wohltuend und erfrischend ist.

In Luft-Ländern überkommt einen auch große Lust, möglichst vielen Leuten zu begegnen, Menschen kennen zu lernen, sich zu unterhalten, gemeinsam etwas zu unternehmen, zu plaudern und zu tratschen. Hier ist man fehl am Platz, wenn man allein sein möchte, die Einsamkeit sucht, niemandem über den Weg laufen will. Es geht zu wie auf einer Piazza in Italien, fast wie in einem Fußballstadion. Man ist sich untereinander nicht fremd, sondern offen für jeden. Die Stimmung ist leicht und gehoben, so, als würde die Schwerkraft abnehmen und als wäre der Luft ein Quantum Fröhlichkeit beigemischt: Jeder ist dort fröhlicher, leichter, besser aufgelegt als anderswo. Wer in solch einem Land muffig und grantig daherkommt, dem ist nicht mehr zu helfen.

Menschen, die ohnehin schon viel Luft-Energie in ihrem Horoskop haben (an erster Stelle Zwillinge-, Waage- und Wassermann-Geborene), gehen in diesen Ländern auf wie »Hefeküchlein«; und für Menschen mit Kontaktschwierigkeiten ist ein Luft-Land die beste »Medizin«. Ihre Hemmungen schmelzen wie Schnee in der Sonne. Und natürlich sind diese Länder wie geschaffen für alle Solisten dieser Welt. Hierher kann man reisen, auch wenn man alleine ist, und kann sicher sein, dass man es nicht lange bleibt. In Luft-Ländern begannen schon viele und dann ein ganzes Leben lang andauernde Romanzen.

Diese Leichtigkeit, die wildfremde Menschen dazu bringt, sich wie alten Bekannten zu begegnen, schlägt natürlich auch zwischen Paaren oder Freunden neue Brücken. Zwei Menschen, die im Alltag einfach keine Zeit füreinander haben, finden in einem Luft-Land die richtigen Worte und Gesten – für eine Versöhnung, einen Neuanfang, einen Frühling der Beziehung. Hier öffnen sich die Herzen wieder, findet sich wieder Zeit für Zärtlichkeit …

Luft-Länder und -Städte sind auch ausgesprochene Kultur-Orte. Das bedeutet beileibe nicht, andere Plätze, also Feuer-, Wasser- oder Erde-Länder, als »kulturlos« abzuwerten. Es geht ja in diesem Buch nicht um eine Beurteilung der Länder und Orte per se, sondern um ihre Eignung als Reise- und Ferienland. Und aus dieser Sicht der Dinge lässt sich sagen, dass Luft-Länder ihre kulturellen Schätze leichter offenbaren als andere. Man findet zu ihnen eher einen Draht, fühlt sich unmittelbarer angesprochen, nimmt leichter etwas mit nach Hause.

Und ein Letztes: In Luft-Ländern kommt es zum »Quantensprung«. Gemeint ist damit, dass man urplötzlich einen neuen Weg einschlägt, etwas völlig anderes anpeilt und dann auch durchzieht. Mit anderen Worten: In diesen Ländern wird oft der Same für eine Verwandlung gelegt. Metamorphose und Erneuerung: Viele Veränderungen haben in einem Luftland ihren Anfang genommen. Zum Beispiel geschieht es häufig während eines Aufenthaltes in einem Luft-Land, dass man sich beispielsweise dazu durchringt, einen langweiligen, selbstzerstörerischen Beruf endlich an den Nagel zu hängen. Hier erhält man doppelte Kraft – für Ende und Anfang. Auch Beziehungen, die nur noch an einem allerletzten Faden hängen, brechen in solch einem Land schneller ganz auseinander als anderswo. Die Luft-Länder und -Städte stiften also nicht nur neue Beziehungen, sie beenden auch alte und sind manchmal der Anfang vom Ende.

Auch dann, wenn man in seinem Leben an der Wand steht, nicht mehr weiter weiß, keine Alternative mehr sieht, am Ende ist, sollte man sein Glück in einem derartigen Land suchen. Dort öffnen sich Wände, dort lösen sich Untergangsstimmungen auf, dort küsst einen der Himmel – und man ist wieder voller Hoffnung und Zuversicht.

Wasser

Geborgenheit, Familie, Fühlen, Ursprung

Länder mit hohem Wasser-Element-Anteil sind wie eine Wiege, wie ein Mutterschoß: Man fühlt sich wohl und geborgen, man findet durch sie zu sich. Und so, wie in vielen Mythen und Märchen oft eine Wasserstelle – ein Brunnen oder ein See – den Anfang einer Reise in eine magische Wirklichkeit darstellt, tankt man in Wasser-Ländern und -Städten eine magische Kraft, die einen beseelt, zufrieden macht und mit dem Leben versöhnt.

Es sind Länder voller Wunder, wie geschaffen für Individuen, die selbst in ihrem Horoskop Wasser-betont sind – an erster Stelle Krebs-, Skorpion- und Fische-Geborene. Aber auch für alle, die während ihres Alltags in einer rationalen Welt leben, mit Computern und anderen technischen Maschinen zu tun haben, logisch, klar, realistisch sein müssen, sind Wasser-Orte ein wahrer Segen. Hier können sie endlich die gläserne Rüstung ablegen und sich in ein Seelenbad begeben, das sie wärmt und nährt.

Wasser-Länder sind Familien-Länder. Dorthin verreist man nicht allein, sondern mit dem ganzen Clan. Und je größer dieser ist, umso glücklicher wird der Urlaub. Glückliche Ferien in einem Krebs-Land kann man jedoch auch als Paar »allein« erwarten, wenn man auf Hochzeitsreise ist und diese als wunderbare Gelegenheit begreift, für Nachwuchs zu sorgen. Familiär geht es aber auch ohne verwandtschaftliche Beziehungen zu: Der Ober, der Tennislehrer, der Reiseleiter – alle gehören sie irgendwie mit zur Familie.

Erstaunlich ist auch, wie einen in diesen Ländern die Vergangenheit einholt: Hier verhält man sich plötzlich seinem Partner gegenüber wie früher als Kind seiner Mutter. Man rutscht regelrecht in alte Rollen zurück – mit all den angenehmen, aber auch problematischen Folgen.

Darüber hinaus scheint sich in Wasser-Ländern noch eine weitere, sehr mysteriöse Dimension aufzutun: Man war schon einmal hier, aber nicht in dieser Existenz, sondern in einem früheren Leben ... Wie sonst erklären sich die eigenartigen

Déjà-vu-Erlebnisse, die man hier immer wieder hat? Wie sonst versteht man sich auf Anhieb mit einem Menschen, den man noch nie gesehen hat? Wasser-Länder weisen einem den Weg zu seinem Ursprung, dorthin, wo man vor längst vergangenen Zeiten einmal war – und wohin man vielleicht einmal zurückkehren wird …

Alles ist in einem Wasser-Land intensiver – insbesondere Emotionen. Hier fühlen sich daher Menschen wohl, die auch gemäß ihrem Horoskop einen großen Gefühlsreichtum besitzen. Das sind zuerst wieder Krebs-, Skorpion- und Fische-Geborene. Aber auch, wenn der Mond oder der Aszendent in einem dieser drei Sternzeichen steht, ist man ein gefühlsbetonter Mensch. Ist man von Natur her eher ein unemotionaler Typ, mag ein Wasser-Land eine echte Herausforderung sein.

Urlaubsländer, Urlaubsinseln und Urlaubsstädte

Erläuterung zu den Länder- und Städtetabellen

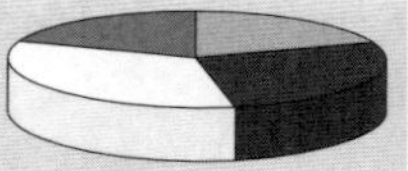

Deutschland	Widder ♈	Stier ♉	Zwillinge ♊	Krebs ♋	Löwe ♌	Jungfrau ♍	Waage ♎	Skorpion ♏	Schütze ♐	Steinbock ♑	Wassermann ♒	Fische ♓
Feuer	☺	☆	☺	♡	☺	♡	☺	♡	☺	♡	☺	♡
Erde	☆	☺	☆	☾	☆	☺	♡	☺	☾	☺	☆	☾
Luft	☾	♡	☺	☆	☾	♡	☺	☆	☾	♡	☺	☆
Wasser	♡	☾	♡	☆	♡	☾	☆	☆	☆	☆	♡	☆

3 **Feuer:** Abenteuer, Action, Sport, Vitalität, Inspiration
4 **Erde:** Natur, Sinnlichkeit, Genuss, Wachstum
5 **Luft:** Leichtigkeit, Kontakt, Kultur, Erneuerung
3 **Wasser:** Geborgenheit, Familie, Fühlen, Ursprung

Das obige Beispiel zeigt die Beziehungen zwischen dem Reiseland Deutschland und den 12 Tierkreiszeichen in tabellarischer Form. Grundsätzlich vorausgeschickt werden muss, dass diese Beziehungen nur für Länder als *Reiseländer* ihre Gültigkeit haben, nicht also, wenn man dort lebt. Diese Tabelle (und alle anderen in diesem Buch) sind grundsätzlich nur aussagekräftig, wenn man seine *Ferien* dort verbringt.

Deutschland ist mit dem 3. Oktober 1990 zum Waage-Land geworden, mit überwiegendem Luft-Anteil, einem etwas schwächeren Erde-Anteil, und jeweils drei Punkten Wasser und Feuer. Diese vier Qualitäten wurden nun in der Tabelle mit den 12 Tierkreis-Persönlichkeiten in eine Beziehung gebracht. Dabei bedeuten die Zeichen Folgendes:

Das Sonnen-Zeichen signalisiert, dass man das entsprechende Element in dem Reiseland (hier Deutschland) findet und voll ausleben kann. Die Sonne ist ja auch gemeinhin ein Symbol für Überfluss und Fülle. Waage-Geborene zum Beispiel finden im Reiseland Deutschland alle Eigenschaften, die mit dem Element Luft einhergehen – also Leichtigkeit, Austausch, Liebe, Harmonie und Kunst –, sozusagen auf der Straße, gemeint ist überall und ohne sich anzustrengen, denn sie als Luft-Tierkreiszeichen sind mit dem Luft-Land Deutschland eng verbunden. Auch die beiden anderen Luftzeichen Zwillinge und Wassermann haben im Urlaubsland Deutschland einen leichten Zugang zu ihrem Element.

Das Mond-Symbol bedeutet, dass man das jeweilige Element im entsprechenden Land zwar findet, aber im Unterschied zum Sonnen-Symbol ist mit dem Mond-Symbol die Aufforderung verbunden, sich zu öffnen, sich gehen zu lassen, sich auf das jeweilige Element einzustellen: So wie auch der Mond eher ein Symbol für Empfangen und Aufnehmen darstellt. Das entsprechende Element »fliegt« einem sozusagen nicht ohne weiteres zu, lässt sich aber mit ein bisschen Selbstüberwindung und dankbarem Annehmen finden. Widder-Geborene zum Beispiel haben eine Mond-Beziehung zur luftigen Seite Deutschlands (während sie zur Feuer-Seite eine Sonnen-Beziehung haben), sie finden daher das Luft-Element leicht unter den soeben erwähnten Voraussetzungen.

Das Sternen-Symbol besagt, dass man das jeweilige Element finden kann, sich aber noch etwas mehr bemühen muss als bei einer Mond-Beziehung. So fällt es einem ja auch schwer, einen bestimmten Stern am nächtlichen Himmel zu finden; tagsüber ist er überhaupt nicht zu sehen, obwohl er doch genauso am Firmament steht.

Krebse, Skorpione und Fische haben eine Stern-Beziehung zur Luft-Seite des Reiselandes Deutschlands. Sie tun sich unter Umständen schwer, die luftige und leichte Seite hier zu finden.

Aber – und das ist wichtig – sie können sie durchaus entdecken, wenn sie danach suchen.

Das Herz-Symbol ist ein Hinweis darauf, dass man das jeweilige Element nur über einen anderen Menschen finden kann. Diese andere Person muss erstens einen deutlich leichteren Zugang zu der Elementen-Seite des Landes haben. Zweitens »klappt« das Ganze nur, wenn eine positive Beziehung zu dieser Person besteht. Am besten funktioniert die Herz-Beziehung mit einem Menschen, den man mag, in den man verliebt ist, in dessen Nähe man sich gerne aufhält. Stiere, Jungfrauen und Steinböcke haben eine Herz-Beziehung zur luftigen Seite des Reiselandes Deutschland. Sie könnten zum Beispiel zusammen mit einem Zwillinge- oder Waage-Geborenen voll in den Genuss der Leichtigkeit dieses Landes kommen.

Die Urlaubsländer und Urlaubsinseln von A bis Z

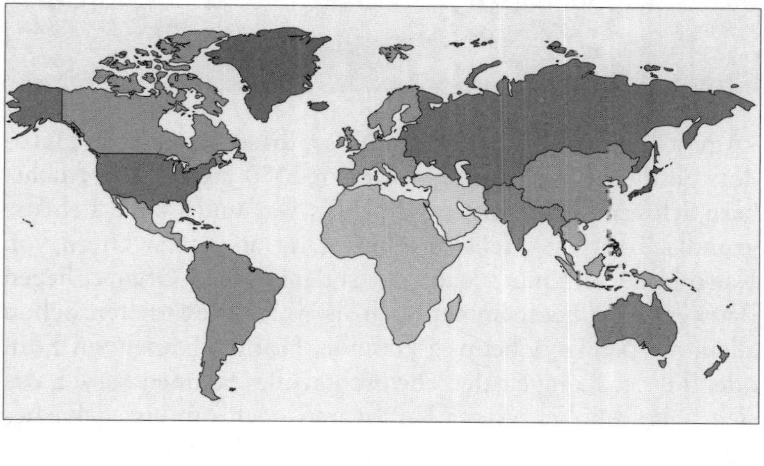

♊ Zwillinge-Land **Ägypten**

Ein Geschenk des Nils

»Ägypten ist ein Geschenk des Nils«, dieser Ausspruch Herodots gilt heute noch genauso wie vor 2500 Jahren. Das fruchtbare Schwemmland entlang des Nils war und ist die Lebensgrundlage für die Menschen hier. Und an seinen Ufern von Kairo bis Abu Simbel, nahe der sudanesischen Grenze, liegen Bauwerke, die heute immer noch als Weltwunder gelten. Schon allein die Namen Cheops-Pyramide, Horus-Tempel von Edfu oder Tal der Könige rufen ehrfurchtsvolles Staunen hervor, das sich beim Anblick dieser Kultbauten noch um ein vielfaches steigert. Die klassische Weise, das Land der Pharaonen kennen zu lernen, ist eine Nilkreuzfahrt auf einem der 200 Hoteldampfer oder, viel romantischer, auf einer Feluke, deren große weiße Segel sich im Wind blähen. Gemächlich ziehen so Dattelpalmenhaine und Sanddünen hinter grünen Zuckerrohrfeldern, das alte und das moderne Ägypten vorbei. In den Metropolen Alexandria und Kairo können die Hochhäuser, wenn auch nur aufgrund der senkrechten Ausmaße, fast mit den Pyramiden mithalten. Eines haben die malerischen Lehmdörfer und die lebhaften Städte gemeinsam: einen Bazar, durch den die Düfte von Pfefferminztee wehen. Kulturreise und Badeaufenthalt lassen sich selten so ideal kombinieren wie in Ägypten. Glasklares

Wasser, eine felsengeprägte Wüstenkulisse, Palmenhaine und feinsandige Strände machen die beiden touristischen Hauptorte am Roten Meer, Hurghada und Sharm el-Sheikh zum Bade- und Tauchparadies.

In Ägypten herrschten bereits die Libyer, Äthiopier, Perser, Alexander der Große, Augustus, die Türken, Napoleon und die Engländer. Am 15. März 1922 erlangte das Land seine Unabhängigkeit. Nach einem Militär-Putsch wurde am 18. Juni 1953 um 23.30 (Weltzeit) die Republik ausgerufen. Dieser Zeitpunkt, ein Zwillinge-Datum, liegt dem Elementen-Horoskop zugrunde. Es ist ein passendes Datum, denn das Horoskop beinhaltet genauso viel Wasser wie Luft. Sein starkes Luft-Element begegnet einem bereits am Flughafen und dann wie ein Sturmwind auf jedem Basar. Feuer signalisiert Abenteuer, und Erde u.a. Natur und gute Küche: Und das alles findet man ebenfalls in Ägypten. Ein früheres Gründungshoroskop, die Anerkennung der ägyptischen Unabhängigkeit vonseiten Großbritanniens am 15. März 1922, ist stark Wasser-betont. Wer Ägypten betritt, reist zurück durch die Geschichte der Menschheit bis zu deren Anfang. Seine Seele findet Verwandtes und Bekanntes, erinnert sich an frühere Leben, fühlt sich verstanden – und endlich zu Hause.

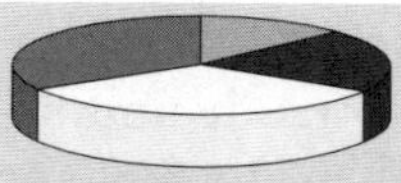

Ägypten	♈ Widder	♉ Stier	♊ Zwillinge	♋ Krebs	♌ Löwe	♍ Jungfrau	♎ Waage	♏ Skorpion	♐ Schütze	♑ Steinbock	♒ Wassermann	♓ Fische
Feuer	☾	☆	☾	♡	☆	♡	☾	♡	☾	☾	☾	♡
Erde	☆	☺	♡	☺	♡	☺	☆	☺	☆	☺	♡	☺
Luft	☺	☆	☺	☆	☺	♡	☺	♡	☺	☆	☺	☆
Wasser	☆	☺	♡	☺	♡	☺	♡	☺	♡	☺	☆	☺

2 **Feuer:** Abenteuer, Action, Sport, Vitalität, Inspiration
3 **Erde:** Natur, Sinnlichkeit, Genuss, Wachstum
5 **Luft:** Leichtigkeit, Kontakt, Kultur, Erneuerung
5 **Wasser:** Geborgenheit, Familie, Fühlen, Ursprung

Zur Bedeutung der Elemente s. S. 43ff., zur Bedeutung von ☺☾☆♡ s. S. 55ff.

♏ Skorpion-Inseln **Antigua und Barbuda**

Das Herz der Karibik

Die angeblich 365, oft menschenleeren Sandstrände, von denen viele zu den schönsten der Karibik zählen, sind die Hauptanziehungspunkte Antiguas. Mit ihren beiden Nachbarinseln Barbuda und Redonda gehört sie zu den »Inseln über dem Wind« und bildet mit ihnen einen unabhängigen Staat im britischen Commonwealth. Jede der drei Inseln kann mit anderen Besonderheiten aufwarten:

In *Antigua* sind es von Palmen umkränzte Strände und bedeutende Zeugnisse der kolonialen Vergangenheit. Im äußeren Süden liegt einer der wenigen Naturhäfen der Karibik. Der heute exklusive, stark frequentierte Yachthafen war im 18. und 19. Jahrhundert Englands bedeutendster Marinestützpunkt im Krieg gegen Frankreich um die Vormachtstellung in der Karibik. Das Wohnhaus Admiral Nelsons ist heute ein Museum. Nach einem zollfreien Einkauf in den beiden Geschäftszentren Heritage und Redcliff Quay, direkt am Hafen der Hauptstadt St. Johns, sollte unbedingt noch Zeit sein für die Besichtigung der eindrucksvollen anglikanischen Kathedrale.

Barbuda ist bis auf einige Reste alter Kolonialgebäude zwar weniger reich an historischen Sehenswürdigkeiten, die flache Koralleninsel ist jedoch ein Paradies für Taucher und wird als Heimat Tausender Vogelarten und freilaufender Wildschweine von Ornithologen wie Jägern gleichermaßen geschätzt.

Die unbewohnte Felseninsel *Redonda* bietet noch eine Steigerung für Vogelfreunde. Denn hier gibt es die seltenen Höhlen-Eulen.

Eins haben die ungleichen Schwestern allerdings gemeinsam: die schönen meist menschenleeren Strände.

Der Inselstaat in der Karibik wurde am 1. November 1981, einem Skorpion-Datum, von Großbritannien in die Unabhängigkeit entlassen, es ist aber weiterhin Mitglied des Commonwealth. Der Elementen-Schlüssel offenbart Antigua und Barbuda als optimale Reiseinseln für alle, denn der Elementen-Schlüssel ist ausbalanciert. Feuer lädt ein zu Sport und abenteuerlichen Reisen. Die Luft signalisiert Möglichkeiten, sich gut zu unterhalten und zu amüsieren. Erde verrät Genuss und Sinnlichkeit; Wasser ist ein Zeichen für Entspannung und Erholung und für das Gefühl, weit in der Ferne etwas Vertrautes gefunden zu haben, nämlich »good old England«. Schließlich ist die Königin immer noch Staatsoberhaupt dieser zauberhaften Inseln.

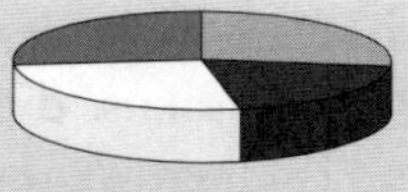

Antigua/Barbuda	Widder ♈	Stier ♉	Zwillinge ♊	Krebs ♋	Löwe ♌	Jungfrau ♍	Waage ♎	Skorpion ♏	Schütze ♐	Steinbock ♑	Wassermann ♒	Fische ♓
Feuer	☺	♡	☺	♡	☺	☆	☺	☾	☺	☆	☺	☆
Erde	☾	☺	♡	☺	☾	☺	♡	☺	☾	☺	♡	☺
Luft	☺	♡	☺	☆	☺	♡	☺	☾	☺	☆	☺	☆
Wasser	♡	☺	☆	☺	♡	☺	♡	☺	♡	☺	♡	☺

4 **Feuer:** Abenteuer, Action, Sport, Vitalität, Inspiration
3 **Erde:** Natur, Sinnlichkeit, Genuss, Wachstum
4 **Luft:** Leichtigkeit, Kontakt, Kultur, Erneuerung
4 **Wasser:** Geborgenheit, Familie, Fühlen, Ursprung

Zur Bedeutung der Elemente s. S. 43ff., zur Bedeutung von ☺☾☆♡ s. S. 55ff.

Krebs-Land **Argentinien**

Tango, Steaks und Pinguine

Asado, dahinter verbirgt sich gegrilltes exzellentes argentinisches Rindfleisch. Das richtige Getränk dazu wächst an den Hängen der Anden: roter und weißer Wein, der den Vergleich mit europäischen Gewächsen nicht scheuen muss. Vor allem spanische und italienische Einwanderer prägten das heutige Argentinien. Einige brachten die Kunst des Weinkelterns mit, andere zog es zur Rinder- und Schafzucht in die Pampa, in das grüne Herz »Argentinas« und in die Weiten Patagoniens, die sich Argentinien mit Chile teilt. Diese Weite und Freiheit ist am ursprünglichsten auf dem Rücken eines kräftigen »criollos«, einem Arbeitspferd der Gauchos, zu entdecken. Ein Ritt durch die Ebenen, die am Horizont mit dem Himmel verschmelzen, durch winddurchwehte Täler und Flußläufe, vorbei an den in der gleißenden Sonne rot-gelbglühenden Bergen, weckt den Wunsch immer weiter zu reiten, bis ans Ende der Welt. Und tatsächlich wurde die südlichste Spitze des südamerikanischen Kontinents von ihren Entdeckern »finis terrae« also »Ende der Welt« genannt. Eine Region, die fasziniert und sprachlos werden lässt von der gewaltigen Schönheit der tiefblauen Seen, der schneebedeckten Vulkane und des ewigen Eises. Der krasse Gegensatz fürs Auge, aber nicht für die Empfindungen, sind der tropische Norden mit den gewaltigen Iguazú-Wasserfällen, ein Spaziergang zwischen Pinguinen auf der Halbinsel Valdes, oder die Fahrt mit dem »Zug zu den Wolken« – hoch in den Anden.

Argentinien, das damals noch »Vereinigte Provinzen des Rio de la Plata« hieß, erlangte seine formale Unabhängigkeit am 9. Juli 1816, einem eindeutigen Krebsdatum. Im hohen Wasser-Anteil spiegelt sich die Intensität des Landes und das Gefühl, zwar in der Fremde, aber dennoch zu Hause zu sein. Die Seele findet Landschaften, in denen sie sich verliert und zugleich findet.

Dass aber Argentinien auch dem Abenteurer etwas zu bieten hat, signalisiert der fast genauso große Feueranteil. Man denke nur an Patagonien, dessen Granit-Schlucht und seine Eiswüsten. Dann gibt es in Argentinien noch den Tango. Und wenn es überhaupt einen astrologischen Ausdruck für diesen beeindruckenden Tanz gibt, dann als Mischung aus viel Feuer (Leidenschaft) und Wasser (Gefühl) – und Argentinien bietet beides.

Die jeweils zwei Punkte Erde und Luft sind Zeichen für die wunderbare Natur, die gute Küche und die freundlichen, offenen Menschen.

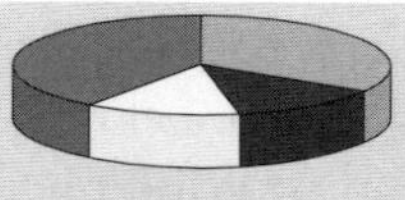

Argentinien	Widder ♈	Stier ♉	Zwillinge ♊	Krebs ♋	Löwe ♌	Jungfrau ♍	Waage ♎	Skorpion ♏	Schütze ♐	Steinbock ♑	Wassermann ♒	Fische ♓
Feuer	☺	☾	☺	☆	☺	☆	☺	☆	☺	☆	☺	☆
Erde	☆	☺	♡	☺	☆	☺	♡	☾	☾	☺	♡	☾
Luft	☾	☆	☾	☆	☾	☆	☾	☆	☾	☆	☾	☆
Wasser	♡	☺	♡	☺	♡	☺	♡	☺	☆	☺	♡	☺

5 **Feuer:** Abenteuer, Action, Sport, Vitalität, Inspiration
2 **Erde:** Natur, Sinnlichkeit, Genuss, Wachstum
2 **Luft:** Leichtigkeit, Kontakt, Kultur, Erneuerung
6 **Wasser:** Geborgenheit, Familie, Fühlen, Ursprung

Zur Bedeutung der Elemente s. S. 43ff., zur Bedeutung von ☺☾☆♡ s. S. 55ff.

♌ Löwe-Land **Australien**

Gleicher Planet – andere Welt

Noch nicht sehr lange wird die Kultur der Aborigines, der Ureinwohner Australiens, erforscht. Viele Geheimnisse gibt es noch zu entdecken, bei diesen Menschen, die sich nicht nur durch Sprache, sondern auch mental verständigen können. Es ist ein Volk, dessen Traditionen, dessen Wissen und Fähigkeiten durch Eroberer und Einwanderer beinahe zerstört worden wäre. Doch seit den 70er Jahren des 20. Jahrhunderts hat sich ihre Lage geändert. Sie bekommen Landrechte zurück und Geldmittel für Sozialleistungen. In einigen Regionen sind sie erfolgreich im Tourismus tätig. Eine Tour mit einem einheimischen Führer durch die Regenwälder in Queensland oder durch die Wüstengebiete ermöglicht Einsichten über die besondere Beziehung der Aborigines zur Natur.

Australien scheint von einer anderen Welt zu sein. Hier gibt es Tiere und Pflanzen wie sonst nirgends, und Formen und Farben von besonderer Einmaligkeit. Da ist beispielsweise das rote Outback mit bizarren Gesteinsformationen, Regionen unberührter Wildnis, da sind Wüsten, Salzseen, fruchtbare Ebenen, unendliche Strände und das Highlight in jedem Taucherleben, das Great Barrier Reef. Die riesigen Eukalyptuswälder sind Heimat des wohl putzigsten Tierchens der Welt: des Koala-Bären. Und das Wahrzeichen des Landes ist dieses hüpfende Wesen aus der Spezies der Beuteltiere, das Känguru, das schon so manchen Reisenden auf den endlosen Highways zu einer Vollbremsung zwang, wenn es plötzlich vor die Kühlerhaube sprang.

Über die eigentliche Geburtsstunde Australiens herrscht Uneinigkeit. Einerseits wird die Proklamation des Bundes am 31. Dezember 1900 als Beginn genommen. Andererseits scheint es sinnvoller, die Ankunft Kapitän Cooks am 22. August 1770 auf Possession Island als den eigentlichen geschichtlichen Anfang zu betrachten. Damit ist Australien ein Löwe-Land, was diesem wundervollen, selbstbewussten und freiheitlichen Kontinent auch entspricht. Der Elementen-Schlüssel weist sechs Feuer-Punkte und sechs Erde-Punkte auf: Australien wird damit das Land für Abenteurer und Natur-Freaks. Man findet dort Tausende von Möglichkeiten, das Land auf seine eigene Art und Weise zu entdecken und kommt überall in Kontakt mit einer eigenwilligen Natur. Luft und Wasser sind schwach ausgeprägt. Das deutet an, dass man sich in Australien nicht leicht heimisch fühlt, und dass es nicht einfach ist, Bekanntschaften zu schließen.

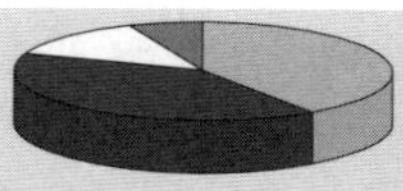

Australien	♈ Widder	♉ Stier	♊ Zwillinge	♋ Krebs	♌ Löwe	♍ Jungfrau	♎ Waage	♏ Skorpion	♐ Schütze	♑ Steinbock	♒ Wassermann	♓ Fische
Feuer	☺	☾	☾	♡	☺	☾	☾	♡	☺	☾	☾	♡
Erde	☆	☺	♡	☾	☾	☺	♡	☾	☾	☺	☆	☾
Luft	☾	☆	☾	♡	☾	♡	☾	♡	☾	♡	☾	☆
Wasser	♡	☆	☆	☾	♡	☆	☆	☾	☆	♡	☆	☾

6 **Feuer:** Abenteuer, Action, Sport, Vitalität, Inspiration
6 **Erde:** Natur, Sinnlichkeit, Genuss, Wachstum
2 **Luft:** Leichtigkeit, Kontakt, Kultur, Erneuerung
1 **Wasser:** Geborgenheit, Familie, Fühlen, Ursprung

Zur Bedeutung der Elemente s. S. 43ff., zur Bedeutung von ☺☾☆♡ s. S. 55ff.

♋ Krebs-Inseln **Bahamas**

English Style mit Karibikfeeling

Für viele gehören die Bahamas zur Karibik mit Reggaemusik, tropischen Cocktails, mit puderfeinen Sandstränden in weiß und rosa, zwischen windzerzausten Palmen und türkisfarbenem Meer. Politisch ist der kleine Staat, der aus über 700 Inseln besteht, von denen nur 30 bewohnt sind, ein unabhängiges Mitglied des Commonwealth. In guter alter britischer Sitte salutieren die Soldaten vor dem Gouverneurspalast in Nassau, und in den alten »Loyalisten-Nestern« wie Hope Town und New Plymouth blüht nach wie vor das neuenglische Idyll: viktorianische Puppenhäuschen, die sich hinter weißen Zäunen und blühenden Hibiskushecken verstecken. Doch die Bahamas auf diese gutbürgerliche Idylle zu reduzieren, wäre zu einfach. Im Herzen eine Mischung aus Freibeutern und Lords waren die Insulaner nach dem Zusammenbruch der Plantagenwirtschaft durch die Sklavenbefreiung flexibel genug, um sich als Waffenschmuggler und Wrackplünderer durchzuschlagen. Ihre große Stunde schlug zur Zeit der Prohibition und so konnten sie die USA mit reichlich hochprozentigem Nachschub aus England versorgen. Damals kamen auch viele Amerikaner, allen voran der Schriftsteller Ernest Hemingway, angezogen von einer tropischen Traumwelt ohne Alkoholverbot und Hochseefischgründen voller schwerpfündiger Marlins oder Schwertfische.

Die Inselgruppe wurde am 10. Juli 1973, also an einem eindeutigen Krebsdatum, von England in die Unabhängigkeit entlassen. Nach wie vor ist die britische Königin ihr Oberhaupt. Der Wasser-Charakter findet seinen Niederschlag u.a. in der Verbundenheit mit dem britischen Mutterland, den Geschichten und Mythen über die langen Jahre der Piraterie und last, not least in der Love-Story des Herzogs von Windsor, der aus Liebe zu Wally Simson auf die britische Krone verzichtete und 1940–1945 hier Gouverneur war. Dass Abenteuer und Action nicht zu kurz kommen, zeigt der hohe Feuer-Anteil. Und die Luft-Besetzung verrät, dass man auf den Bahamas nicht lange alleine bleibt. Das Erde-Element ist unterbesetzt. Man nehme dies als einen Hinweis, dass allzu erdverbundene »Landratten« (Jungfrauen, Stiere und Steinböcke zum Beispiel) früher oder später den Inselkoller bekommen.

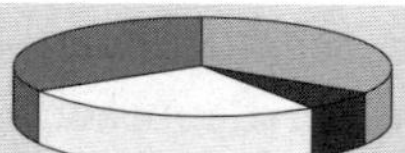

Bahamas	♈ Widder	♉ Stier	♊ Zwillinge	♋ Krebs	♌ Löwe	♍ Jungfrau	♎ Waage	♏ Skorpion	♐ Schütze	♑ Steinbock	♒ Wassermann	♓ Fische
Feuer	☺	☆	☾	☾	☺	♡	☾	☾	☺	♡	☾	♡
Erde	☆	☾	♡	☾	♡	☾	☆	☾	☆	☾	☆	☾
Luft	☾	♡	☺	☆	☾	☆	☺	♡	☾	♡	☺	♡
Wasser	☆	☆	♡	☺	☾	♡	♡	☺	☾	☆	☆	☺

5 **Feuer:** Abenteuer, Action, Sport, Vitalität, Inspiration
1 **Erde:** Natur, Sinnlichkeit, Genuss, Wachstum
4 **Luft:** Leichtigkeit, Kontakt, Kultur, Erneuerung
5 **Wasser:** Geborgenheit, Familie, Fühlen, Ursprung

Zur Bedeutung der Elemente s. S. 43ff., zur Bedeutung von ☺☾☆♡ s. S. 55ff.

♌ Löwe-Insel **Bali**

Wo Götter und Dämonen noch lebendig sind

Jedes kleine Mädchen in Bali träumt davon, Legong-Tänzerin zu werden. Nach balinesischem Glauben gelten die Darstellerinnen des himmlischen Tanzes als göttliche Nymphen, denn beim Tanz vollzieht sich der Eintritt göttlicher Wesen in ihre menschlichen Körper. Dies zeigt die große Verbundenheit der Balinesen mit ihrer ganz eigenen Religionsform: einer Mischung aus Hinduismus und Buddhismus, Ahnenkult, Naturreligion und Wasserverehrung. Glaube und religiöse Praxis sind fest in Leben und Alltag verhaftet und schenken dem Besucher beeindruckende Erlebnisse, und es vergeht kaum ein Tag ohne farbenprächtige Prozession oder eine andere religiöse Zeremonie, wie etwa einer feierlichen, aber sehr freudig begangenen Leichenverbrennung. Ihre Freude bei diesen Festen, Tänzen und den dramatischen, farbenprächtigen Götterdramen teilen die Balinesen gerne mit den Fremdlingen, die die Insel zahlreich besuchen. Kilometerlange Sandstrände und die richtige Brandung machen das kleine tropische Eiland im Indischen Ozean zum Bade- und Surferparadies. Am schönsten und längsten Sandstrand liegt Kuta, das heute den Surfern auf der ganzen Welt ein Begriff ist. Doch wer nicht ins Landesinnere mit der so typischen

Landschaft aus grünen Reisterrassen fährt, einige der zahlreichen Tempel und die Künstlerstadt Ubud besucht oder auf Dschungel gesäumten Bergstraßen zu heiligen, heißen Quellen gelangt, hat nicht die ganze Schönheit Balis und seinen Zauber entdeckt.

Bali gehört zu Indonesien, das am 17. August 1945, einem Löwe-Datum, seine Unabhängigkeit verkündete. Am 17. August 1950 (wieder Löwe) konstituierte sich die zentralistische Republik Indonesien mit Sukurno als Präsidenten. Dieses Datum wurde dieser Analyse zugrunde gelegt. Wer Bali bereist, spürt schnell etwas von dieser Löwe-Kraft in sich aufsteigen, wird selbstbewusster, lebendiger, vitaler: Bali – die Löwe-Insel. Wasser ist mit drei Punkten vertreten. Jeder, der sich dort aufhält, entdeckt in sich eine besondere Kraft, findet seinen inneren Frieden, kommt zu seiner Mitte und seinen Wurzeln. Die Luft spiegelt sich in der Freundlichkeit der Balinesen. Das Element Erde wiederum spürt jeder, der sich ins Landesinnere aufmacht und ein fruchtbares Paradies mit allen nur denkbaren Früchten entdeckt.

Nach Bali kann man also getrost auch mit der ganzen Familie reisen: Jeder findet sein Urlaubsglück.

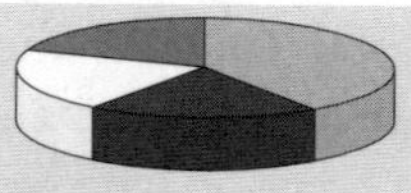

Bali	♈ Widder	♉ Stier	♊ Zwillinge	♋ Krebs	♌ Löwe	♍ Jungfrau	♎ Waage	♏ Skorpion	♐ Schütze	♑ Steinbock	♒ Wassermann	♓ Fische
Feuer	☺	☆	☺	♡	☺	☆	☺	♡	☺	☆	☺	♡
Erde	☆	☾	♡	☾	☾	☾	☾	☾	☾	☾	☆	☾
Luft	☺	♡	☾	☆	☺	♡	☺	☾	☺	♡	☺	♡
Wasser	☆	☾	♡	☾	☾	☾	☾	☾	☾	☆	☆	☾

6 ● **Feuer:** Abenteuer, Action, Sport, Vitalität, Inspiration
3 ● **Erde:** Natur, Sinnlichkeit, Genuss, Wachstum
3 ○ **Luft:** Leichtigkeit, Kontakt, Kultur, Erneuerung
3 ● **Wasser:** Geborgenheit, Familie, Fühlen, Ursprung

Zur Bedeutung der Elemente s. S. 43ff., zur Bedeutung von ☺☾☆♡ s. S. 55ff.

♐ Schütze-Insel **Barbados**

Insel über dem Wind

Barbados war die erste Insel, auf der die Engländer Zuckerrohr im großen Stil anbauten. Aus diesem Kapitel der Kolonialgeschichte stammen viele Herrensitze, die zum Teil zu Hotels umgebaut wurden. Auch sonst ist die Lebensart der liebenswerten Insulaner noch immer »very british«: Linksverkehr, diszipliniertes Schlangestehen, Schuluniformen und eine für die Tropen ungewöhnlich gut funktionierende Bürokratie, die sicher nicht unerheblich dazu beigetragen hat, dass Barbados mittlerweile das höchste Pro-Kopf-Einkommen in der Karibik erwirtschaftet. Dass der Tourismus dabei als wichtigste Einnahmequelle rangiert, liegt aber auch an den Schätzen der Natur, mit denen die Insel überreich gesegnet ist. Als östlicher Vorposten der »Inseln über dem Wind« zeichnet sie sich durch ein Klima aus, das von einer Mischung aus tropischer Wärme und frischen Passatwinden bestimmt wird. Der nordöstliche Teil Barbados' trägt den Namen »Scotland District«, denn mit seinen steilen Klippen gleicht er eher einer schottischen Küste als einer karibischen. Alle anderen Gebiete erfüllen die Vorstellungen von typisch karibischer Schönheit umso mehr: Da sind die schönsten schneeweißen Strände, die turbulenten Städtchen im Südwesten mit unbegrenzten Unterhaltungsmöglichkeiten und viel Limbo und Calypso, oder der Küstenstreifen zwischen Bridgetown im Süden und Speighstown im Norden, an dessen makellosen Traumstränden, die von alten Mahagoniwäldern gesäumt sind, die nobelsten Luxusdomizile liegen.

Der Karibik-Staat Barbados wurde am 30. November 1966 von Großbritannien in die Unabhängigkeit entlassen. Der Staat ist Mitglied des Commonwealth, das heißt, die britische Königin ist das Staatsoberhaupt.

So findet der Urlauber mitten in der Karibik eine britische Insel und fühlt sich gleich wie zu Hause, was auch der hohe Wasser-Anteil nahelegt. Dieser ist sogar stärker als der des Feuers, das wiederum für den hohen Abenteuer-Wert der Insel steht. Auch Erde ist relativ stark vertreten, ein Hinweis auf das »Wohlfühl-Programm« dieser Insel, bestehend aus guten Drinks, herrlichem Essen und einmaliger Natur. Dass die Luft schwach betont ist, mag als Hinweis genommen werden, dass man auf Barbados trotz Highlife und nächtlichem Entertainment-Spektakel in den Citys doch eher für sich bleibt.

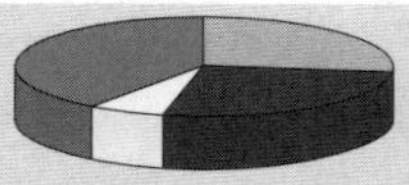

Barbados	♈ Widder	♉ Stier	♊ Zwillinge	♋ Krebs	♌ Löwe	♍ Jungfrau	♎ Waage	♏ Skorpion	♐ Schütze	♑ Steinbock	♒ Wassermann	♓ Fische
Feuer	☺	♡	☾	☾	☺	☆	☾	♡	☺	☆	☾	☆
Erde	♡	☺	☆	☾	☆	☺	♡	☾	☺	☾	♡	☾
Luft	☆	☆	☾	☆	☆	☆	☾	☆	☆	☆	☾	☆
Wasser	♡	☾	♡	☺	☾	♡	♡	☺	☾	☺	☆	☺

4 **Feuer:** Abenteuer, Action, Sport, Vitalität, Inspiration
4 **Erde:** Natur, Sinnlichkeit, Genuss, Wachstum
1 **Luft:** Leichtigkeit, Kontakt, Kultur, Erneuerung
6 **Wasser:** Geborgenheit, Familie, Fühlen, Ursprung

Zur Bedeutung der Elemente s. S. 43ff., zur Bedeutung von ☺☾☆♡ s. S. 55ff.

Waage-Land **Belgien**

Bier und Schokolade

Ein Sprichwort behauptet, es gäbe in Belgien mehr Brauer als Bürgermeister. Nachgeprüft hat das noch niemand. Doch dieser Ausspruch würde zum Ruf des westeuropäischen Königreiches als Schlemmerland passen. Biersorten gibt es unzählige, aber die Belgier sind noch bei einer anderen Gaumenfreude unschlagbar an Ideenreichtum und Qualität: bei der Schokolade. Schon bevor Ludwig der XIV. die erste Lizenz zur Gründung einer Schokoladenmanufaktur vergab, fertigte in Brüssel der Schokoladehersteller Gérard Jacques köstliche Süßigkeiten aus Kakao. Und sowohl die Praline als auch ihre edle Verpackung, die Pralinenschachtel, kreierte der Brüssler Jean Neuhaus und erlöste damit vor allem die Vertreter des männlichen Geschlechts aus der Verlegenheit, nicht immer das passende Geschenk zu finden. Bier und Schokolade allein reichen natürlich nicht aus, um Belgien zu einem Paradies für Feinschmecker zu machen. Dazu tragen die reichhaltigen Produkte einer bodenständigen Landwirtschaft ebenso bei wie die Vielfalt lokaler Spezialitäten und die Genussfreude der Menschen. Doch nicht nur Zunge und Magen kommen auf ihre Kosten, sondern auch Augen und Intellekt. Mittelalterliche Städte, Burgen, Schlösser und Klöster, romantische grüne Flussauen, nostalgische kleine Dörfer, kunstvoll angelegte Garten- und Parkanlagen, riesige Tropfsteinhöhlen oder Kajakfahrten auf ungebändigten Flüssen lassen das Heimatland der Institutionen eines vereinten Europas zu einem reizvollen Ziel werden.

Belgien stand unter österreichischer, spanischer, französischer und niederländischer Herrschaft, bevor es am 4. Oktober 1830, einem Waage-Datum, unabhängig wurde. Waage gehört zum Luft-Element. Damit kann man sicher sein, dass man in Belgien nicht lange allein bleibt.

Im Elementen-Horoskop überwiegt aber nicht die Luft, sondern das Erde-Element. Insofern hat sich Belgien dann doch »entschieden«, das Erdhafte, also Sinnlichkeit, gutes Essen und Vergnügen, obenan zu stellen. Da auch das Feuer-Element mit drei Punkten vertreten ist, kann man davon ausgehen, dass auch erlebnishungrige und sportive Urlauber auf ihre Kosten kommen. Belgien besitzt nur einen Punkt Wasser –, was dazu führt, dass es auf manche Urlauber etwas »trocken« wirkt.

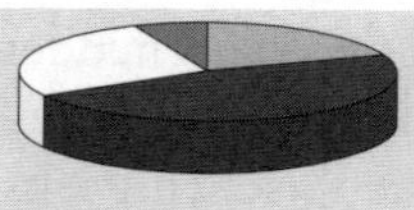

Belgien	♈ Widder	♉ Stier	♊ Zwillinge	♋ Krebs	♌ Löwe	♍ Jungfrau	♎ Waage	♏ Skorpion	♐ Schütze	♑ Steinbock	♒ Wassermann	♓ Fische
Feuer	☾	☆	☺	♡	☺	♡	☺	♡	☺	☆	☺	♡
Erde	☆	☺	♡	☺	☆	☺	♡	♡	♡	☺	♡	☾
Luft	☺	♡	☺	☆	☺	♡	☺	☆	☺	♡	☺	☆
Wasser	♡	☾	☆	☾	♡	☾	♡	☾	☆	☾	☆	☆

3 **Feuer:** Abenteuer, Action, Sport, Vitalität, Inspiration
7 **Erde:** Natur, Sinnlichkeit, Genuss, Wachstum
4 **Luft:** Leichtigkeit, Kontakt, Kultur, Erneuerung
1 **Wasser:** Geborgenheit, Familie, Fühlen, Ursprung

Zur Bedeutung der Elemente s. S. 43ff., zur Bedeutung von ☺☾☆♡ s. S. 55ff.

♍ Jungfrau-Land **Brasilien**

Ein Stück Erde von überwältigender Schönheit

Ein Paradies entdeckte der Portugiese Pedro Alvarez Cabral vor 500 Jahren: er entdeckte Brasilien. Zu einem bunten Mosaik verschmolzen die Schattierungen der Hautfarben, die verschiedensten Gebräuche, Religionen und Riten von indianischen Ureinwohnern, afrikanischen Sklaven und weißen Kolonialisten. Die kulturelle und kulinarische Vielfalt, die Lebenslust der Brasilianer, traumhafte Küsten, grandiose Naturlandschaften, tropische Vegetation, eine artenreiche Tierwelt und interessante Städte ziehen sonnenhungrige Badeurlauber genauso an wie Kulturinteressierte, Menschen mit Expeditionshunger, oder solche, die alles miteinander verbinden möchten. Im größten Land Lateinamerikas ist das ganz leicht möglich. Luxuriöse Erholung und das Erlebnis eines der spektakulärsten Naturwunder der Erde treffen beispielsweise bei den rauschenden Wassern von Iguaçu zusammen: Über vier Kilometer breit rauschen mehr als 250 Wasserfälle inmitten eines tropischen Parks, durch den eine Vielzahl von Schmetterlingsarten flattert, in die Tiefe und unweit davon liegen mehrere exklusive Hotelanlagen. Abenteuerliche Erlebnisse auf Booten, zu Pferd oder zu Fuß im Amazonas-Dschungel, dem gewaltigsten Bioreservat und Flusssystem der Welt, der Aufenthalt in einer Dschungel-Lodge in Holzpfahlbauten oder ein Opernbesuch im Teatro Amazonas in der Urwaldmetropole Manaus, ehemals während des Kautschukbooms eine der reichsten Städte der Welt, ist ein weiteres Beispiel für die beeindruckenden Gegensätze Brasiliens.

Die ehemalige portugiesische Kolonie Brasilien erklärte am 7. September 1822, also einem Jungfrau-Datum, ihre Unabhängigkeit. Vielleicht ist es auf den ersten Blick unverständlich, dass das laute, chaotische Brasilien mit seinem Hexenkessel-Temperament ein Jungfrau- und damit ein Erde-Land ist. Doch wer Gelegenheit hat, das Land nicht nur aus der air-conditioned Bus-Perspektive zu erleben, wird überaus gastfreundliche und höfliche Menschen kennen lernen, mit einer gehörigen Portion Unschuld im Herzen und naiver Begeisterung für alles, was sinnlich ist – die eigentliche Seite der »korrekten« Jungfrauen-Seele. Und wer jemals ein Samba-Festival erlebt hat, weiß, dass für diesen rhythmischen, hochkomplizierten Figurentanz jungfräuliche Disziplin unerlässlich ist. Das Erde-Element findet sich natürlich auch in der unendlich üppigen und vielseitigen Natur.

Außerdem: Brasilien besitzt auch viel Luft-Energie. Und die sorgt dafür, dass dieses Land trotz des gigantischen Schuldenberges, trotz der Favelas, der Armenviertel, und trotz der hemmungslosen Zerstörung des Regenwaldes seine Lebensfreude nicht verloren hat. Wasser ist mit einem, Feuer mit zwei Punkten vertreten, und somit findet jedes Sternzeichen in Brasilien etwas, was die Ferien zum bleibenden Erlebnis macht.

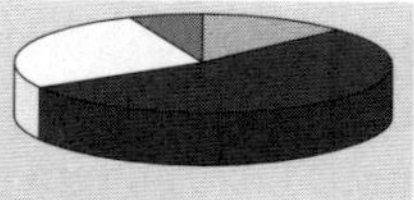

Brasilien	♈ Widder	♉ Stier	♊ Zwillinge	♋ Krebs	♌ Löwe	♍ Jungfrau	♎ Waage	♏ Skorpion	♐ Schütze	♑ Steinbock	♒ Wassermann	♓ Fische
Feuer	☾	☆	☆	♡	☾	♡	♡	☾	☾	☆	☆	♡
Erde	☆	☺	♡	☾	♡	☺	♡	♡	♡	☺	☆	☾
Luft	☾	♡	☾	♡	☾	☾	☾	☾	☾	♡	☾	♡
Wasser	☆	☾	♡	☆	♡	☾	♡	☆	☆	☾	♡	☆

2 **Feuer:** Abenteuer, Action, Sport, Vitalität, Inspiration
8 **Erde:** Natur, Sinnlichkeit, Genuss, Wachstum
4 **Luft:** Leichtigkeit, Kontakt, Kultur, Erneuerung
1 **Wasser:** Geborgenheit, Familie, Fühlen, Ursprung

Zur Bedeutung der Elemente s. S. 43ff., zur Bedeutung von ☺☾☆♡ s. S. 55ff.

♑ Steinbock-Land **Burma**

Geheimnisvolles Land der Pagoden

Die Schriftsteller Somerset Maugham und Rudyard Kipling fanden staunende und bewundernde Worte für die Schönheit Myanmars, wie Birma, bzw. Burma, heute heißt: für seine Landschaft, seine Menschen und seine Bauwerke. Goldglänzend und funkelnd von 6000 Diamanten und mehr als 2000 Rubinen, Saphiren und Topasen bezeugt die Shwedagon-Pagode die Wahrheit ihrer Worte. Das wichtigste burmesische Heiligtum des Buddhismus wurde vor etwa 2500 Jahren errichtet und steht in der Hauptstadt Yangon, dem früheren Rangoon. Sie ist mit viereinhalb Millionen Einwohnern auch größte Stadt des Landes, hat mit vielen Parks, wunderschönen Seen, kolonialer Architektur und lebendigen Märkten einen ganz besonderen Charme.

Myanmar ist etwa zwei mal so groß wie Deutschland und gliedert sich in drei Hauptregionen: das tropische Niedermyanmar, das größte Reisanbaugebiet der Welt, Obermyanmar und das Hochland, das bis an die Ausläufer des Himalaya reicht. In jedem dieser Landstriche gibt es Besonderheiten zu entdecken, die in Asien einmalig sind: Die »Giraffenfrauen«, so werden die Padaungfrauen genannt, die sich um ihren Hals immer mehr Ringe aus Messing und Kupfer zwängen, die Beinruderer auf dem Inlesee, dem größten Binnensee Burmas, oder der heilige goldene Felsen, der scheinbar schwerelos über dem Abgrund schwebt. Und überall zeugen prächtige Pagoden, Kunstwerke zu Ehren Buddhas und farbenprächtig gekleidete Mönche von der tiefen Religiosität der Burmesen, die nicht nur theoretischer Glaube, sondern auch freundliche, fröhliche Lebensart ist.

Burma war einst der einzige Teil des indischen Reiches, der sich aus eigenem Antrieb völlig von Großbritannien löste und am 4. Januar 1948 um 4.20 Uhr, einem Steinbock-Datum, unabhängig wurde. Der Zeitpunkt wurde von einem burmesischen Astrologen als besonders günstig gewählt. Vielleicht war es seine Absicht, dem Land eine solide, feste – eben eine steinböckische – Grundlage zu verleihen. Der Elementen-Schlüssel zeigt ein beinahe ausgewogenes Verhältnis von Erde, Feuer und Luft, während hingegen Wasser nur mit einem Punkt vertreten ist. So findet man in Burma sicher viel aufregende Abenteuer, trifft überall offene, freundliche Menschen, kann wunderbare Naturschauspiele genießen und lebt gut. Aber das Land bleibt einem doch etwas fremd, und man findet nur schwer Ruhe und Entspannung.

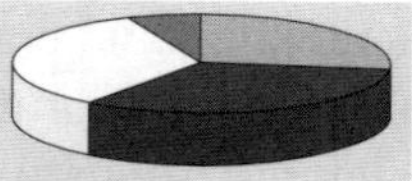

Burma	♈ Widder	♉ Stier	♊ Zwillinge	♋ Krebs	♌ Löwe	♍ Jungfrau	♎ Waage	♏ Skorpion	♐ Schütze	♑ Steinbock	♒ Wassermann	♓ Fische
Feuer	☺	☾	☺	☆	☺	☆	☺	♡	☺	☆	☺	☆
Erde	☆	☺	♡	☺	☾	☺	♡	☺	☾	☺	☆	☺
Luft	☺	♡	☺	♡	☺	☆	☺	☆	☺	☆	☺	☆
Wasser	♡	☾	☆	☾	♡	☆	♡	☾	☆	☾	♡	☆

4 **Feuer:** Abenteuer, Action, Sport, Vitalität, Inspiration
5 **Erde:** Natur, Sinnlichkeit, Genuss, Wachstum
5 **Luft:** Leichtigkeit, Kontakt, Kultur, Erneuerung
1 **Wasser:** Geborgenheit, Familie, Fühlen, Ursprung

Zur Bedeutung der Elemente s. S. 43ff., zur Bedeutung von ☺☾☆♡ s. S. 55ff.

Widder-Land **Chile**

Faszinierende Landschaft am Ende der Welt

Regenwald, Wüste, malerische Fjordlandschaften, tiefblaue Seen und Ewiges Eis, eine Vielfalt ganz besonderer Naturschauspiele häufen sich in dem »dünnen Land« am Ende der Erde. Eingezwängt zwischen Pazifik und Anden ist Chile nur bis 177 Kilometer breit, doch über 4000 Kilometer lang, und ein Land der Superlative sowohl für Liebhaber unberührter Natur und außergewöhnlicher Flora und Fauna, als auch für Abenteurer und Sportler, die das Land auf eigene Faust entdecken wollen. Zu sehen gibt es einiges: Beispielsweise die Atacama im Norden Chiles, eine der trockensten und lebensfeindlichsten Wüsten der Welt, wo bizarre Felslandschaften voll glitzernder Salzkristalle faszinieren, oder der Lago Chungará, der weltweit höchstgelegene Binnensee. Die fruchtbare, immergrüne Seenlandschaft im Süden wurde schon von den Ureinwohnern besiedelt, die noch heute auf Märkten mit Ponchos aus Schafwolle und Silberschmuck handeln. Zeugnisse indianischer Besiedelung aus der Vergangenheit und Gegenwart sind vielerorts in Chile präsent. Die absolute Krönung ist aber sicher die Reise ans südlichste Ende der Welt, nach Patagonien: Lavendelblaue bis smaragdgrüne Eisberge treiben auf dem Wasser wie monströse Juwelen – und riesige Gletscherlandschaften lassen die Unbezähmbarkeit der Natur unvergesslich bewusst werden.

In nur zweistündiger Schlacht besiegten die Streitkräfte der chilenischen Freiheitsbewegung am 5. April 1818 die königliche Armee als Vollstreckerin der spanischen Regierungsmacht in der Ebene von Maipu. Von diesem Augenblick an war Chile ein eigenes, unabhängiges, freies Land.

Der überstarke Feuer-Charakter Chiles ist nicht nur eine astrologische Realität: Jeder, der dieses Land bereist, findet ihn an allen »Ecken und Enden«. Den »Rest« teilen sich die Elemente Wasser und Erde. Das bedeutet, dass die Wasserzeichen Krebs, Skorpion und Fische genauso wie die drei Erdzeichen Steinbock, Stier und Jungfrau gerne und gut in Chile Ferien machen können. Luft fehlt völlig, was den Luftzeichen Zwillinge, Waage und Wassermann den Aufenthalt in diesem Land nicht einfach macht.

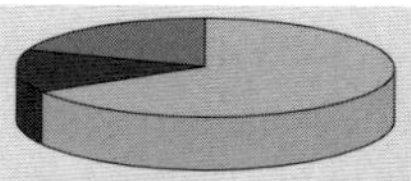

Chile	♈ Widder	♉ Stier	♊ Zwillinge	♋ Krebs	♌ Löwe	♍ Jungfrau	♎ Waage	♏ Skorpion	♐ Schütze	♑ Steinbock	♒ Wassermann	♓ Fische
Feuer	☺	♡	☆	♡	☺	♡	☆	♡	☺	♡	☆	♡
Erde	☾	☾	♡	☆	☾	☾	♡	☆	☾	☾	♡	☆
Luft	–	–	–	–	–	–	–	–	–	–	–	–
Wasser	♡	☾	♡	☾	♡	☾	♡	☾	♡	☾	♡	☾

10 ● **Feuer:** Abenteuer, Action, Sport, Vitalität, Inspiration
2 ● **Erde:** Natur, Sinnlichkeit, Genuss, Wachstum
0 ○ **Luft:** Leichtigkeit, Kontakt, Kultur, Erneuerung
3 ● **Wasser:** Geborgenheit, Familie, Fühlen, Ursprung

Zur Bedeutung der Elemente s. S. 43ff., zur Bedeutung von ☺☾☆♡ s. S. 55ff.

♎ Waage-Land **China**

Das Reich der Mitte

China in kurzen Worten darzustellen ist fast unmöglich, so zahlreich sind die Kulturgüter, so unterschiedlich die Provinzen, die Landschaften und die Küche dieses riesigen Landes. Gemäß der chinesischen Philosophie ist das Leben ein Prozess ohne Anfang und Ende, die Zeit etwas, das nicht verrinnt, sondern zyklisch wiederkehrt. Und so gibt es auch in der unglaublichen Vielfalt der Möglichkeiten, Erlebnisse und Eindrücke in China Wiederkehrendes. Da ist das Streben der Menschen nach der Balance von Yin und Yang. Einen Ausdruck findet es in den morgendlichen Körperübungen in noch vom Frühtau benetzten oder vom Morgennebel verschleierten öffentlichen Parks. Dann ist da die Vorliebe für Tee, der oft und überall getrunken wird, vor allem in öffentlichen Teestuben. Dort wird gelacht und geschwätzt, da werden Freunde getroffen und Geschäfte verhandelt. Reisen in China ist heute einfacher geworden. Zug und

Schiff, wie etwa eine Fahrt auf dem Yangtse, sind am besten geeignet, um die großen Entfernungen zu überwinden – aber auch, um den Weg zum Ziel werden zu lassen. Denn die Klassiker einer China-Reise, Bejing (Peking), Xi'an, Shanghai oder Guilin liegen weit auseinander, und dazwischen reihen sich Tempel, Pagoden, Naturwunder, Heiligtümer und Prachtstädte wie Perlen einer nicht enden wollenden Kette aneinander.

Am 1. Oktober 1949 wählte die Versammlung eine Regierung mit Mao Tse Tung als Vorsitzendem, das war der Gründungstag der Volksrepublik China. Damit ist China ein Waage-Land, d.h. ein Land, in dem man immer Menschen begegnet und eigentlich nie allein ist. China ist aber auch ein Erde-Land, ja sogar laut Elementen-Schlüssel ist Erde stärker als Luft. Das ist zunächst einmal eine Hommage an die Größe dieses Agrarlandes und seine so überaus reichhaltige und vielfältige Natur. Aber es zeigt auch, dass Sinnlichkeit und Lust in diesem Land nicht zu kurz kommen, und dass einem dieses uralte Land etwas gibt: ein Gefühl von Geschichte und Dauer. Da auch Feuer und Wasser im Elementen-Schlüssel immerhin mit jeweils drei Punkten vorhanden sind, ist China ein geeignetes Urlaubsland für jedes Tierkreiszeichen.

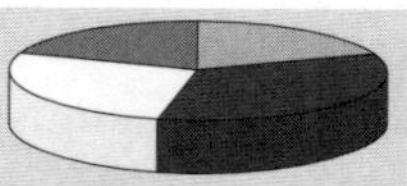

China	Widder ♈	Stier ♉	Zwillinge ♊	Krebs ♋	Löwe ♌	Jungfrau ♍	Waage ♎	Skorpion ♏	Schütze ♐	Steinbock ♑	Wassermann ♒	Fische ♓
Feuer	☾	☆	☺	♡	☾	☆	☺	☆	☾	☆	☺	☆
Erde	☆	☺	☆	☾	♡	☾	♡	☾	☾	☾	☆	☾
Luft	☺	♡	☺	☆	☾	♡	☺	☆	☺	♡	☺	☆
Wasser	♡	☾	☆	☾	♡	☾	♡	☾	☆	☾	☆	☾

3 **Feuer:** Abenteuer, Action, Sport, Vitalität, Inspiration
5 **Erde:** Natur, Sinnlichkeit, Genuss, Wachstum
4 **Luft:** Leichtigkeit, Kontakt, Kultur, Erneuerung
3 **Wasser:** Geborgenheit, Familie, Fühlen, Ursprung

Zur Bedeutung der Elemente s. S. 43ff., zur Bedeutung von ☺☾☆♡ s. S. 55ff.

♍ Jungfrau-Land **Costa Rica**

Badelust und Entdeckerurlaub

Frühmorgens in der Karibik baden, tagsüber durch den Urwald streifen, abends den Sonnenuntergang am Pazifik bewundern – und das alles an einem Tag? In Costa Rica ist dies möglich, denn es ist nicht größer als Niedersachsen und gehört zu den vielseitigsten Ländern Mittelamerikas. Sein Reichtum ist die unglaubliche Vielfalt der Natur, die seit den siebziger Jahren durch Nationalparks, Biosphärenreservate, aber auch Indianerreservationen bewahrt werden soll. Insgesamt steht ein Fünftel des Landes unter Naturschutz. Dies und ein Tourismusprogramm nach ökologischen Richtlinien, das nicht auf Masse, sondern auf Klasse setzt, machen Costa Rica zu einem Pilgerziel für Ökologen, Biologen und Geologen. Im Urwald wachsen Pflanzen, für die Forscher immer noch keine Namen gefunden haben, denn erst fünf Prozent dieses komplexen Systems sind erforscht. Eine einmalige Seilbahn führt im Nationalpark Braulio Carrillo bis über die Gipfel der Urwaldriesen. Begleitet wird der phantastische Ausblick auf die unendliche Weite des grünen Pflanzenmeeres vom Gezirpe und Geflöte unsichtbarer, oft noch unbekannter Tiere und dem Geschrei der Brüllaffen. Das riesige Sumpfgebiet Cano Negro an der Grenze zu Nicaragua, bis über 3000 Meter hohe Gipfel, Thermalquellen, bizarre Vulkanlandschaften mit einem schwefelgelben Kratersee, Korallenriffe, die einsame Karibikküste, kolonial geprägte Städte und zahlreiche Kokosnuss-, Kaffee- und Bananenplantagen vereinen sich zu einem bunten Mosaik der Erlebnisse.

Der ehemalige Teil des spanischen Generalkapitanats erhielt am 30. August 1848 seine endgültige Unabhängigkeit als souveräner Staat. Damit ist dieses Land ein Jungfrau-Land. Erdbetont, ja sogar jungfräulich ist der Schutz und die Aufmerksamkeit, mit denen die Bevölkerung und die Regierung ihrem Land begegnen. Jungfrau ist seiner Qualität nach ein fürsorgliches, ein dienendes Zeichen. Insofern spiegelt die Liebe Costa Ricas zu seinem eigenen Land, zur Erde, zur Natur, die Jungfräulichkeit gut wider. Luft fehlt im Elementen-Schlüssel, was bedeutet, dass man dort nicht mit gesellschaftlichem Highlife rechnen darf. Hier zählt die Natur, ein bisschen Feuer, also Abenteuer, und Wasser, das heißt Stille und Selbstentdeckung.

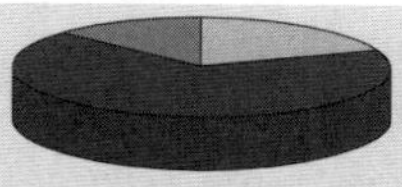

Costa Rica	Widder ♈	Stier ♉	Zwillinge ♊	Krebs ♋	Löwe ♌	Jungfrau ♍	Waage ♎	Skorpion ♏	Schütze ♐	Steinbock ♑	Wassermann ♒	Fische ♓
Feuer	☺	☆	☾	♡	☺	☆	☾	♡	☺	☆	☾	☆
Erde	☆	☺	☆	☺	☾	☺	♡	☺	☾	☺	☆	☺
Luft	–	–	–	–	–	–	–	–	–	–	–	–
Wasser	♡	☾	☆	☾	♡	☾	♡	☾	☆	☾	♡	☾

3 ● **Feuer:** Abenteuer, Action, Sport, Vitalität, Inspiration
10 ● **Erde:** Natur, Sinnlichkeit, Genuss, Wachstum
0 ○ **Luft:** Leichtigkeit, Kontakt, Kultur, Erneuerung
2 ● **Wasser:** Geborgenheit, Familie, Fühlen, Ursprung

Zur Bedeutung der Elemente s. S. 43ff., zur Bedeutung von ☺☾☆♡ s. S. 55ff.

♊ Zwillinge-Land **Dänemark**

Odins Land zwischen den Meeren

Nach erholsamem Schlaf ein Sprung in die Fluten des hauseigenen kleinen Schwimmingpools und danach Schwitzen in der eigenen Sauna; diesen Luxus bieten viele der gemütlichen Ferienhäuschen an der Küste Jütlands. Reetgedeckt schmiegen sich diese in die Dünenmulden, eingebettet in eine grüne Hügellandschaft, meist nur ein paar Minuten vom Strand entfernt. Ob frisch verliebt, mit Kindern, der Großfamilie oder Hunden, es gibt kaum eine erholsamere Art, um Urlaub zu machen, und dies nicht nur im Sommer. Durch das ausgesprochen milde Winterklima werden die Häuschen von einer immer größer werdenden Fangemeinde auch für die Weihnachts- und Silvestertage gemietet. Spaziergänge im frischen Wind blasen die Sorgen aus dem Kopf und machen Appetit auf ein leckeres Menü vor dem offenen Kamin. Dänemark, das ist die große Halbinsel Jütland sowie 406 Inseln verschiedenster Größe und unterschiedlichster Landschaft. Können an der Westküste Jütlands die Augen das Ende des Sandstrands fast nicht erblicken, so werden sie im Landesinneren von weiten Mischwäldern, von Mohnblumen bekränzten Feldern oder einem weit verzweigten Fluss- und Seengebiet mit romantischen Birkenufern verwöhnt. Neben all dieser Romantik bleibt viel Raum für sportliche Aktivitäten. Und dem, der offen ist, begegnet in einer stürmischen Nacht das Reiterheer Odins – zumindest in seinen Träumen.

Den Kampfgeist der wilden Wikinger, die ihren Nachkommen Drachenschiffe, Ringburgen und Sonnenwagen hinterließen, entdeckt man eher im astrologischen Datum als in dem anheimelnd wirkenden, friedlichen Land. Als modernes Geburtsdatum und Tag der Einführung der konstitutionellen Monarchie und einer parlamentarischen Regierung hat sich Dänemark den 5. Juni 1849 ausgesucht. Das ist zwar ein Zwillinge-Datum, das ganz sicher die luftige und freundliche Atmosphäre des Landes zwischen den zwei Meeren gut wiedergibt – für seine Leichtigkeit, Freundlichkeit und köstliche Küche (es gibt ja auch zwei Erde-Punkte) ist dieses Land schließlich so beliebt. Aber wie die Elementen-Grafik unten verrät, ist das Feuer am stärksten betont. Zusammen mit dem starken Wasser-Anteil kann man dies durchaus als ein Zeichen der Erinnerung an die kriegerisch-mythologische Vergangenheit des Landes erachten – und als Hinweis, dass man Dänemark jederzeit mit der ganzen Familie bereisen kann, denn jeder findet in diesem Land etwas, was ihm gefällt.

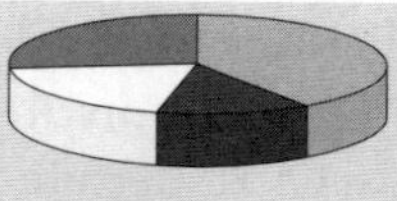

Dänemark	♈ Widder	♉ Stier	♊ Zwillinge	♋ Krebs	♌ Löwe	♍ Jungfrau	♎ Waage	♏ Skorpion	♐ Schütze	♑ Steinbock	♒ Wassermann	♓ Fische
Feuer	☺	☆	☾	♡	☺	☆	☾	♡	☺	☆	☾	♡
Erde	☾	☾	♡	☾	☾	☾	☆	☾	☾	☾	♡	☾
Luft	☺	♡	☺	☆	☺	♡	☺	☆	☺	♡	☺	☆
Wasser	♡	☆	☆	☾	☆	☆	♡	☾	☾	♡	☆	☾

6 **Feuer:** Abenteuer, Action, Sport, Vitalität, Inspiration
2 **Erde:** Natur, Sinnlichkeit, Genuss, Wachstum
3 **Luft:** Leichtigkeit, Kontakt, Kultur, Erneuerung
4 **Wasser:** Geborgenheit, Familie, Fühlen, Ursprung

Zur Bedeutung der Elemente s. S. 43ff., zur Bedeutung von ☺☾☆♡ s. S. 55ff.

Waage-Land **Deutschland**

Warum in die Ferne schweifen?

»Ja, wenn das Wetter nicht wär' ...«, tönt es aus dem Mund vieler Deutscher. Und so fahren und fliegen sie Jahr für Jahr viele Kilometer in nahe und ferne Länder, ohne die Schönheiten und Vorzüge des eigenen Landes zu kennen. Dabei gibt es von den Alpen bis zum Meeresstrand so viel zu entdecken, zu bestaunen und zu genießen: von der unberührten Natur bis zum Großstadtdschungel, ob mit Kindern oder ohne, ob allein oder zu zweit, ob mit 18 oder 80 Jahren. Und vielleicht wird es bei Regen gerade besonders spannend, wenn der Sonnenschein nicht davon abhält, mal eines der vielen oft auch skurrilen Museen zu betreten oder sich etwa in die Tiefe eines Salzbergwerks hinabzuwagen. Außerdem gibt es genügend Möglichkeiten, das Land der Dichter und Denker zu bereisen, ohne im Stau auf den Autobahnen mitzuschwimmen. Vielleicht unter dem dichten Blätterdach der Deutschen Alleenstraße, wo die Sonne, die in den grünen Tunnel fällt, goldene Ringel auf die Straße zeichnet. Oder auf der Straße der Kaiser und Könige von Frankfurt bis Budapest. Die Strecke folgt in weiten Teilen einem mittelalterlichen Verkehrsweg, den schon Karl der Große nutzte und führt vorbei an geschichtsträchtigen Städten wie Würzburg, Bamberg oder Passau. Die dreizehn Nationalparks mit unverfälschter Natur und mit den unterschiedlichsten Landschaften, Tieren und Pflanzen lassen sich besser per pedes, mit Rad oder Pferd entdecken. Und überall im ganzen Land locken Wirtshäuser, Gaststuben, Gourmet-Tempel …

Durch die Wiedervereinigung am 3. Oktober 1990 wurde Deutschland ein Waage-Land und damit vor allem »luftig«. Das widerspricht all jenen, die meinen, Deutschland sei nicht gastfreundlich. Im Gegenteil: Hier schließt man schnell neue Bekanntschaften und verlässt jeden Ort als »guter Bekannter«. Außerdem sind auch vier Erde-Punkte vorhanden, ein Hinweis dafür, dass Deutschland alles andere als lustfeindlich ist: Man isst nicht nur gut, man findet auch die richtige Atmosphäre für Lust und Sinnlichkeit. Deutschland besitzt auch immerhin drei Feuer-Punkte, was den vielfältigen Möglichkeiten für sportive Betätigung entspricht. Schlussendlich gibt es noch drei Wasser-Punkte – genug, um sich als Urlauber in Deutschland wie Zuhause zu fühlen. Der Elementen-Schlüssel »fünf-vier-drei-drei« besagt auch, dass jedes Element immerhin so stark vertreten ist, dass kein Tierkreiszeichen in Deutschland wirklich zu kurz kommt. Oder anders gesagt: Deutschland ist ein ideales Ferienland für die ganze Familie.

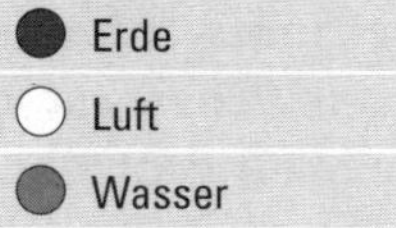

Deutschland	Widder ♈	Stier ♉	Zwillinge ♊	Krebs ♋	Löwe ♌	Jungfrau ♍	Waage ♎	Skorpion ♏	Schütze ♐	Steinbock ♑	Wassermann ♒	Fische ♓
Feuer	☺	☆	☺	♡	☺	♡	☺	♡	☺	♡	☺	♡
Erde	☆	☺	☆	☾	☆	☺	♡	☺	☾	☺	☆	☾
Luft	☾	♡	☺	☆	☾	♡	☺	☆	☾	♡	☺	☆
Wasser	♡	☾	♡	☆	♡	☾	☆	☆	☆	☆	♡	☆

3 **Feuer:** Abenteuer, Action, Sport, Vitalität, Inspiration
4 **Erde:** Natur, Sinnlichkeit, Genuss, Wachstum
5 **Luft:** Leichtigkeit, Kontakt, Kultur, Erneuerung
3 **Wasser:** Geborgenheit, Familie, Fühlen, Ursprung

Zur Bedeutung der Elemente s. S. 43ff., zur Bedeutung von ☺☾☆♡ s. S. 55ff.

♐ Schütze-Land **Dominikanische Republik**

Ein Paradies mit einem Schuss Rum

Karibikträume von weißen Stränden, türkisblauen Wellen, Kokospalmen, vom Charme kleiner bunter Dörfer und fröhlicher, dunkelhäutiger Menschen: In der Dominikanischen Republik werden sie wahr. Vor allem an der Nordküste breiten sich endlose Sandstrände aus mit whirlpoolwarmer Brandung. Doch nicht nur Badelustige und Urlauber, die einfach nur mal faulenzen wollen, entdecken die Dominikanische Republik als Paradies. Das kleine Örtchen Cabarete ist die Surferhochburg und magischer Anziehungspunkt für Weltenbummler und die Surf-Elite. Jedes Jahr im Juni findet hier die Cabarete Race Week statt, ein Wettkampf mit internationalem Renommee. Die meisten Besucher machen in Puerto Plata erstmals Bekanntschaft mit der Insel. Noch vor 20 Jahren war das Städtchen ein Provinznest – der Internationale Flughafen hat Leben in die Stadt gebracht. Die Lebkuchenhäuser im Zentrum der Stadt stammen aus der Zeit der Jahrhundertwende, als Puerto Plata einer der wichtigsten Häfen des Landes war. Ringsherum erstrecken sich Zuckerrohrfelder, die Lieferanten für den Rum, ohne den in der Dominikanischen Republik nichts geht. Die drei wichtigsten B's der Insel stehen für die Rumsorten Barcelo, Bermudes und Brugal. Hinter diesen Namen verbergen sich die reichsten Familien der Insel. Bei einer Fahrt durch das dicht bewaldete Hinterland sind immer wieder die drei anderen Leidenschaften der Dominikaner zu entdecken: Das ist das Dominospiel, der Hahnenkampf und die Vorliebe für Pinsel, für Farben – vor allem für Rosa, die auch vor Bäumen und sogar Felsbrocken und dem Asphalt nicht Halt macht.

Die Dominikanische Republik wurde am 1. Dezember 1821, einem Schütze-Datum, von Frankreich unabhängig. Genau dieses Feuer, das dem Schützezeichen innewohnt, lockt viele Urlauber an. Wie die alljährlichen Wettkämpfe im Wellensurfen zeigen, zieht dieses Land Abenteurer, Weltenbummler und Leute an, die riskante Sportarten mögen. Auch die anderen Elemente sind relativ stark vertreten, was die Dominikanische Republik letztlich zu einem Ferienort für alle macht: Man isst ausgezeichnet und stellt fest, dass auch die Lust an allen anderen Genüssen wächst. Man ist nicht allein, wenn man es nicht ausgesprochen will. Man fühlt sich wohl und infolge der französischen Vergangenheit des Landes schnell wie zu Hause; zumindest dann, wenn man aus Europa kommt.

Dominikanische Republik	Widder ♈	Stier ♉	Zwillinge ♊	Krebs ♋	Löwe ♌	Jungfrau ♍	Waage ♎	Skorpion ♏	Schütze ♐	Steinbock ♑	Wassermann ♒	Fische ♓
Feuer	☺	☆	☺	♡	☺	☆	☺	♡	☺	♡	☺	☆
Erde	☆	☺	♡	☺	♡	☺	♡	☺	☾	☺	☆	☺
Luft	☺	♡	☺	☆	☺	☆	☺	♡	☺	♡	☺	☆
Wasser	♡	☺	☆	☺	♡	☺	♡	☺	☾	☺	☆	☺

4 **Feuer:** Abenteuer, Action, Sport, Vitalität, Inspiration
5 **Erde:** Natur, Sinnlichkeit, Genuss, Wachstum
3 **Luft:** Leichtigkeit, Kontakt, Kultur, Erneuerung
3 **Wasser:** Geborgenheit, Familie, Fühlen, Ursprung

Zur Bedeutung der Elemente s. S. 43ff., zur Bedeutung von ☺☾☆♡ s. S. 55ff.

♑ Steinbock-Land **England**

Auch eine literarische Reise

Wer Großbritannien bereist, sollte dies auf keinen Fall tun, ohne sich zuvor literarisch einzustimmen. Denn dieses wunderbar romantische Land, das von sturmzerfurchten Küsten an der Atlantikküste, über fast lieblich grellgrüne Hügellandschaften mit niedrigen, kilometerlangen Steinmäuerchen, hochherrschaftlichen Schlössern oder geheimnisvollen Ruinen bis zu subtropischen Palmen- und Farnwäldern im Süden alles zu bieten hat, was des Träumers Herz begehrt, verzaubert auch durch seine Schriftsteller und Schriftstellerinnen. Mit einem Oscar Wilde-Stück lässt sich wunderbar ein bisschen britische Dekadenz schnuppern, Rosamunde Pilcher ist gut für den Cornwall- und Barbara Cartland für den Adels-Kitsch, ein bisschen Agatha Christie befriedigt jede Krimi-Laune, und Emily Brontës Sturmhöhe ist unverzichtbar für den, der die Einsamkeit Yorkshires und wirkliche große Leidenschaft erleben will. Auf keinen Fall aber sollte der England-Reisende William Shakespeare versäumen. Er hat alles gewusst und lässt den Leser ahnen, wie humorvoll und weise Engländer sein können. Dass dieses Land schon immer einen Hang ins Mystisch-Magisch-Spukhafte besitzt, zeigt nicht zuletzt Joanne Rowlings Romanfigur Harry Potter.

England ist seit dem 1. Januar 1801, der Vereinigung mit Irland und der Taufe als »Vereinigtes Königreich von Großbritannien«, ein Steinbock-Land. Das passt insofern, weil die Steinbock-Energie am ehesten zum distinguierten Charme der Briten passt, und außerdem gehören zu England so altehrwürdige (und typisch steinböckische) Einrichtungen wie die Universitätsstädte Oxford und Cambridge. Der Elementen-Schlüssel gibt sich relativ gut ausbalanciert: Die vier Feuer-Punkte sind eine Erinnerung, dass in Great Britain nicht nur gigantische Fußballmannschaften spielen, sondern dass man überall zum Aktionismus regelrecht aufgefordert wird. Die vier Luft-Punkte verraten, dass der Engländer dann doch nicht so verschlossen ist, wie man vielleicht gehört hat, die drei Wasser-Punkte sind eine astrologische Übersetzung britischer Tiefe, wie man sie bei den großen Dichtern findet, und die vier Erde-Punkte sind eine Ermahnung, alles zu vergessen, was man je über die englische Küche gehört hat: Dieses Inselvolk kombiniert Zutaten nur auf eine für manche Menschen ungewohnte Weise. Aber wer sich darauf einlässt, erfährt ungeahnte Geschmackserlebnisse.

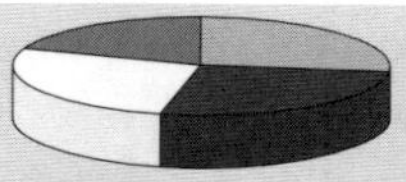

England	Widder ♈	Stier ♉	Zwillinge ♊	Krebs ♋	Löwe ♌	Jungfrau ♍	Waage ♎	Skorpion ♏	Schütze ♐	Steinbock ♑	Wassermann ♒	Fische ♓
Feuer	☺	♡	☺	♡	☺	☆	☺	♡	☺	☆	☺	☆
Erde	☆	☺	♡	☺	♡	☺	♡	☺	☾	☺	♡	☺
Luft	☺	♡	☺	☆	☺	☆	☺	♡	☺	☆	☺	☆
Wasser	♡	☾	☆	☺	♡	☾	♡	☺	♡	☺	☆	☺

4 **Feuer:** Abenteuer, Action, Sport, Vitalität, Inspiration
4 **Erde:** Natur, Sinnlichkeit, Genuss, Wachstum
4 **Luft:** Leichtigkeit, Kontakt, Kultur, Erneuerung
3 **Wasser:** Geborgenheit, Familie, Fühlen, Ursprung

Zur Bedeutung der Elemente s. S. 43ff., zur Bedeutung von ☺☾☆♡ s. S. 55ff.

♎ Waage-Inseln **Fidschi-Inseln**

Der Garten Eden der Südsee

Blaue Lagunen, unberührte Strände, glasklares Wasser und tiefgrüner Dschungel, so sehen die Fidschi-Inseln schon seit ihrer Erschaffung aus und an diesem Naturzauber hat sich bis heute nichts geändert. Kein Wunder also, dass eine davon, die Insel »Nanuya Lailai«, im Jahr 1970 als perfekte Kulisse für den Kino-Welterfolg »Blue Lagoon« mit Brooke Shields ausgesucht wurde.

Mit den Kreuzfahrtschiffen der »Blue Lagoon Cruise« sind die 300 Südseeparadiese am bequemsten zu entdecken. Möglich ist das Inselhopping aber auch mit kleinen Propellermaschinen. Ausflüge in die Unterwasserwelt zählen zu den beliebtesten Aktivitäten, unzählige leuchtende Korallenriffe, es sollen die schönsten der Südsee sein, mit exotischen Fischen und furchterregenden Haien gilt es zu entdecken. Die Inselbewohner tauften die mittlerweile erloschenen Vulkane, deren scharfkantige Krater inmitten des Tropischen Regenwalds liegen, »Teufelsberge«. Vor zweihundert Jahren hatten Besucher allerdings für diese malerische Idylle kaum einen Blick übrig. Sie mussten um ihr Leben fürchten, und das mit gutem Grund: Galten doch die Bewohner der Fidschis als die gefürchtetsten Kanibalen der ganzen Südsee. Nicht selten sollen ihre Opfer in einem der zahlreichen riesigen Erdöfen gelandet sein, die bis heute im Gebrauch sind. Bei einer Wanderung in entlegene Bergdörfer gewähren die heutigen Bewohner mittlerweile einen weniger barbarischen Einblick in ihre Kultur und Religion. Zur traditionellen Begrüßungszeremonie, dem Sevusevu, wird das mystische Kava-Getränk gereicht.

Fidschi wurde am 10. Oktober 1970, einem Waage-Datum, aus der britischen Herrschaft in die Unabhängigkeit entlassen, Mitglied im Commonwealth ist es noch. Keine andere Tierkreis-Energie passt besser zum Charakter dieser Inseln. Sie sind Kunstwerke, stilistisch vollendete Gemälde, bereichert durch Düfte, Geschmäcker und ein unendliches Farbenspiel – einfach reinste Waage. Dass kein Feuer im Elementen-Schlüssel auftaucht, kann als Zeichen verstanden werden, dass diese Inseln mit ihrer grausigen Vergangenheit Schluss gemacht haben: Also keine Gefahr mehr, in einem Kochtopf zu landen …! Im Gegenteil, man wird hier überall herzlich, ja fast liebevoll willkommen geheißen (eine Bestätigung der acht Luft-Punkte) und fürstlich bewirtet (eine Folge der drei Erde-Punkte). Die vier Wasser-Punkte sind ein Hinweis dafür, dass man sich auf den Fidschi-Inseln sehr schnell häuslich und geborgen fühlt und gut entspannen kann.

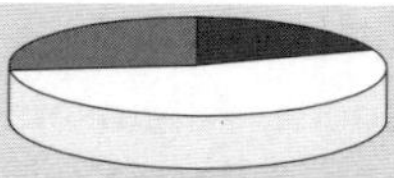

Fidschi-Inseln	♈ Widder	♉ Stier	♊ Zwillinge	♋ Krebs	♌ Löwe	♍ Jungfrau	♎ Waage	♏ Skorpion	♐ Schütze	♑ Steinbock	♒ Wassermann	♓ Fische
Feuer	–	–	–	–	–	–	–	–	–	–	–	–
Erde	☆	☺	☆	☾	☾	☺	♡	☺	☾	☺	♡	☾
Luft	☺	♡	☺	♡	☺	☆	☺	☆	☺	☆	☺	♡
Wasser	☾	☾	♡	☺	☾	☾	☾	☺	☾	☾	☆	☺

0 **Feuer:** Abenteuer, Action, Sport, Vitalität, Inspiration
3 **Erde:** Natur, Sinnlichkeit, Genuss, Wachstum
8 **Luft:** Leichtigkeit, Kontakt, Kultur, Erneuerung
4 **Wasser:** Geborgenheit, Familie, Fühlen, Ursprung

Zur Bedeutung der Elemente s. S. 43ff., zur Bedeutung von ☺☾☆♡ s. S. 55ff.

Schütze-Land **Finnland**

Einsamkeit und Tango

Fünf Millionen Menschen in einem Land so groß wie Deutschland, 60 Prozent davon leben im Süden, vor allem im Großraum Helsinki. Finnland, das heißt vor allem Einsamkeit, denn das Land gehört vor allem der Natur. Wen wundert's, dass gerade eine Musik vom anderen Ende der Welt hier seine Wahlheimat gefunden hat: der Tango. Doch Tango ist ja nicht nur Musik, sondern ein Lebensgefühl: Melancholie, Sehnsucht, Alleinsein, dies drückt er aus und dies haben auch die Finnen in ihrer Seele. Und so singt und tanzt man seit den vierziger Jahren in Stadt und Land, in Clubs und auf Festivals, vor allem im Süden des Landes. Der Besuch einer Tango-Veranstaltung gehört sicher zu den kuriosesten Finnland-Erlebnissen.

Im Norden des Landes erstreckt sich die weitläufigste Wildnis Europas. Lappland, das zu jeder Jahreszeit besondere Erfahrungen ermöglicht: warm eingepackt in Felldecken im Hundeschlitten durch eine Bilderbuch-Winterlandschaft jagen, mit der Rentierkutsche im Weihnachtsdorf den echten Weihnachtsmann besuchen, Stromschnellenfahrten auf den ungebändigten Flüssen, Goldwaschen, Boots- und Angeltouren, Mountainbiking, warme Sommertage und »nachtlose« Nächte wegen der Mitternachtssonne. Holzblockhäuschen mit Sauna auf einer der 190 000 kleinen Inselchen in einem sehr klaren, sehr blauen See oder ein Schlafplatz in einem weichen Moosbett werden zu Hause zu romantischen Erinnerungen.

Am 6. Dezember des Jahres 1917, einem Schütze-Datum, wurde im Zusammenhang mit der Russischen Revolution die Unabhängigkeit Finnlands von Russland verabschiedet. Betrachtet man den Elementen-Schlüssel, so überwiegen bei weitem Feuer und Erde, was diesem Land auch entspricht: Natur, wohin das Auge sieht, und Abenteuer, wo immer man auch hinkommt. Dass das Land auch drei Luft-Energie-Punkte hat, verwundert nur denjenigen, der die Finnen nicht näher kennt. Sie sind soziale Menschen, die nicht nur in einer Sauna zusammentreffen und das Leben genießen: Dass der Tango in diesem Land so berühmt geworden ist, ist bestimmt eine Folge der dreifachen Luft-Energie. Wasser ist mit nur einem Punkt vertreten – ein Zeichen dafür, dass es lange dauert, bis man sich in Finnland richtig heimisch fühlt.

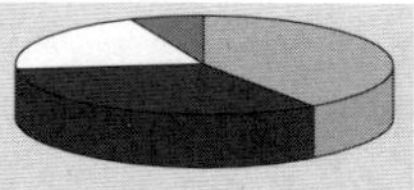

Finnland	♈ Widder	♉ Stier	♊ Zwillinge	♋ Krebs	♌ Löwe	♍ Jungfrau	♎ Waage	♏ Skorpion	♐ Schütze	♑ Steinbock	♒ Wassermann	♓ Fische
Feuer	☺	☾	☾	☆	☺	☾	☾	☆	☺	☆	☾	♡
Erde	☾	☺	☆	☺	☾	☺	♡	☺	☾	☺	☆	☺
Luft	☺	♡	☺	☆	☺	☾	☺	☆	☺	☆	☺	☆
Wasser	☆	☆	♡	☾	♡	☆	☆	☾	☆	☆	♡	☾

6 **Feuer:** Abenteuer, Action, Sport, Vitalität, Inspiration
5 **Erde:** Natur, Sinnlichkeit, Genuss, Wachstum
3 **Luft:** Leichtigkeit, Kontakt, Kultur, Erneuerung
1 **Wasser:** Geborgenheit, Familie, Fühlen, Ursprung

Zur Bedeutung der Elemente s. S. 43ff., zur Bedeutung von ☺☾☆♡ s. S. 55ff.

Waage-Land **Frankreich**

Die etwas andere Lebensart

Eine Reise in die Grande Nation ist mehr als nur ein Urlaub im »Ausland«, es ist die Begegnung mit einem Lebensstil, der vom Savoir-vivre geprägt ist. Viele Franzosen sind sich in ihrer Wertschätzung der »guten Dinge« des Lebens einig. Wer dieses typisch französische Lebensgefühl einmal empfunden hat, wird meist süchtig danach und will es immer wieder neu spüren. Möglichkeiten dazu gibt es unzählige. Sie reichen von den Momenten des kleinen Glücks, einem Aperitif in einem Bistro, einem Glas Landwein in einem Landgasthof bis zur kulinarischen Glückseligkeit nach einem Fünf-Gänge-Menü in einem Nouvelle-Cuisine-Tempel. Dieses Lebensgefühl ist auch zu spüren in den prächtigen Schlössern der französischen Königs- und Fürstenhäuser, die von einer prunkvollen Vergangenheit erzählen. Die Geschichte Frankreichs, die Sitten und Auffassungen früherer Generationen lassen sich wie in einem offenen Buch an den stolzen Kathedralen, den schlichten Kirchen, den romantischen Festungen, den Palästen und den schönen Landsitzen ablesen. In den lieblichen Hügeln voller Weinstöcke im Burgund oder im Elsass sind sie genauso zu spüren, wie in den Apfelbaumgärten der Normandie, an der rauhen Küste der Bretagne, an den sanften Sandstränden des Languedoc oder den fruchtbaren Ebenen der Champagne. Und so wird aus einer Begegnung mit Land und Leuten eines Nachbarlandes oft eine lebenslange Freundschaft.

Das heute für Frankreich gebräuchliche Horoskop ist das der Fünften Republik. Die Verfassung dieser Fünften Republik trat am 5. Oktober 1958, einem Waage-Datum, in Kraft. Der Elementen-Schlüssel zeigt, dass die Anteile von Wasser, Luft, Feuer und Erde sehr ausgewogen sind. Diese Mischung macht den Charakter Frankreichs als Reiseland aus: Man fühlt sich schnell wie zu Hause und es lässt sich gut – eben wie Gott in Frankreich – leben. Das Feuer verweist auf fantastische Sportmöglichkeiten in den Bergen wie am Meer und sommers wie winters. Die vier Punkte Luft mögen den wundern, der die Franzosen nicht näher kennt und behauptet, sie seien abweisend. Vor allem Deutschen gegenüber besteht vielleicht tatsächlich ein anfängliches Misstrauen, das aber bei näherem Kennenlernen ins Gegenteil umschlägt.

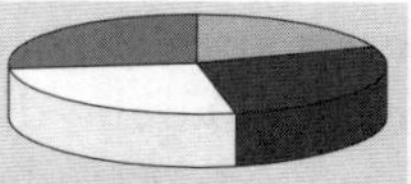

Frankreich	Widder ♈	Stier ♉	Zwillinge ♊	Krebs ♋	Löwe ♌	Jungfrau ♍	Waage ♎	Skorpion ♏	Schütze ♐	Steinbock ♑	Wassermann ♒	Fische ♓
Feuer	☺	☆	☺	♡	☺	☆	☺	☆	☺	☆	☺	☆
Erde	☾	☺	☾	☺	☾	☺	☾	☺	☾	☺	☾	☺
Luft	☺	♡	☺	☆	☺	☆	☺	♡	☺	☆	☺	☆
Wasser	♡	☺	☆	☺	☾	☺	♡	☺	☾	☺	☆	☺

3 **Feuer:** Abenteuer, Action, Sport, Vitalität, Inspiration
4 **Erde:** Natur, Sinnlichkeit, Genuss, Wachstum
4 **Luft:** Leichtigkeit, Kontakt, Kultur, Erneuerung
4 **Wasser:** Geborgenheit, Familie, Fühlen, Ursprung

Zur Bedeutung der Elemente s. S. 43ff., zur Bedeutung von ☺☾☆♡ s. S. 55ff.

♓ Fische-Inseln **Galápagos-Inseln**

Arche Noah am Äquator

Bedächtig steigt es mit seinen kurzen Beinen durch gelbe Kakteen, Landschaften über ehemals flüssige Magma, die zu den bizarrsten Formen erstarrt ist, das Tier mit der ledrig faltigen Haut und dem zackigen Rücken, eine Echse. Zahlreiche Arten dieser Urzeitwesen leben auf den Galápagos Inseln. Diese »Arche Noah« unserer Erde liegt etwa 1000 Kilometer vor Ecuador auf Äquatorhöhe. 13 größere und 19 kleinere Inseln bilden eines der letzten Naturreservate mit prähistorischen Tierarten. Durch die Isolation von den anderen Kontinenten ist der Galápagos-Archipel ein einmaliges Beispiel der Evolutionsgeschichte. Charles Darwin gewann hier bei seinem Aufenthalt im Herbst 1835 wichtige Erkenntnisse für die Evolutionslehre, die er in seinem Werk »Entstehung der Arten« darlegte. Geboren wurden die Inseln durch gewaltige Vulkan-Eruptionen – Fernandina, die westlichste Insel, wird immer noch von einem der aktivsten Vulkane der Welt beherrscht. In ihren erloschenen schwarzen Lavaströmen wohnen Pelikane, große Meerechsen und Seelöwen, und in den Lavaspalten schwimmen blaue Riffbarsche. Auf Santa Cruz leben alleine 2000 Riesenschildkröten und diese Tiere gaben den Inseln auch ihren Namen, denn Galápagos bedeutet Schildkröte. Für auf Luxus fixierte Touristen ist diese Inselwelt eher nicht das geeignete Ziel. Doch wer zu den Anfängen unserer Erdgeschichte zurückreisen möchte, der wird hier sein Paradies finden.

Die Galapagos-Inseln gehören zu Ecuador und wären damit eigentlich eine Zwillinge-Insel, denn Ecuador bekam am 25. Mai 1967 eine demokratische Verfassung. Aber die Astrologie hat diesem Paradies der Schöpfung traditionell ein anderes Sternzeichen verliehen, nämlich Fische. Damit werden die Galapagos-Inseln zum meditativen Ort, an dem jeder, der nicht von psychischen Mauern umgeben ist, eintauchen kann in das Wunder der Schöpfung – so wie ja auch das Fische-Zeichen eine Tür in das Reich hinter der scheinbaren Wirklichkeit darstellt. Die Galapagos-Inseln sind voller Geheimnisse und Rätsel. Und wer das Fische-Zeichen kennt, weiß, dass auch dieses Sternzeichen voller Mysterien ist. Da das Geburtsdatum von den Inseln nicht bekannt ist, kann kein Elementen-Schlüssel wie sonst erstellt werden, das Fische-Zeichen wird voll vom Element Wasser geprägt.

Galápagos-Inseln	Widder ♈	Stier ♉	Zwillinge ♊	Krebs ♋	Löwe ♌	Jungfrau ♍	Waage ♎	Skorpion ♏	Schütze ♐	Steinbock ♑	Wassermann ♒	Fische ♓
Feuer	☾	☆	☾	☾	☾	☆	☾	♡	☾	☆	☾	☺
Erde	☆	☺	♡	☺	☆	☺	♡	☺	☆	☺	♡	☺
Luft	☆	☆	☆	☆	☆	☆	☆	☆	☆	☆	☆	☆
Wasser	♡	☺	☆	☺	♡	☺	♡	☺	☆	☺	♡	☺

0 **Feuer:** Abenteuer, Action, Sport, Vitalität, Inspiration
0 **Erde:** Natur, Sinnlichkeit, Genuss, Wachstum
0 **Luft:** Leichtigkeit, Kontakt, Kultur, Erneuerung
15 **Wasser:** Geborgenheit, Familie, Fühlen, Ursprung

Zur Bedeutung der Elemente s. S. 43ff., zur Bedeutung von ☺☾☆♡ s. S. 55ff.

♌ Löwe-Land **Griechenland**

Der Wohnsitz der Götter

»Der Seele Grenzen wirst du nicht finden, und wenn du jeden Weg abschrittest, so tiefen Grund hat sie.« Dieses Wort von Heraklit gilt auch für Griechenland, so zahllos sind seine Möglichkeiten. Wie wunderbar muss ein Land sein, dass es sich sogar die Götter als Heimstatt auserwählten! Sind der griechische Götterhimmel und die Heldentaten von Odysseus, Herkules und all den anderen heute Vergangenheit, so leben sie doch weiter in den Sagen, Mythen, und wohl auch in unseren Seelen. Griechenland, beherrscht von seinen Gebirgen und umrahmt von seinen Meeren und Inseln war die Wiege der europäischen Kultur und Philosophie. Hier wurden die Demokratie und die Olympischen Spiele geboren. Und nirgendwo sonst lassen sich Kunst und Kultur so ideal mit heutigen Freizeitbedürfnissen verbinden: Auf den Spuren der Antike wandern oder Baden und Segeln im kristallblauen Meer. Viele Gegenden und Inseln sind touristisch gut erschlossen und vor allem in der Hauptsaison sehr gut besucht. Aber es existiert immer noch viel Platz für den, den es nach Einsamkeit und Ursprünglichkeit verlangt. Allein in der Ägäis gibt es 9500 Inseln, und auf dem Festland ist die Region von Epirus im Nordwesten mit alpinen Gipfeln bis 2600 Metern und atemberaubend tiefen Schluchten eine Herausforderung für Naturfreunde.

Die Geburt des modernen Griechenlands begann am 24. Juli 1974. Unmittelbar nach dem Zusammenbruch der Militärherrschaft wurde Konstantin Karamanlis als Premierminister vereidigt. Damit hat sich Griechenland ein Datum ausgesucht, das ihm völlig entspricht. Zumindest für die modernen Griechenland-Reisenden war der Film »Alexis Sorbas« mit Anthony Quinn in der Hauptrolle und der Musik Theodorakis' ein Hauptgrund, nach Griechenland zu gehen: Gibt es etwas Luftigeres als diesen Film, diese Musik und diesen Tanz? Der Luftanteil ist hoch hier. Daneben hat Griechenland viel Wasser-Anteil, was all denen entspricht, die jedes Jahr wieder dorthin gehen, dort sogar eine zweite Heimat gefunden haben. Auch der hohe Feuer-Anteil hat seine Berechtigung, denn Griechenland ist nicht nur die Geburtsstätte der Olympischen Spiele, sondern bekannt für seine sportlichen Möglichkeiten. Dass Erde nur mit einem Punkt vertreten ist, mag alle die bestätigen, die behaupten, dem modernen und touristischen Griechenland seien einige Geschmacksnerven abhanden gekommen.

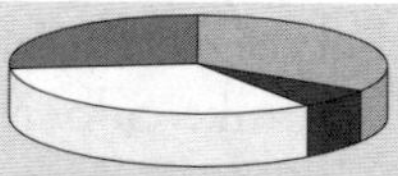

Griechenland	Widder ♈	Stier ♉	Zwillinge ♊	Krebs ♋	Löwe ♌	Jungfrau ♍	Waage ♎	Skorpion ♏	Schütze ♐	Steinbock ♑	Wassermann ♒	Fische ♓
Feuer	☺	☆	☺	♡	☺	♡	☺	♡	☺	♡	☺	♡
Erde	☆	☆	☆	☆	☆	☆	☆	☆	☆	☆	☆	☆
Luft	☺	♡	☺	☾	☺	♡	☺	☾	☺	♡	☺	☾
Wasser	♡	☾	☆	☺	♡	☾	☆	☺	☆	☾	♡	☺

5 **Feuer:** Abenteuer, Action, Sport, Vitalität, Inspiration
1 **Erde:** Natur, Sinnlichkeit, Genuss, Wachstum
5 **Luft:** Leichtigkeit, Kontakt, Kultur, Erneuerung
4 **Wasser:** Geborgenheit, Familie, Fühlen, Ursprung

Zur Bedeutung der Elemente s. S. 43ff., zur Bedeutung von ☺☾☆♡ s. S. 55ff.

♍ Jungfrau-Land **Guatemala**

Im Herzen der Mayawelt

Nirgendwo ist der Zauber indianischer Kultur so lebendig wie in Guatemala. Die Indianer, etwa zwei Drittel der Bevölkerung, haben sich ihre Lebensweise, ihre Tradition und ihre Glaubensvorstellungen weitgehend erhalten, obwohl die meisten mittlerweile katholisch sind. Mit rot-gelb-türkis bestickten Blusen oder Jacken mit uralten Fledermaussymbolen, dem Totemtier der Cakchiquel Fürstenfamilie Xahil, knien sie auf der weihrauchumwehten Kirchentreppe der mystischen Quiché-Stadt Chichicastenango. Danach wird an Hunderten von Ständen im ganzen Stadtkern alles feilgeboten, was traditionelle indianische Handwerkskunst hervorzubringen vermag: bunte Webarbeiten, Lederwaren, Keramik, Silber-, Jade- oder Holzschmuck. Das überwältigendste Erbe der Mayas ist das riesige Zeremonialzentrum Tikal, inmitten des dichten Urwalds von El Petén. Rund um die mächtigen Pyramiden, Paläste und Tempel ist Naturschutzgebiet. Jeder, der frühmorgens auf eine der mächtigen Pyramiden klettert, wird nicht nur mit einer plötzlich aufsteigenden Sonne über nebelverhangenen uralten Bäumen belohnt, sondern auch mit dem Hör- und Seherlebnis des erwachenden Dschungels. Brüllaffen schwingen von Ast zu Ast, Tukane und Papageien flattern über die Baumwipfel und Nasenbären huschen über die Wege.

Am 15. September 1821 erklärte das spanische Generalkapitanat Guatemala seine Unabhängigkeit. Das Volk versammelte sich schon um 8.00 Uhr morgens. Nach einem kurzen Streit der für und der gegen die Unabhängigkeit Eintretenden gewann die Unabhängigkeitsbewegung die Oberhand und die Erklärung wurde durch Schwur bekräftigt und an Ort und Stelle unterzeichnet. Damit wurde Guatemala als Jungfrau-Land getauft. Und die große Tradition, die handwerkliche Geschicklichkeit der Ureinwohner, vor allem aber das Land mit der paradiesischen Natur, verdienen auch diesen Namen. Jungfrau deutet ja auch eine gewisse Reinheit und Unschuld an, und die findet man in Guatemala, wo immer man hinsieht.

Allerdings überwiegt, wenn man den Elementen-Schlüssel betrachtet, das Feuer-Element. Insofern ist Guatemala auch ein Abenteuer-Land, in dem sich der Reisende fühlt wie die spanischen Eroberer vor vielen hundert Jahren – geblendet von der Schönheit und dem Reichtum der Natur. Wasser ist mit zwei Punkten immerhin noch so stark, dass sich auch die Wasserzeichen Krebs, Skorpion und Fische hier wohl fühlen. Der einzige Luft-Punkt mag besonders den Luftzeichen Wassermann, Zwillinge und Waage zu wenig scheinen: Ihnen fehlt es an Unterhaltung.

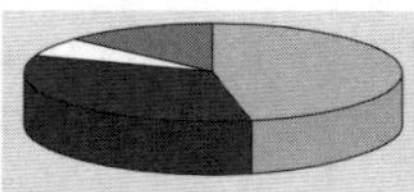

Guatemala	Widder ♈	Stier ♉	Zwillinge ♊	Krebs ♋	Löwe ♌	Jungfrau ♍	Waage ♎	Skorpion ♏	Schütze ♐	Steinbock ♑	Wassermann ♒	Fische ♓
Feuer	☺	☆	☾	♡	☺	☆	☆	♡	☺	♡	☺	☆
Erde	☾	☺	♡	☾	☾	☺	♡	☾	☾	☺	♡	☾
Luft	☾	♡	☆	♡	☾	☆	☆	☆	☾	♡	☆	♡
Wasser	☆	☾	☆	☾	♡	☾	♡	☾	☾	☆	♡	☾

7 **Feuer:** Abenteuer, Action, Sport, Vitalität, Inspiration
5 **Erde:** Natur, Sinnlichkeit, Genuss, Wachstum
1 **Luft:** Leichtigkeit, Kontakt, Kultur, Erneuerung
2 **Wasser:** Geborgenheit, Familie, Fühlen, Ursprung

Zur Bedeutung der Elemente s. S. 43ff., zur Bedeutung von ☺☾☆♡ s. S. 55ff.

Wassermann-Land **Indien**

Rausch für Sinne und Seele

Indien wirkt auf seine Besucher zugleich berauschend, bunt, beeindruckend, faszinierend und abstoßend. Nirgendwo auf unserem Planeten liegen Schönheit und Schrecken so nah zusammen, gibt es Pracht und Reichtum, die in eine Märchenwelt entführen, gleich neben der bittersten und ärmsten Realität. Indien ist ein Attentat auf die Sinne, dem sich keiner entziehen kann. So schrieb Hermann Hesse: »Wer einmal nicht nur mit den Augen, sondern mit der Seele in Indien gewesen ist, dem bleibt es ein Heimwehland.« Dieses Gefühl für den magischen Subkontinent wird wohl kaum bei einer 14-tägigen Pauschalreise von einem Maharadscha-Palast zum nächsten erwachen. Sicher, man wird sprachlos staunen vor all dem Gold, den Edelsteinen, dem Formen- und Farbenreichtum, aber Indien mit all seinen Extremen wird man so nicht erfühlen. Dieses Land fordert Zeit, und es ist daher sinnvoll, die Reiseroute in dem Riesenland zu beschränken: zum Beispiel auf den Norden mit uralten buddhistischen Klöstern, der lebendigen Millionenstadt Delhi und den majestätischen Himalayagipfeln. Oder dem eher orientalisch anmutenden Westen, mit seinen märchenhaften Kamelmärkten und prächtigen Maharadscha-Palästen am Rande der großen Wüsten. Oder dem tropischen Süden mit Goa und seinen berühmten Stränden und legendären Strandfesten.

Indiens moderne Geschichte begann am 26. Januar 1950, als die Republik ausgerufen wurde. Dieser Zeitpunkt wurde höchstwahrscheinlich von einem Astrologen bestimmt, vielleicht, um die Sterne für eine moderne und humane Zukunft Indiens zu gewinnen. Der Elementen-Schlüssel zeigt einen hohen Luftanteil, ein Zeichen für die soziale Offenheit in diesem Land. Man ist nirgends alleine. Wo immer man sich aufhält, ist man sofort umringt von Indern. Selbst irgendwo im Dschungel Südindiens oder an einem verborgenen Badestrand in Goa dauert es nicht lange, bis neugierige Inder wie Kinder anrücken und anfangen, einem ungeniert auf den Pelz zu rücken – so als wäre man ein uralter Bekannter. Auch das Element Erde ist relativ stark. Das ist eine Aufforderung, Indien zu Land zu entdecken. Dieses Land ist so vielfältig, so reich und zugleich so arm, dass man sich niemals daran satt sieht. Die zwei Feuer-Punkte offenbaren, dass Indien auch ohne Tiger immer noch voller Abenteuer steckt. Und die beiden Wasser-Punkte kann man als Hommage an die tiefe Religiosität der Inder nehmen.

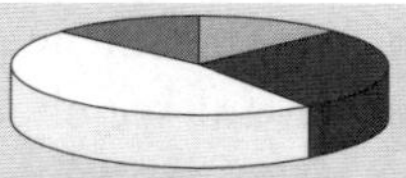 **Indien**	Widder ♈	Stier ♉	Zwillinge ♊	Krebs ♋	Löwe ♌	Jungfrau ♍	Waage ♎	Skorpion ♏	Schütze ♐	Steinbock ♑	Wassermann ♒	Fische ♓
Feuer	☾	☆	☾	♡	☾	☆	☾	☆	☾	☆	☾	☆
Erde	☆	☺	♡	☾	♡	☺	♡	☾	☾	☺	♡	☾
Luft	☺	♡	☺	♡	☺	♡	☺	♡	☺	♡	☺	☆
Wasser	♡	☆	♡	☾	☆	☾	♡	☾	♡	☾	☆	☾

2 **Feuer:** Abenteuer, Action, Sport, Vitalität, Inspiration
4 **Erde:** Natur, Sinnlichkeit, Genuss, Wachstum
7 **Luft:** Leichtigkeit, Kontakt, Kultur, Erneuerung
2 **Wasser:** Geborgenheit, Familie, Fühlen, Ursprung

Zur Bedeutung der Elemente s. S. 43ff., zur Bedeutung von ☺☾☆♡ s. S. 55ff.

Widder-Land **Iran**

Ein Traum aus Tausendundeiner Nacht

Den persischen Gärten kommt das Wort Paradies sehr nahe. Kühl plätschernde Brunnen in mosaikbunten Innenhöfen wecken die Lust, zwischen duftenden Rosenbüschen auf weichen Kissen zu ruhen und den Märchen Scheherezades zu lauschen. Viel hätte sie zu erzählen über die bewegte Geschichte Persiens oder des Irans. Eine Geschichte geprägt vom dauerhaften Kampf einer sesshaften, reichen Kultur gegen die rauhen nomadisierenden Steppenvölker. Der Name des Landes wechselte durch die Jahrhunderte hindurch mehrere Male, ebenso wie die Herrscher, deren Zeugnisse ihrer Macht, ihres Wirkens – Festungen und Burgen, Tempel und Moscheen – heute in unendlicher Fülle beeindrucken: zum Beispiel die Königsstadt Susa, die zu den ältesten bekannten Städten der Welt zählt und schon im Alten Testament beschrieben wurde. Oder Persepolis, ehemals angeblich die reichste Stadt der Erde. König Darius regierte von ihr aus das erste Weltreich. Auch die letzten Jahrzehnte bereiteten dem Land eine stürmische, wechselvolle Geschichte. Inwieweit der moderne Iran wieder an seine jahrtausendealte Rolle als Brücke zwischen dem Orient und dem Okzident anknüpfen kann, wird davon abhängen, wie offen sich die Perser künftig mit ihrer eigenen Kultur auseinander setzen und ob der Westen unvoreingenommen mit der persisch-islamischen Kultur umzugehen lernt.

Die Islamische Republik wurde am 1. April 1979, einem eindeutigen Widder-Datum ausgerufen und zwar von Ajatollah Chomaini. Interessanterweise besitzt das Horoskop gleich viel Feuer wie Wasser, was auf eine starke religiöse Kraft (das Feuer der Wahrheit mit dem Schwert verbreiten ...) verweist. Reines Feuer findet man im alten Persien überall, zum Beispiel, wenn man das Abenteuer wagt und durch die Wüste reist. Wasser gilt in der Astrologie auch als ein Symbol für die Tiefe des Glaubens – wovon man in diesem Land überall beeindruckende Zeugnisse findet (fünf Wasser-Punkte). Die drei Luft-Punkte spiegeln die seit Jahrhunderten bekannte Gastfreundschaft des Volkes. Und die beiden Erde-Punkte sind ein eher zaghafter Hinweis auf die Schönheit des Landes und die Köstlichkeiten der Küche.

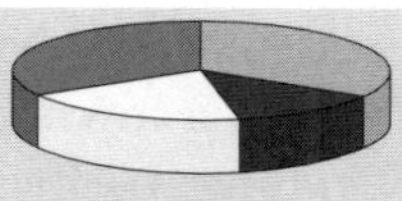

Iran	Widder ♈	Stier ♉	Zwillinge ♊	Krebs ♋	Löwe ♌	Jungfrau ♍	Waage ♎	Skorpion ♏	Schütze ♐	Steinbock ♑	Wassermann ♒	Fische ♓
Feuer	☺	☾	☾	♡	☺	☆	☾	♡	☺	☆	☾	♡
Erde	☾	☾	♡	☾	☾	☾	♡	☾	☾	☾	♡	☾
Luft	☺	☆	☺	☆	☺	♡	☾	☆	☺	☆	☾	☆
Wasser	♡	☾	☆	☺	♡	☾	☆	☺	♡	☾	♡	☺

5 **Feuer:** Abenteuer, Action, Sport, Vitalität, Inspiration
2 **Erde:** Natur, Sinnlichkeit, Genuss, Wachstum
3 **Luft:** Leichtigkeit, Kontakt, Kultur, Erneuerung
5 **Wasser:** Geborgenheit, Familie, Fühlen, Ursprung

Zur Bedeutung der Elemente s. S. 43ff., zur Bedeutung von ☺☾☆♡ s. S. 55ff.

♈ Widder-Land **Irland**

Vergangenheit entdecken, Gegenwart genießen

Sonnenanbeter könnten auf der grünen Insel leicht enttäuscht werden, doch wer die Dramatik von Wind und Wolken liebt und wen das farbige Wechselspiel am Himmel die kleine Unannehmlichkeit eines plötzlichen Schauers vergessen lässt, den wird Irland begeistern. Und für wahre Golfer gibt es ja sowieso kein schlechtes Wetter, sondern nur falsche Kleidung. Golfen, Radfahren, Wandern, Reiten, Fischen, die vielfältigen Sportmöglichkeiten sind ein Grund, das Land mit der faszinierenden Landschaft und dem milden Klima, das ihm der Golfstrom beschert, zu besuchen. Ein anderer sind die herzlichen und geselligen Menschen, die gerne feiern und alle Besucher dazu einladen. Das ganze Jahr hindurch finden kleine und große Musik-, Sport- und Kulturfestivals statt. Und bei einigen dieser Feste erwacht die Vergangenheit wieder zum Leben. Eine Vergangenheit, die in vielen Sagen und Liedern festgehalten ist, die von Druiden, der keltischen Invasion und Kultur, von den Beutezügen der Wikinger und einer frühen Christianisierung erzählen. Eine Vergangenheit, deren steinerne Zeugnisse überall auf der Insel zu finden sind: Hünengräber und Verteidigungsanlagen, manche über 5000 Jahre alt, keltische Kreuze und Dolmen, Abteien, Schlösser und Burgen, durch die manchmal der Gesang der Druiden und Mönche, oder das Klirren eines Schwertkampfes zu schweben scheint.

Die Proklamation der Republik und völligen Unabhängigkeit von Großbritannien geschah am 18. April 1949, also einem Widder-Datum. Dieses astrologische Zeichen spiegelt treffend die jahrhundertelangen Kämpfe mit England um Eigenständigkeit wider. Auch die jüngste Geschichte ist – zumindest im Norden des Landes – voller blutiger Auseinandersetzungen. In Südirland ist davon allerdings nichts zu spüren. Wer Irland kennt, weiß, dass es tatsächlich ein Land aus »Feuer, Luft und Erde« ist: rauh, hart, herzlich – voller Abenteuer (Feuer), einer Fülle verschiedener Landschaften (Erde) und gastfreundlicher Menschen (Luft). Wasser fehlt völlig, ein Hinweis dafür, dass es lange dauert, bis man sich in Irland richtig zu Hause fühlt und bis man sich völlig entspannen kann.

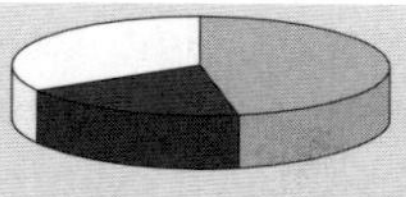

Irland	♈ Widder	♉ Stier	♊ Zwillinge	♋ Krebs	♌ Löwe	♍ Jungfrau	♎ Waage	♏ Skorpion	♐ Schütze	♑ Steinbock	♒ Wassermann	♓ Fische
Feuer	☺	♡	☾	♡	☺	☆	☾	♡	☺	♡	☾	♡
Erde	☆	☾	♡	☆	☆	☾	☆	♡	♡	☾	♡	♡
Luft	☺	♡	☺	♡	☺	♡	☺	♡	☺	☆	☺	♡
Wasser	–	–	–	–	–	–	–	–	–	–	–	–

7 **Feuer:** Abenteuer, Action, Sport, Vitalität, Inspiration
3 **Erde:** Natur, Sinnlichkeit, Genuss, Wachstum
5 **Luft:** Leichtigkeit, Kontakt, Kultur, Erneuerung
0 **Wasser:** Geborgenheit, Familie, Fühlen, Ursprung

Zur Bedeutung der Elemente s. S. 43ff., zur Bedeutung von ☺☾☆♡ s. S. 55ff.

Schütze-Insel **Island**

Insel aus Feuer und Eis

Nirgendwo in Europa treffen die Urkräfte der Natur auf engstem Raum intensiver aufeinander als hoch oben im Nordmeer. Aktive Vulkane glühen unter gleißend blauen Gletschern, saftige grüne Weiden gewähren Augen und Empfindungen wohltuende Erholung nach Steinwüsten und schroffen Felsenküsten. Reißende Flüsse, tiefblaue Kraterseen, dampfende Geysire – überall auf dieser Insel aus Feuer und Eis strömt es aus der Erde, brodelt und zischt es. Der Grund für diese gewaltigen Naturschauspiele liegt tief in der Erde verborgen: Island lebt auf und von den Vulkanen. Die 270000 Bewohner der Insel nutzen die Thermalenergie, wo immer sie können: zur Beheizung der Häuser, als Warmwasser und mitunter garen sie sogar das beliebte Lammfleisch unter der Grasnarbe in heißen Erdlöchern. Schafe gibt es hier doppelt so viele wie Menschen. Denn von Schafzucht und vom Fischfang lebt die Mehrheit der Isländer. Die meisten Fischer wohnen auf Snaefellsnes, einer Halbinsel, die zu den magischsten Plätzen Islands gehört. In der Gegend um den schlafenden, knapp 1500 Meter hohen Vulkan Snaefellsjökull entstand das erste isländische Zauberbuch. Elfen, Feen, Trolle und Geister scheinen genauso Bewohner der Insel zu sein wie die gastfreundlichen, geselligen Menschen und die schnellen, widerstandsfähigen Pferde – die, wie viele Isländer glauben, direkte Nachkommen des achtbeinigen Pferdes Odins sind.

Seine völkerrechtliche Unabhängigkeit erlangte Island am 1. Dezember 1918, also einem eindeutigen Schütze-Datum. Betrachtet man den Elementen-Schlüssel, so sieht man, dass Island stark Feuer-betont ist.

Damit hat dieses Land genau das richtige Datum »ausgewählt«, um seinem Ruf als Abenteuer-Land, als »Insel für Grenzerfahrungen«, gerecht zu werden. Die immerhin vier Wasser-Punkte kann man als Zeichen dafür nehmen, dass die Seele auf Island eine Reise zurück durch die Zeit macht und man seiner Urvergangenheit wieder nahe ist. Es ist ein Ort der Kraft, an dem man zu sich finden kann. Luft und Erde sind mit jeweils einem Punkt vertreten. Insofern ist Island auch für Luft- und Erdzeichen eine Reise wert – vielleicht in Begleitung eines Wasser- oder Feuerzeichens.

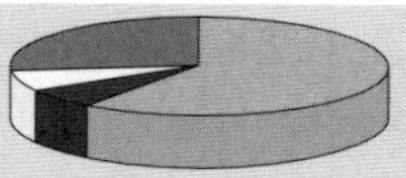

Island	Widder ♈	Stier ♉	Zwillinge ♊	Krebs ♋	Löwe ♌	Jungfrau ♍	Waage ♎	Skorpion ♏	Schütze ♐	Steinbock ♑	Wassermann ♒	Fische ♓
Feuer	☺	☆	☺	♡	☺	☆	☺	☆	☺	☆	☺	☆
Erde	☆	☾	☆	☆	☆	☾	☆	☆	☾	☾	☆	☆
Luft	☆	☆	☾	☆	☆	☆	☾	☆	☆	☆	☾	☆
Wasser	♡	♡	♡	☆	♡	♡	♡	♡	☾	☆	♡	☆

9 **Feuer:** Abenteuer, Action, Sport, Vitalität, Inspiration
1 **Erde:** Natur, Sinnlichkeit, Genuss, Wachstum
1 **Luft:** Leichtigkeit, Kontakt, Kultur, Erneuerung
4 **Wasser:** Geborgenheit, Familie, Fühlen, Ursprung

Zur Bedeutung der Elemente s. S. 43ff., zur Bedeutung von ☺☾☆♡ s. S. 55ff.

♉ Stier-Land **Israel**

Heilige Vergangenheit und verheißenes Land

Im Heiligen Land ist jeder Stein Geschichte, jeder zweite Religionsgeschichte. Wer kennt sie nicht aus der Schule, die Namen Jerusalem, Betlehem, Galiläa, den See Genezareth? So ist ein Urlaub in Israel nicht nur eine Zeitreise, sondern auch eine Reise in die eigene Vergangenheit. Viele der heiligen Stätten des christlichen, des jüdischen Glaubens und des Islams liegen hier nah beieinander. Doch das kleine Land hat viele Gesichter. Neben den bis zu 5000 Jahre alten Zeugnissen der bewegten Geschichte gibt es hier die herrlichsten Strände, Wüste, ursprüngliches orientalisches Leben, moderne Metropolen und kulinarische Spezialitäten aus der ganzen Welt, versetzt mit einem Hauch Orient. Gerne charakterisieren Israelis ihr Land als eines, das an »vier Meeren« liegt. Zum Mittelmeer und dem Roten Meer zählen sie einfach das Tote Meer und den See Genezareth hinzu. Bietet das Rote Meer mit Elat, der Hafenstadt am Golf von Aqaba, ein buntes, belebtes Badevergnügen und eine artenreiche Unterwasserwelt für Tauchfans, so ist das Tote Meer ein Erlebnis der ganz anderen Art: Hügel aus glitzernden Salzkristallen und Salzblöcke in hellblaustem Wasser lassen am tiefsten Punkt der Welt ein Szenarium wie auf einem anderen Planeten entstehen. Die heißen, schwefelhaltigen Quellen an seinem Ufer wie auch das extrem salzhaltige Wasser, das seine Schwimmer ohne körperliche Bewegung trägt, haben heilende Wirkung.

Ben Gurion verkündete am 14. Mai 1948, einem eindeutigen Stier-Datum: »Damit ist der Staat Israel begründet ...!«

Obwohl Israel also ein Stier-Land und damit ein Erde-Land ist, überwiegt deutlich das Feuer-Element. Das mag auch als ein Zeichen dafür gesehen werden, dass mit der Staatsgründung die Auseinandersetzungen kein Ende mehr nahmen. Und die Verbindung der Urelemente Erde und Feuer legen Konflikte und Kriege regelrecht in die Wiege.

Andererseits sind die Gefahrenquellen lokal begrenzt, und so beängstigend die Fernsehbilder auch sind – wer in Eilat am Strand liegt od. in Galiläa wandert, kann sich von den Unruhen auch weit entfernt fühlen. Der Erde-Anteil ist sicher auch ein Beleg für ein fruchtbares Land und eine reichhaltige Küche. Die drei Wasser-Punkte spiegeln die lange Geschichte dieses Volkes. Und die beiden Luft-Punkte sind ein Beleg für die leichte Seite Israels, ein Zug, der als Folge der Kämpfe mit den arabischen Nachbarstaaten beinahe untergeht.

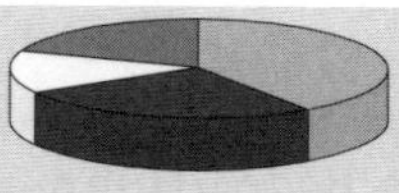

Israel	Widder ♈	Stier ♉	Zwillinge ♊	Krebs ♋	Löwe ♌	Jungfrau ♍	Waage ♎	Skorpion ♏	Schütze ♐	Steinbock ♑	Wassermann ♒	Fische ♓
Feuer	☺	☆	☾	♡	☺	♡	☾	♡	☺	☆	☾	♡
Erde	☆	☺	♡	☾	♡	☺	♡	☾	☆	☺	♡	☾
Luft	☾	♡	☾	♡	☾	♡	☾	☆	☾	♡	☾	☆
Wasser	♡	☾	☆	☾	♡	☾	☆	☾	♡	☾	♡	☾

6 **Feuer:** Abenteuer, Action, Sport, Vitalität, Inspiration
4 **Erde:** Natur, Sinnlichkeit, Genuss, Wachstum
2 **Luft:** Leichtigkeit, Kontakt, Kultur, Erneuerung
3 **Wasser:** Geborgenheit, Familie, Fühlen, Ursprung

Zur Bedeutung der Elemente s. S. 43ff., zur Bedeutung von ☺☾☆♡ s. S. 55ff.

♋ Krebs-Land **Italien**

Pizza, Pasta und Dolce Vita

Pizza, Pasta und Dolce Vita, das sind sicher die ersten Assoziationen, die im Zusammenhang mit Italien auftauchen. Zahllose andere sind genau so stimmig. Das ist der erste Espresso an der ersten Raststätte hinter dem Brenner, das sind die scharfgezeichneten Silhouetten der Zypressen auf den sanften Hügeln der Toskana oder die Kindheitserinnerung an den Badeurlaub mit den Eltern in den quirligen Touristenörtchen Bibione, Rimini oder am Gardasee. Italien, das ist Geschichte und Gegenwart, das ist Kultur und Genuss, immer wieder anders. Denn durch die extreme Nord-Südausrichtung des Herzens des ehemaligen römischen Weltreiches wechseln Klima und Landschaft, wechselt die Küche und auch ein bisschen das Aussehen der Menschen. Diese Vielfalt ermöglicht es, auf unterschiedlichste Art und Weise dieses Land zu genießen. Weinliebhaber bekommen leuchtende Augen, wenn sie Toskana hören, Gourmets strahlen bei dem Gedanken an die Trüffel aus dem Piemont und Kunstliebhaber werden ehrfürchtig in der Stadt Michelangelos, in Florenz. Ohne nur ein Museum zu betreten, ist schon der einfache Spaziergang durch viele Städte und Dörfer eine Reise durch Epochen, Baustile und Kunstgeschichte. Und bei einem Capuccino auf irgendeiner Piazza oder beim Campari an irgendeiner Strandbar erwacht tief im Herzen das Gefühl, endlich wieder da zu sein, wo man eigentlich hingehört.

Zwar zählt der 17. März 1861 als offizieller Beginn des Königreiches Italien, aber der 2. Juli 1871, also ein Krebs-Datum, gilt eindeutig als zeremonieller Beginn Italiens. An diesem Tag nämlich kam König Viktor Emanuel in Rom an. Diese Ankunft und das Ereignis wurde mit öffentlichen Banketts gefeiert und zählt in Italien als Geburtsstunde. Italien ist also ein Krebs- und damit ein Wasser-Land. Was würde für das Land der »Mamas und Pastas«, südländischer Herzlichkeit und mediterranem Charme auch besser passen? Dass der Erde-Anteil nicht zu kurz kommt, verwundert höchstens diejenigen, denen bei Orten wie Parma, Bologna oder Barolo nicht das Wasser im Munde zusammenläuft. Und auch Feuer (Sport, Action) und Luft (Unterhaltung, Leichtigkeit) kommen nicht zu kurz: In einem Satz: Urlaubsland Italien ist bellissima – für alle!

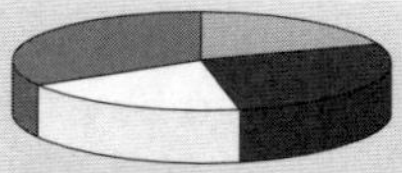

Italien	Widder ♈	Stier ♉	Zwillinge ♊	Krebs ♋	Löwe ♌	Jungfrau ♍	Waage ♎	Skorpion ♏	Schütze ♐	Steinbock ♑	Wassermann ♒	Fische ♓
Feuer	☾	☆	☾	☾	☾	☆	☾	☆	☾	☾	☾	☆
Erde	☾	☺	☆	☺	☾	☺	☆	☺	☾	☺	♡	☺
Luft	☾	☾	☾	☾	☾	☾	☾	♡	☾	☾	☾	☆
Wasser	♡	☾	☆	☺	☾	☾	♡	☺	♡	☺	♡	☺

3 **Feuer:** Abenteuer, Action, Sport, Vitalität, Inspiration
4 **Erde:** Natur, Sinnlichkeit, Genuss, Wachstum
3 **Luft:** Leichtigkeit, Kontakt, Kultur, Erneuerung
5 **Wasser:** Geborgenheit, Familie, Fühlen, Ursprung

Zur Bedeutung der Elemente s. S. 43ff., zur Bedeutung von ☺☾☆♡ s. S. 55ff.

♌ Löwe-Insel **Jamaica**

Karibikfeeling bei Rum und Reggae

»Fill your heart, free your soul«, dieser Satz aus der Reggae-Szene passt gut als Motto eines Jamaica-Aufenthalts, denn die drittgrößte Antilleninsel hat wahrlich viel zu bieten. 1494 wurde sie von Kolumbus, und Jahrhunderte später von Musikfreaks und Filmemachern entdeckt. Ian Fleming schrieb dort in seinem Haus »Goldeneye« mehrere James Bond-Klassiker. Einige davon wurden dort auch gedreht und machten die wunderschönen Strände und Orte mit kolonialem Flair berühmt. Auch die atemberaubende Unterwasserwelt inspirierte den Schriftsteller und Taucher Fleming zu vielen Handlungen in seinen Geschichten. Das bekannteste Ziel auf Jamaica ist sicher Montego Bay, bei Insidern Mo'Bay genannt, eine der schönsten Buchten der Welt und eine der modernsten Städte in der Karibik. Das wohl ungewöhnlichste Ziel wiederum sind die Blue Mountains, deren mehr als 2000 Meter hohe Gipfel den überwiegenden Teil des Tages von einem Wolkenschleier verhüllt sind. Über ganz Jamaica liegt eine Wolke aus Reggae-Musik, die mit zwei Namen untrennbar verbunden ist: Bob Marley und Peter Tosh. Sie verbanden die Religionen Afrikas und die Erfahrungen der schwarzen Sklaven in der Karibik zu einem mitreißenden Sound voller Spiritualität. Mittlerweile ist der Reggae ein regelrechter Exportschlager der

Insel geworden, auf den viele aktuelle Musikstile gründen. Doch wer den richtigen, den »echten« Reggae hören will, der muss in eine der vielen kleinen Bars gehen oder dort spielen. Nur hier findet man das echte Jamaica-Feeling.

Jamaica wurde am 6. August 1962 von Großbritannien in die Unabhängigkeit entlassen. Jamaica hätte sich keine passendere Geburtsstunde aussuchen können als dieses Löwe-Datum. Und fünfmal Feuer mit genauso viel Luft-Punkten: das ergibt Jamaica-Feeling. Diese Antilleninsel zählt längst nicht mehr nur für Aussteiger zu den verlockenden Möglichkeiten eines dolce far niente. Und das liegt sicher nicht nur am Jamaica-Rum oder an den Haschpfeifchen, sondern ist eher dem alten spanischen Namen für Puerto Rico, nämlich Porto Rico, was soviel heißt wie »reiche Küste«, zu verdanken: Highlife ohne jeglichen Stress ist angesagt: reine Löwe-Kultur (mit einer guten Portion Luft) eben! Hier kann man sommers wie winters unter Palmen an einem Cocktail aus frisch gepflückten Früchten nippen und dabei die Vertreibung aus dem Paradies locker vergessen. Die drei Erde-Punkte finden ihren Niederschlag u.a. im fantastisch guten Essen und entsprechend köstlichen anderen Genüssen. Und die beiden Wasser-Punkte sind ein Hinweis für den Sog, der von dieser Insel ausgeht: Oh, könnte man dort nur für immer bleiben …!

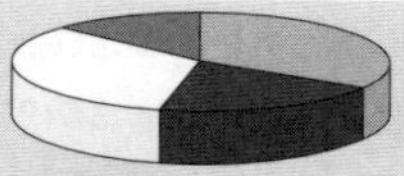

Jamaica	Widder ♈	Stier ♉	Zwillinge ♊	Krebs ♋	Löwe ♌	Jungfrau ♍	Waage ♎	Skorpion ♏	Schütze ♐	Steinbock ♑	Wassermann ♒	Fische ♓
Feuer	☺	♡	☺	♡	☺	☆	☺	♡	☺	☆	☺	♡
Erde	☆	☺	♡	☾	☾	☺	♡	☾	☾	☺	☆	☾
Luft	☺	☾	☺	☆	☺	☆	☺	☆	☺	☆	☺	☆
Wasser	♡	☾	☆	☾	♡	☾	♡	☾	♡	☾	☆	☺

5 **Feuer:** Abenteuer, Action, Sport, Vitalität, Inspiration
3 **Erde:** Natur, Sinnlichkeit, Genuss, Wachstum
5 **Luft:** Leichtigkeit, Kontakt, Kultur, Erneuerung
2 **Wasser:** Geborgenheit, Familie, Fühlen, Ursprung

Zur Bedeutung der Elemente s. S. 43ff., zur Bedeutung von ☺☾☆♡ s. S. 55ff.

♉ Stier-Land **Japan**

Das rätselhafte Reich der aufgehenden Sonne

Japan macht es seinen Besuchern nicht leicht, seine Seele zu erfassen. Zu widersprüchlich sind die Klischees, wie die elegante Geisha, stille Zen-Gärten, das laute, bunte, volle Tokio, in Andacht versunkene Mönche vor ehrwürdigen Schreinen oder handybewaffnete Manager. Verschiedenartigste Facetten kennzeichnen dieses fernöstliche Land, dessen Bewohner zwar stets ein freundliches Lächeln zeigen, aber der Meinung sind, dass ein Fremder Japan ohnehin nicht verstehen könne. Den eigentlichen Reiz des Landes entdeckt man, wenn man die touristischen Pfade verlässt: Verteilt auf vier Haupt- und 3900 Nebeninseln erstreckt sich Japan 2400 Kilometer von Norden nach Süden. Trotz der Überbevölkerung in den Industriezonen gibt es noch viel Platz für ungebändigte Natur: riesige Wälder, stürmische Küsten, immergrüne Bambushaine, Meere von blühenden Kirschbäumen und rauchende Vulkane sind nur einige Beispiele dafür. Genießt der Fremde dann am Ende eines langen Tages in einer der 12 000 Thermalquellen bei einem Schluck Reiswein Erholung und Entspannung – kein anderes Volk hat das tägliche Bad, Ofuro genannt, so zur Kultur verfeinert – ist man dann doch der japanischen Seele ein Stück näher gekommen.

Am 28. April 1952, einem eindeutigen Stierdatum, wurde die japanische Unabhängigkeit mit der Friedenserklärung zwischen Japan und den USA wiederhergestellt. Japan symbolisiert einerseits Wohlstand und Reichtum, das dem diesseitig orientierten, materieverbundenen Erde-Element entspricht. Andererseits leben zumindest in den Metropolen die Menschen wie »Ameisen«, was als astrologisches Äquivalent des hohen Luft-Elemente-Anteils gedeutet werden kann. Typisch ist auch die Inszenierung von Ritualen – von der Tee-Zeremonie bis zum Gemeinschafts-Bad – die einem absoluten Kunstwerk ähneln. Darin drückt sich der Wasser-Anteil aus.

Die exquisite Küche, die Kirschblüte und die Sinnlichkeit, die im Reich der aufgehenden Sonne gepflegt werden, sind wiederum ein typisches Zeichen für Japans erdige Stier-Natur. Der ebenfalls hohe Feuer-Anteil findet am ehesten seinen Ausdruck in der starken Spiritualität Japans.

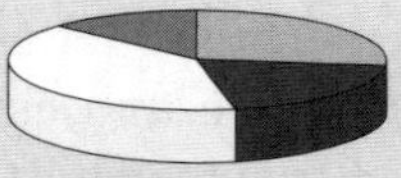

Japan	Widder ♈	Stier ♉	Zwillinge ♊	Krebs ♋	Löwe ♌	Jungfrau ♍	Waage ♎	Skorpion ♏	Schütze ♐	Steinbock ♑	Wassermann ♒	Fische ♓
Feuer	☺	♡	☾	♡	☺	☆	☾	♡	☺	♡	☾	♡
Erde	☆	☺	♡	☾	☆	☺	♡	☾	☆	☺	♡	☾
Luft	☾	♡	☺	☆	☾	♡	☺	♡	☾	♡	☺	♡
Wasser	♡	☾	♡	☾	♡	☆	☆	☾	☆	☾	♡	☾

4 **Feuer:** Abenteuer, Action, Sport, Vitalität, Inspiration
3 **Erde:** Natur, Sinnlichkeit, Genuss, Wachstum
6 **Luft:** Leichtigkeit, Kontakt, Kultur, Erneuerung
2 **Wasser:** Geborgenheit, Familie, Fühlen, Ursprung

Zur Bedeutung der Elemente s. S. 43ff., zur Bedeutung von ☺☾☆♡ s. S. 55ff.

♊ Zwillinge-Land **Jemen**

Königin Sabas Land

Von allen arabischen Ländern ist der Jemen heute das unerschlossenste, aber vielleicht auch das faszinierendste Land. Seine Hauptstadt Sana'a gilt als eine der schönsten der Welt. Über die Jahrhunderte hinweg wurde ein einmaliges Architekturkunstwerk geschaffen: lehmfarbene Hochhäuser, verziert mit Zuckerbäcker-Ornamenten aus weißem Gips, schillernd bunte Glasfenster, unzählige Minarette, leuchtend grüne Gärten und ein Souk, der zu den malerischsten des gesamten Orients gehört, zaubern das Traumbild einer Stadt aus Tausendundeiner Nacht. Eine Reise durch das legendenumwobene Land der Königin von Saba umweht immer noch ein Hauch von Abenteuer, denn der Weg zu den antiken Denkmälern führt meist über schlechte Straßen, über die Pisten entlang der alten Weihrauchstraße, durch Wüsten und dornenbuschbestandene Trockensteppen oder über die steilen Schotterwege im Jebel Haraz, einer einzigartigen Berglandschaft. Bis auf eine Höhe von 2500 Meter reichen die mühevoll errichteten Terrassenfelder. Nebelschwaden, ziehen vom Roten Meer herauf und bringen genügend Feuchtigkeit für eine intensive Bewirtschaftung. Und im Wechselspiel von Sonne und Wolken tauchen trutzige Wehrdörfer und geheimnisvolle Bergfestungen auf.

Nordjemen (Arabische Republik Jemen) und Südjemen wurden am 21. Mai 1990, einem Zwillinge-Datum vereinigt. Zwillinge zählt zum Luftelement, das insgesamt mit drei Punkten vertreten ist. Das reicht, um sicherzugehen, dass dieses Land nicht nur für Einsiedler und kontaktscheue Individualisten in Frage kommt: Man findet schnell Anschluss bei den gastfreundlichen Jemiten und unter Umständen befindet sich in der Reisegruppe, mit der man durch die Wüste schaukelt, sogar der zukünftige Ehepartner. Aber Erde und Feuer überwiegen: Jemen ist ein Land für abenteuerliche Zeltnächte unter dem glitzernden Sternendach der Wüste oder in einem Funduk, so werden die lokalen Herbergen genannt. Es ist ein Platz für Abenteurer und für Menschen, die die Natur lieben, die hier ein ganz besonderes Gesicht zeigt. Wasser ist mit zwei Punkten vertreten. Das ist genug, damit auch der Aspekt des Miteinanderseins und -fühlens nicht zu kurz kommt, vielleicht gerade dann, wenn man irgendwo in der Wüste nachts zusammenrückt, um gegenüber der Unendlichkeit des Himmels einen Halt zu finden.

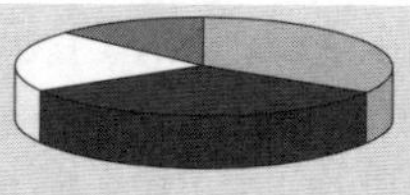

Jemen	♈ Widder	♉ Stier	♊ Zwillinge	♋ Krebs	♌ Löwe	♍ Jungfrau	♎ Waage	♏ Skorpion	♐ Schütze	♑ Steinbock	♒ Wassermann	♓ Fische
Feuer	☺	☆	☺	♡	☺	♡	☺	♡	☺	☆	☺	☆
Erde	☆	☺	♡	☺	☆	☺	♡	☾	☾	☺	♡	☾
Luft	☆	☆	☺	☆	☆	☆	☺	☆	☆	☆	☺	☆
Wasser	♡	☺	☆	☺	♡	☺	♡	☺	☆	☺	☆	☺

5 **Feuer:** Abenteuer, Action, Sport, Vitalität, Inspiration
5 **Erde:** Natur, Sinnlichkeit, Genuss, Wachstum
3 **Luft:** Leichtigkeit, Kontakt, Kultur, Erneuerung
2 **Wasser:** Geborgenheit, Familie, Fühlen, Ursprung

Zur Bedeutung der Elemente s. S. 43ff., zur Bedeutung von ☺☾☆♡ s. S. 55ff.

♊ Zwillinge-Land **Jordanien**

Auf den Spuren Jahrtausende alter Kulturen

Schon bei der Ankunft in Amman, der modernen, etwas chaotischen Hauptstadt Jordaniens, ist der orientalische Charme des kleinen Königreiches zu spüren. Jordanien ist Erbe vieler jahrtausendealter Kulturen. In den Ebenen und Tälern, in den Wüstenlandschaften und entlang des Jordan, dem heiligen Fluss, liegen Stätten von großer Bedeutung für die byzantinische, arabische und biblische Geschichte. So ist die Bibel hier mehr als ein Dokument des Glaubens, sie ist eine »Straßenkarte«, ein Lexikon von Orten, Menschen und Ereignissen einer anderen Epoche. Der Reiseweg nach Süden, entlang der 5000 Jahre alten Königsstraße führt zuerst nach Madaba. In den Büchern Moses im Alten Testament wird die »Stadt der Mosaike« bei der Schilderung von Davids Krieg gegen die Moabiter erwähnt. Hauptattraktion Jordaniens aber ist die »rosarote Felsenstadt« Petra. Geschickt nutzte das geheimnisvolle arabische Händlervolk der Nabatäer hier bei der Erbauung der Stadt die geologischen Formationen dieses malerischen Tals. Der südlichste Teil Jordaniens grenzt an das Rote Meer und hier kommen all jene auf ihre Kosten, die sich nach Kultur, Sand und Steinen entspannen wollen.

In Aquaba machen bislang hauptsächlich Jordanier Urlaub und so sind weder Strand noch Hotels überfüllt. Nur 50 Kilometer davon entfernt liegt ein Ausflugsziel, das durch Literatur und Film berühmt wurde: Das Wadi Rum, eine bizarre Granitlandschaft von einmaliger Schönheit und dank der Quellen eine grüne Oase, war Kulisse für den Filmklassiker »Lawrence von Arabien«.

Am 25. Mai 1946, einem Zwillinge-Datum, wurde offiziell der Staat Trans-Jordanien ausgerufen und ein König eingesetzt. Auf dieses Datum bezieht sich die Grafik. Der Luft-Anteil überwiegt darin. Er findet sich im Chaos und Gewirr der Basare und Marktplätze überall im Land. Ein Basar ist beinahe so etwas wie »gestaltete, vollendete Luft«. Seine Fülle und Vielfalt, das Schachern und Handeln, das Gewusel und der Lärm zusammengenommen entsprechen dem Luft-Element am reinsten. Aber auch Wasser ist relativ betont, was als eine Entsprechung der geschichtsträchtigen Vergangenheit und als ein Hinweis darauf genommen werden kann, dass im Land der Basare auch jeder seinen inneren Frieden und die Stille findet. Drei Punkte Feuer lassen noch genügend spannende und abenteuerliche Reiseerlebnisse erwarten. Der eine Erde-Punkt reicht hoffentlich aus, um auch die Erdzeichen Stier, Jungfrau und Steinbock für dieses wunderbare Land zu begeistern.

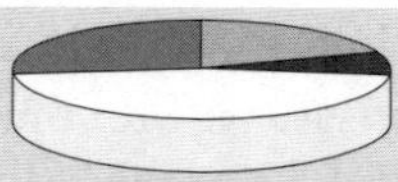

Jordanien	Widder ♈	Stier ♉	Zwillinge ♊	Krebs ♋	Löwe ♌	Jungfrau ♍	Waage ♎	Skorpion ♏	Schütze ♐	Steinbock ♑	Wassermann ♒	Fische ♓
Feuer	☾	☆	☾	♡	☾	☆	☾	☆	☾	♡	☾	♡
Erde	☆	☾	☆	☆	♡	☾	♡	☆	☾	☾	☆	☆
Luft	☺	♡	☺	☆	☾	♡	☺	♡	☺	♡	☺	♡
Wasser	♡	☾	♡	☾	♡	♡	☆	☺	♡	☆	♡	☾

3 ● **Feuer:** Abenteuer, Action, Sport, Vitalität, Inspiration
1 ● **Erde:** Natur, Sinnlichkeit, Genuss, Wachstum
7 ○ **Luft:** Leichtigkeit, Kontakt, Kultur, Erneuerung
4 ● **Wasser:** Geborgenheit, Familie, Fühlen, Ursprung

Zur Bedeutung der Elemente s. S. 43ff., zur Bedeutung von ☺☾☆♡ s. S. 55ff.

♈ Widder-Land **Kambodscha**

Eine wieder geöffnete Schatzkammer

Wegen Kriegen und politischen Unruhen war Kambodscha jahrzehntelang kein empfehlenswertes Reiseland, blieb dadurch aber auch von den unangenehmen Folgen des Massentourismus verschont. Auch heute noch ist es eher ein Ziel für Individualisten. Geprägt von einer über tausend Jahre alten Hochkultur, mit dem Tempelbezirk Angkor Wat, den Lebensadern Mekong und Tonle Sap, seinen unberührten Küsten und den freundlichen Menschen ist das Land eine wahre Schatzkammer. Angkor, schon das Wort klingt geheimnisvoll und steht für eine mythische Hochkultur aus der Zeit der Jahrtausendwende. Nach seiner Blütezeit verschwand das größte religiöse Bauwerk mit seinen Tempel- und Stadtanlagen im dichten tropischen Urwald.

1992 zum zweiten Mal wieder entdeckt, wurde es zum Weltkulturerbe gekürt. Buddhistische Pilger und Mönche erfüllen die historischen Ruinen heute wieder mit Leben. Vielerorts in

Kambodscha scheint die Zeit stillgestanden zu sein und so gewährt das Land dem, der sich darauf einläßt, Einblicke in alte Traditionen und Lebensweisen. Wie etwa in der nordöstlichen Provinz Rattankirti, einer noch immer unentdeckten Region Indochinas mit verschiedenen ethnischen Minderheiten. Bei einer Erkundungstour durch den Dschungel kann man mit etwas Glück auch Elefanten erspähen.

Kambodschas blutige Geschichte findet auch im Gründungshoroskop vom 18. April 1975, einem eindeutigen Widder-Datum, seinen Niederschlag. Zu diesem Zeitpunkt übernahmen die kommunistischen Roten Khmer und ihr Führer Pol Pot die Macht. Widder-Horoskope sind häufig ein versteckter Hinweis auf eine kriegerische Vergangenheit.

Kambodscha ist ein noch sehr junges Reiseland. Wer sich hierher wagt, kann sicher sein, dass ihm Abenteuer zuhauf begegnen werden (Feuer). Aber als Folge der Wasser- und Luft-Anteile wird man überall offenen, freundlichen Menschen begegnen und sich sogar schnell wie zu Hause fühlen. Erde-betonte Menschen, also Stier-, Jungfrau- und Steinbock-Geborene haben es eher schwer, weil ein Aufenthalt in diesem Land so wenig planbar ist.

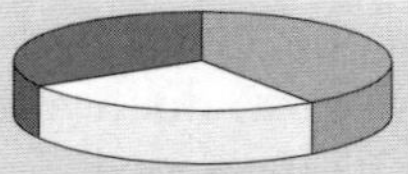

Kambodscha	Widder ♈	Stier ♉	Zwillinge ♊	Krebs ♋	Löwe ♌	Jungfrau ♍	Waage ♎	Skorpion ♏	Schütze ♐	Steinbock ♑	Wassermann ♒	Fische ♓
Feuer	☺	♡	☾	♡	☺	♡	☾	♡	☺	♡	☾	♡
Erde	–	–	–	–	–	–	–	–	–	–	–	–
Luft	☺	♡	☺	☆	☺	♡	☺	☾	☺	♡	☺	☆
Wasser	♡	☆	☆	☾	♡	♡	♡	☺	♡	♡	♡	☾

6 **Feuer:** Abenteuer, Action, Sport, Vitalität, Inspiration
0 **Erde:** Natur, Sinnlichkeit, Genuss, Wachstum
4 **Luft:** Leichtigkeit, Kontakt, Kultur, Erneuerung
5 **Wasser:** Geborgenheit, Familie, Fühlen, Ursprung

Zur Bedeutung der Elemente s. S. 43ff., zur Bedeutung von ☺☾☆♡ s. S. 55ff.

♋ Krebs-Land **Kanada**

Ein Land wie ein Kontinent

Kanadas Dimensionen sind mit europäischen Maßstäben kaum zu fassen. Mit fast 10 Millionen Quadratkilometern Fläche ist es das zweitgrößte Land der Erde. 58500 Kilometer Küste an drei Meeren (Atlantik, Pazifik, und Polarmeer), ungebändigte Flüsse, tiefe Wälder, fischreiche Seen und gewaltige Gebirge bieten viele Gelegenheiten zu Abenteuern. Dinosaurier begegnen heute keinem Reiter mehr im Ranchland von Alberta, doch auf einem einsamen Campingplatz im Wald kann schon mal ein Schwarzbär als ungebetener Abendessensgast erscheinen, in den Hochtälern der Rocky Mountains oder in der arktischen Tundra eher ein Grizzly. Einsam gelegene Lodges und Angelcamps erleichtern dem zivilisationsgewohnten Europäer den Einstieg in die Wildnis, bevor der Mut und die Lust erwacht, sie auf eigene Faust zu entdecken.

Das Felsengebirge, gleichsam das Rückgrat des Kontinents, birgt die schönsten Nationalparks Kanadas: Banff und Jasper, verbunden durch den Icefields Parkway. Das Erlebnis des strahlend weißen, bis fast an die Panoramastraße reichenden Athabasca-Gletschers ist ein Höhepunkt jeder Tour durch die Rocky Mountains.

Doch Kanadas Reiz liegt nicht nur in der landschaftlichen Vielfalt, der Holzfäller- und Pelzjägerromantik am Lagerfeuer, sondern auch in der Lebendigkeit seiner modernen Städte und den mulitikulturellen Essensfreuden. Der Hummer aus dem Atlantik gilt als der beste der Welt und der Besuch eines »lobster suppers«, das im Sommer auf den Prinz Edward Inseln in Gemeindehallen und Kirchensälen abgehalten wird, wird sicher zu einer unvergesslichen kulinarischen Erinnerung.

Am 1. Juli 1867, also einem Krebs-Datum, wurde ein »neues Kind geboren«, berichtete die New York Times vom Zweiten des gleichen Monats: das Dominion Kanada. Und es gibt kein anderes Land, in dem Wasser- und Erde-Anteile so rein vertreten sind. Wer in der Weite Kanadas war, kommt als anderer Mensch zurück: tiefer, reifer, geläutert. Dem Quantum Feuer und damit Abenteuer begegnet man dort auch. Aber auch ein nicht zu vernachlässigendes Abenteuer spielt sich im Inneren ab: Immerhin zwei Luft-Punkte sagen, dass Kanada gar nicht so einsam scheint, wie man meint.

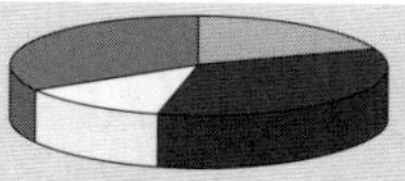

Kanada	Widder ♈	Stier ♉	Zwillinge ♊	Krebs ♋	Löwe ♌	Jungfrau ♍	Waage ♎	Skorpion ♏	Schütze ♐	Steinbock ♑	Wassermann ♒	Fische ♓
Feuer	☾	☾	☾	☾	☾	☾	☾	☾	☾	☾	☾	☆
Erde	☾	☺	☾	☺	☾	☺	☾	☺	☾	☺	☾	☺
Luft	☆	☾	☾	☾	☆	☾	☾	☾	☾	♡	☾	♡
Wasser	☾	☺	☆	☺	☾	☺	♡	☺	☾	☺	♡	☺

3 **Feuer**: Abenteuer, Action, Sport, Vitalität, Inspiration
5 **Erde:** Natur, Sinnlichkeit, Genuss, Wachstum
2 **Luft:** Leichtigkeit, Kontakt, Kultur, Erneuerung
5 **Wasser:** Geborgenheit, Familie, Fühlen, Ursprung

Zur Bedeutung der Elemente s. S. 43ff., zur Bedeutung von ☺☾☆♡ s. S. 55ff.

Schütze-Land **Kenia**

Ein nahezu unberührtes Naturparadies

Die aus Blech gefertigten Riesenstoßzähne, die die Moi-Avenue, die Hauptverkehrsader von Mombasa überragen, weisen in Richtung Landesinnere zu einer Tierwelt, die Europäer seit Generationen anlockt. Viele dieser Tiere sind bereits 150 Kilometer entfernt im größten Nationalpark Kenias, dem Tsavo-Reservat, zu entdecken. Vor allem die roten Elefanten, deren Hautfarbe vom eisenhaltigen Lateritboden kommt, auf dem sie sich wälzen, sind eine Besonderheit. Ob Kaffern-Büffel, Zebras oder Impalas, an der Aussichtsplattform der Tsavo Safari Lodge flanieren sie alle vorbei zum Wasserloch. Ein Kontrast ist der Besuch im Quellgebiet von Mzima Springs mit völlig anderer Landschaft und anderer Tierwelt. Hier leben Flußpferde und Krokodile. Beherrscht von Afrikas höchstem Berg, dem 5895 Meter hohen Mount Kilimandscharo, ist der Amboseli Nationalpark Handlungsort des Romans »Schnee auf dem Kilimandscharo« von Ernest Hemingway, einem Kenia-Liebhaber.

Hier ist Massai-Land, in dem es heute nur noch von festen Routen aus möglich ist, die Tiere zu beobachten. Gegen eine Eintrittsgebühr gestatten die Massais einen Blick in ihre Hütten oder demonstrieren einige Riten und Feste. Für Kinofans ist die außerhalb von Nairobi liegende Kaffeeplantage der dänischen Baroness Tania Blixen ein unbedingtes Muss. Ihr Roman »Jenseits von Afrika« wurde mit großem Erfolg in Hollywood verfilmt. Ihre Villa lockt immer noch unzählige Film- und Afrikafans an.

Kenia wurde am 12. Dezember 1963, also einem Schütze-Datum, von Großbritannien unabhängig. Und ein passenderes Sternzeichen gibt es tatsächlich kaum für dieses Land: Schütze ist ein anderes Wort für Abenteurer und Jäger, Eroberer und Entdecker. Und just diese archaischen Rollen erwachen in Menschen, die in Kenia auf Safari gehen. Der Elementen-Schlüssel zeigt es dann noch deutlicher: Fünfmal Feuer, fünfmal Erde, viermal Wasser, einmal Luft! Urlauber kommen hierher, um Abenteuer zu erleben, die Natur zu entdecken und die eigene Psyche zu bereichern. Das geringe Quantum Luft ist nur ein anderer Ausdruck dafür, dass man nach Kenia bestimmt nicht gesellschaftlicher Highlights wegen reist.

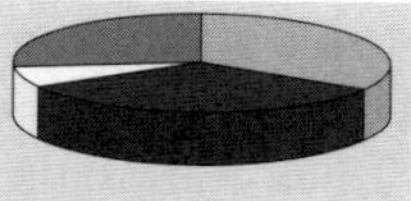

Kenia	♈ Widder	♉ Stier	♊ Zwillinge	♋ Krebs	♌ Löwe	♍ Jungfrau	♎ Waage	♏ Skorpion	♐ Schütze	♑ Steinbock	♒ Wassermann	♓ Fische
Feuer	☺	☆	☺	♡	☺	☆	☺	♡	☺	☆	☺	♡
Erde	☆	☺	♡	☺	☆	☺	♡	☺	☾	☺	☆	☾
Luft	☆	☆	☾	☆	☆	☆	☾	☆	☆	☆	☾	☆
Wasser	♡	☺	♡	☺	♡	☺	♡	☺	☾	☺	☆	☺

5 **Feuer:** Abenteuer, Action, Sport, Vitalität, Inspiration
5 **Erde:** Natur, Sinnlichkeit, Genuss, Wachstum
1 **Luft:** Leichtigkeit, Kontakt, Kultur, Erneuerung
4 **Wasser:** Geborgenheit, Familie, Fühlen, Ursprung

Zur Bedeutung der Elemente s. S. 43ff., zur Bedeutung von ☺☾☆♡ s. S. 55ff.

Stier-Insel **Kreta**

Die Insel des heiligen Stiers

Der Stierkampf wurde einst auf Kreta als Ausdruck göttlicher Verehrung praktiziert. Der Stier war ein Symbol einer weiblichen Ur-Kultur und -göttin. Das Leben im alten Kreta während der minoischen Hochkultur war friedlich und fröhlich – und genauso ist es auf der größten Insel Griechenlands auch heute noch, insbesondere, wenn man dort seine Ferien verbringt: Naturschönheiten in großer Vielfalt, fruchtbare Täler, imposante Gebirge und malerische Strände boten schon im Altertum die besten Voraussetzungen dafür, dass hier die erste europäische Zivilisation entstehen konnte. Knossos, die 4000 Jahre alte gewaltige Palastanlage, bei der es sich um das sagenhafte Labyrinth handeln soll, das König Minos bauen ließ, und viele Exponate im Archäologischen Museum in Heraklion vermitteln einen umfassenden Überblick über diese Epoche. Sehenswürdigkeiten, deren Namen aus griechischen Sagen bekannt sind, gibt es auf Kreta viele.

Oft sind Kultur und Natur eng miteinander verbunden. Von der Lassithi-Hochebene mit ihren charakteristischen Windmühlen ist es nur ein kurzer Fußmarsch zur Berghöhle Dikteon Andron, der angeblichen Geburtsstätte des Göttervaters Zeus. Längere Freuden für Wanderfreunde bietet die Durchquerung der mit 18 Kilometern längsten Schlucht Europas: der Samaria-Schlucht. Ein Bad beispielsweise am karibisch anmutenden Palmenstrand Vai und die köstliche und gesunde kretische Küche entschädigen mehr als genug für alle erlebten Strapazen.

Eine Revolte im Frühjahr 1821 führte zu einem ersten unabhängigen Staat. Aber die genaue »Geburtsstunde« Kretas ist unbekannt. Doch als Heimat des berühmten »Stieres von Minos« – einem scheußlichen Wesen mit Menschenleib und Stierkopf, das im Labyrinth von Minos eingesperrt und schließlich von Theseus besiegt wurde – zählt Kreta in der Astrologie schon immer als eine Stier-Insel.

Wegen des fehlenden Gründungsdatums ist Kreta ein »reines« Erde-Land, was aber sicher nicht bedeutet, nur die Erdzeichen Jungfrau, Steinbock und vor allem Stiere würden sich dort wohl fühlen.

Kreta	♈ Widder	♉ Stier	♊ Zwillinge	♋ Krebs	♌ Löwe	♍ Jungfrau	♎ Waage	♏ Skorpion	♐ Schütze	♑ Steinbock	♒ Wassermann	♓ Fische
Feuer	☆	☆	♡	♡	☆	♡	☆	♡	☆	♡	☆	♡
Erde	☆	☺	☆	☾	☆	☺	☆	☾	☆	☺	☆	☾
Luft	☆	♡	☆	☆	♡	☆	☆	☆	♡	♡	♡	♡
Wasser	♡	☾	☆	☺	♡	☾	☆	☺	♡	☾	♡	☺

0 **Feuer:** Abenteuer, Action, Sport, Vitalität, Inspiration
15 **Erde:** Natur, Sinnlichkeit, Genuss, Wachstum
0 **Luft:** Leichtigkeit, Kontakt, Kultur, Erneuerung
0 **Wasser:** Geborgenheit, Familie, Fühlen, Ursprung

Zur Bedeutung der Elemente s. S. 43ff., zur Bedeutung von ☺☾☆♡ s. S. 55ff.

♏ Skorpion-Land **Kroatien**

Ein Land fast unbegrenzter Möglichkeiten

Friedlich ist es schon längst wieder in Kroatien, dem Balkanstaat mit einer der schönsten Küsten Europas: 1800 Kilometer herrlichstes Panorama von Istrien bis nach Dalmatien. Neben verträumten kleinen Buchten mit ruhigen Stränden setzen karstige, öde Felshänge, die geradezu dramatisch in den Himmel ragen, reizvolle Kontrapunkte. Diese großartige Kulisse, tiefblaue Fluten, die für ihre Sauberkeit berühmt sind, und eine grüne Inselwelt mit rund 1200 Inseln und Inselchen weckt unbändige Lust, diese idyllische Meerlandschaft mit geblähten weißen Segeln zu entdecken. Von ganz besonderem Reiz ist die Dalmatinische Küste, deren Städte die abwechslungsreiche Geschichte Kroatiens widerspiegeln. Einstige Weltmächte wie Rom und Byzanz, aber auch die Venezianer, Türken und Österreicher haben ihre Spuren hinterlassen. Dubrovnik ist die Perle unter den Superlativen Kroatiens. Von den jüngsten, während der kriegerischen Auseinandersetzungen erlittenen Schäden konnte sich die Stadt inzwischen dank intensivster Bemühungen wieder erholen. So leuchtet sie heute einmal mehr in ihrer ganzen Pracht, besticht mit einem herrlich barocken Dom inmitten einer historischen Altstadt, die ihresgleichen sucht. Das pulsierende Nachtleben Dubrovniks ist zugleich Kontrastprogramm und ideale Entspannung nach so viel Kultur und Geschichte.

Ein wichtiges Gründungsdatum ist der 29. Oktober 1918, an dem Kroatien unabhängig und zugleich Teil Jugoslawiens wurde. Damit ist Kroatien ein Skorpion-Land, was auch als ein astrologischer Hinweis für die tiefe Eigenart dieses Landes genommen werden kann. Skorpion ist sozusagen eine Garantie für völkerrechtliche Unabhängigkeit – politisch, sozial und kulturell. Der Elementen-Schlüssel zeigt einen starken Wasseranteil, was wiederum auf die tiefe Seele dieses Landes verweist. Die vier Erde-Punkte lassen eine wunderbare Natur erwarten und beziehen sich bestimmt auch auf die Austern, von denen Feinschmecker behaupten, sie seien sogar besser als die der Atlantikküste. Viermal Feuer verweist auf Abenteuer, während die beiden Luft-Punkte dafür sorgen, dass es auch für die Luftzeichen nicht langweilig wird: Für reichlich Unterhaltung ist gesorgt.

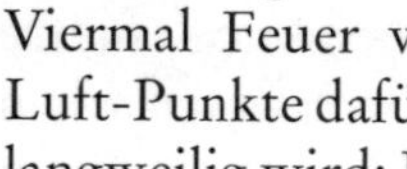

Kroatien	Widder ♈	Stier ♉	Zwillinge ♊	Krebs ♋	Löwe ♌	Jungfrau ♍	Waage ♎	Skorpion ♏	Schütze ♐	Steinbock ♑	Wassermann ♒	Fische ♓
Feuer	☺	☆	☾	♡	☺	☆	☺	♡	☺	☆	☺	☆
Erde	☆	☺	♡	☺	☆	☺	♡	☺	☆	☺	☆	☺
Luft	☆	♡	☾	☆	☆	♡	☾	♡	☾	♡	☾	☆
Wasser	♡	☾	♡	☺	♡	☆	♡	☺	♡	☆	☆	☺

4 **Feuer:** Abenteuer, Action, Sport, Vitalität, Inspiration
4 **Erde:** Natur, Sinnlichkeit, Genuss, Wachstum
2 **Luft:** Leichtigkeit, Kontakt, Kultur, Erneuerung
5 **Wasser:** Geborgenheit, Familie, Fühlen, Ursprung

Zur Bedeutung der Elemente s. S. 43ff., zur Bedeutung von ☺☾☆♡ s. S. 55ff.

♑ Steinbock-Insel **Kuba**

Heiße Rhythmen, Zigarren und weiße Strände

Das »grüne Krokodil«, wie die Karibikinsel ihrer Form wegen auch genannt wird, liegt nur 140 Kilometer von Amerika entfernt und ist doch eine Reise in eine andere Zeit. Vieles ist wie es immer war, aber nicht, weil die Kubaner Fortschrittfeindliche Nostalgiker wären, sondern weil Armut nichts anderes zulässt. Luxuskarossen aus den 50er Jahren fahren durch die Straßen, weil es keine Neuwagen gibt – die Pferdedroschken, die wie eine Touristenattraktion anmuten, sind Realität in der Not. Trübsal ist auf der Insel trotzdem nicht zu spüren, und gerade in Havanna, der Hauptstadt, singt und swingt es aus vielen Hinterhöfen, die unzähligen Musikgruppen als Übungsorte dienen. Auch in Kubas grünem Herz hat sich das Leben seit Jahrzehnten nicht verändert. Riesige Zuckerrohrplantagen bestimmen das Landschaftsbild und werden heute noch weitgehend von Hand bearbeitet. Handarbeit und vor allem Handwerkskunst ist auch für ein anderes Produkt der Insel, dem neuesten Devisenbringer nötig: für die hochwertigen Tabakblätter, für Zigarren aus Kuba, die das Herz jedes Zigarrenrauchers höher schlagen lassen. Der Tabak wächst im Westen um Pinar del Rio. Doch was wäre eine Karibikinsel ohne Strand und Badefreuden, und damit lockt Varadero. Schon in den 20er Jahren entwickelte sich die Halbinsel zum mondänen Urlaubsdomizil amerikanischer Millionäre, deren elegante Privatvillen heute meist zu Hotels umgebaut sind und die mit Palmenstränden, Parks und Golfplätzen auch die exklusiven Karibik-Klischees erfüllen.

Das heutige kommunistische Regime in Kuba geht auf den 1. Januar 1959 zurück, als der Diktator Batista vor Castros Guerilla-Kämpfern und regulären kubanischen Truppen aus Havanna floh. Damit ist Kuba ein Steinbock-Land (und wäre damit – wie alles Steinböckische – für die Ewigkeit geschaffen). Betrachtet man den Elementen-Schlüssel, sticht die starke Erde-Betonung ins Auge. Dieser hohe Erde-Anteil ist sicher eine Hommage an die Insel, auf der das Land und das Landleben zum Kult erhoben wurden, wo die Tabakblätter nicht nur mit den Händen geerntet, sondern auch per Hand zu jenen weltberühmten und sündhaft teuren Zigarren gedreht werden, die man dann irgendwo in dieser Welt genüsslich pafft. Dieser hohe Erde-Anteil ist aber auch ein Zeichen für die Redlichkeit, Genügsamkeit und Ehrlichkeit der Menschen, die hier leben. Nun besteht Kuba nicht nur aus Erde. Drei Punkte Luft garantieren ein gastfreundliches Land, in dem auch Unterhaltung und Vergnügen nicht zu kurz kommen. Zweimal Wasser verleiht dem Land seelische Tiefe. Und die zwei Feuer-Punkte machen Kuba auch für (Wasser-)Sportler interessant.

Kuba	Widder ♈	Stier ♉	Zwillinge ♊	Krebs ♋	Löwe ♌	Jungfrau ♍	Waage ♎	Skorpion ♏	Schütze ♐	Steinbock ♑	Wassermann ♒	Fische ♓
● Feuer	☾	☆	☾	♡	☾	♡	☾	♡	☾	☆	☾	☆
● Erde	☆	☺	☆	☾	☆	☺	♡	☾	♡	☺	♡	☾
○ Luft	☆	♡	☾	☆	☆	☆	☾	☆	☆	☆	☾	☆
● Wasser	♡	☾	☆	☾	♡	☆	♡	☾	♡	☾	☆	☾

2 ● **Feuer:** Abenteuer, Action, Sport, Vitalität, Inspiration
8 ● **Erde:** Natur, Sinnlichkeit, Genuss, Wachstum
3 ○ **Luft:** Leichtigkeit, Kontakt, Kultur, Erneuerung
2 ● **Wasser:** Geborgenheit, Familie, Fühlen, Ursprung

Zur Bedeutung der Elemente s. S. 43ff., zur Bedeutung von ☺☾☆♡ s. S. 55ff.

♏ Skorpion-Land **Libanon**

Berühmt bereits im Alten Testament

Felsburgen gleich ragen sie in den Himmel, die schneebedeckten Gipfel der Libanonberge. Bergdörfer schmiegen sich an steile Hänge, und am Grund der Täler rauschen die Flüsse und Bäche, die diese Einschnitte auf ihrem Weg zum Meer in jahrtausendelanger Beständigkeit gegraben haben. Eine wilde Bergwelt, so schön und beeindruckend, dass Salomo sie sogar als seine Braut entführen wollte und in seinem Hohelied mit den Worten »Komm doch mit mir, meine Braut vom Libanon« besungen hat. Das Libanongebirge gab einem Land den Namen, das mit einer beeindruckenden landschaftlichen Vielfalt die besten Voraussetzungen für Reichtum und Überfluss schuf. Schon vor 8000 Jahren siedelten in der mediterranen Küstenebene mit ihren Orangen- und Bananenpflanzungen Fischer – und aus einer dieser Siedlungen entstand die Stadt Byblos, die zu den ältesten ununterbrochen bewohnten Orten der Erde zählt. Östlich des Libanongebirges liegt die fruchtbare Beqaa-Ebene, die Kornkammer des Landes. Im Quadisha-Tal in den

Bergen wachsen die berühmten libanesischen Zedern, die schon im alten Ägypten begehrt waren und den Reichtum des Landes mit begründeten. All diese Vorzüge der Natur weckten Begehrlichkeiten bei anderen Völkern und so bestimmten babylonische, persische, römische Eroberer oder die Kreuzfahrer die Geschicke des Libanon. Sie hinterließen Spuren, die heute nach Beendigung der jüngsten Kriegswirren eine faszinierende Reise in die Vergangenheit ermöglichen.

Die Unabhängigkeit des Landes wird am 22. November 1943, einem Skorpion-Datum, gefeiert. Damals entließ Frankreich nach weltweitem Protest Libanon in die Unabhängigkeit.

Der Elementen-Schlüssel zeigt ein relativ ausgeglichenes Verhältnis zwischen Feuer, Erde und Wasser, und wenig Luft-Punkte. Und so steht denn auch auf der Wunschliste von Libanon-Reisenden an erster Stelle Abenteuer, etwas anderes zu erleben (Feuer). Weiterhin reizt die wunderbare Landschaft (Erde) und das Gefühl, man würde durch die Geschichte der Menschheit wandern und seiner eigenen Vergangenheit auf Schritt und Tritt begegnen (Wasser). Zweimal Luft besagt, dass man dort überall auf offene, freundliche Menschen trifft.

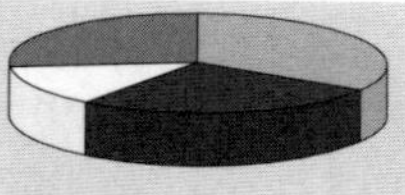

Libanon	Widder ♈	Stier ♉	Zwillinge ♊	Krebs ♋	Löwe ♌	Jungfrau ♍	Waage ♎	Skorpion ♏	Schütze ♐	Steinbock ♑	Wassermann ♒	Fische ♓
Feuer	☺	♡	☺	♡	☺	☆	☺	♡	☺	☆	☺	☆
Erde	♡	☺	♡	☺	☆	☺	♡	☺	☾	☺	☆	☺
Luft	☆	♡	☾	☆	☾	☆	☾	☆	☾	☆	☾	☆
Wasser	♡	☺	♡	☺	♡	☺	☆	☺	♡	☺	♡	☺

5 **Feuer:** Abenteuer, Action, Sport, Vitalität, Inspiration
4 **Erde:** Natur, Sinnlichkeit, Genuss, Wachstum
2 **Luft:** Leichtigkeit, Kontakt, Kultur, Erneuerung
4 **Wasser:** Geborgenheit, Familie, Fühlen, Ursprung

Zur Bedeutung der Elemente s. S. 43ff., zur Bedeutung von ☺☾☆♡ s. S. 55ff.

♍ Jungfrau-Land **Libyen**

Jungfräuliches Tourismusland

»Wasser wäscht den Körper, die Wüste wäscht die Seele«, diese Worte des libyschen Novellisten Ibrahim Al-Koni werden zur erlebten Wahrheit bei einer Kamel-Safari durch die Sahara im südlichen Libyen. Dort gibt es noch Einsamkeit und die Reinheit der Wüste, es gibt noch keine ausgetretenen Tourismuspfade und durch das Verhalten der Urlauber verdorbene Einheimische. Denn Libyen ist eines der letzten Länder der Erde, das sich dem Tourismus öffnet, der allerdings wenig wirtschaftliche Bedeutung hat, denn noch sprudeln die Ölquellen reichlich. Doch will sich das Land dem Rest der Welt nicht verschließen und heißt seit einigen Jahren die Reisegruppen einiger Spezialveranstalter willkommen. Auf eigene Faust zu reisen ist aber auch durchaus möglich. Vor allem an der Küste des Mittelmeers existiert ein meist gut ausgebautes Straßennetz. Dort in der Kornkammer des alten Roms liegen so berühmte Ausgrabungsstätten wie Leptis Magma oder Sabrata, Cyrene oder Apollonia, ehemals herrliche griechische, römische oder phönizische Städte. In der Sahara aber ist es sicherer und auch viel interessanter, sich einem kundigen Tuareg-Führer anzuvertrauen. Voller Stolz auf ihr Land und ihre Kamele, die sie als Reit- und Lasttiere zur Verfügung stellen, zeigen sie den Fremdlingen die vom Wind gemalten Dünenmeere, mit Tamarisken und Akazien bewachsene Wadis, bizarre Steinwüsten, Tierspuren, grüne Oasen und den besten Platz für die Nacht an einem Brunnen mit dem lebensnotwendigen Wasser.

Das heutige Regime in Libyen kam durch einen Militärputsch am 3. September 1969 an die Macht. Damit hat sich Libyen eine Jungfrau-Prägung erkämpft. Und die Entsprechung ist deutlich. Denn Libyen hat sich tatsächlich so etwas wie seine Jungfräulichkeit erhalten. Von den paar großen Städten und Hotels am Meer einmal abgesehen, hat sich wenig verändert, insbesondere hat sich das Land vom Tourismus nicht einkaufen lassen.

Wer das Element Erde in seiner reinen Form »schmecken«, »riechen«, »sehen« und »hören« will, der sollte mit dem Kamel ein paar Tage und Nächte durch die Wüste reisen. Den Rest vom »Elementen-Kuchen« teilen sich die anderen Elemente ziemlich gleichmäßig, so dass alle Tierkreiszeichen-Vertreter in Libyen herrliche Ferien machen können.

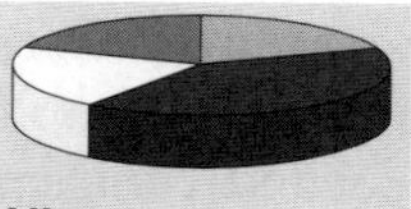

Libyen	♈ Widder	♉ Stier	♊ Zwillinge	♋ Krebs	♌ Löwe	♍ Jungfrau	♎ Waage	♏ Skorpion	♐ Schütze	♑ Steinbock	♒ Wassermann	♓ Fische
Feuer	☾	☆	☆	♡	☺	☆	♡	♡	☾	☆	☾	☆
Erde	♡	☺	♡	☺	☆	☺	♡	☺	☾	☺	☆	☾
Luft	☆	♡	☾	♡	☾	♡	☾	♡	☆	♡	☾	♡
Wasser	♡	☾	☆	☺	♡	☺	☆	☺	☆	☾	☆	☾

3 **Feuer:** Abenteuer, Action, Sport, Vitalität, Inspiration
6 **Erde:** Natur, Sinnlichkeit, Genuss, Wachstum
3 **Luft:** Leichtigkeit, Kontakt, Kultur, Erneuerung
3 **Wasser:** Geborgenheit, Familie, Fühlen, Ursprung

Zur Bedeutung der Elemente s. S. 43ff., zur Bedeutung von ☺☾☆♡ s. S. 55ff.

♋ Krebs-Land **Madagaskar**

Die Wiege des Lebens im Indischen Ozean

Hasenzähne, die Ohren einer Fledermaus, die Stacheln eines Wildschweins und einen Fuchsschwanz, dieses seltsame Tier ist ein Aye Aye, ein Lemure. 90% aller bekannten Arten, unendliche viele seltene Vögel, Kleinsäugetiere und zwei Drittel der auf der Welt bekannten Chamäleone leben auf dieser viertgrößten Insel der Welt. Und so unterschiedlich wie die Farben eines Chamäleons ist die landschaftliche und klimatische Vielfalt dieser Insel. Eine Art Rückgrat mit hohen Gipfeln trennt das Eiland der Länge nach in zwei unsymmetrische Teile: in den felsigen, eher regnerischen Osten und den heißen, trockenen Westen. Dschungel, ein Wald mit Bäumen ohne Blätter – die letzten uralten riesigen Baobabs oder über 1000 Sorten Orchideen: Ein Garten Eden, den sich die Inselbevölkerung durch 50 Naturreservate und Nationalparks noch lange erhalten will. Für Trekkingfreunde ist es ein Paradies, denn auf der 1500 Kilometer langen Insel gibt es wenige Straßen, aber immer einen kundigen Führer, der die Wege von der Hochebene, wie etwa aus der ehemaligen Schmugglerstadt Imerimandroso, durch Bergwälder hinunter zur Küste kennt. Am einfachsten und schnellsten ist hier das Reisen mit dem Flugzeug. Über ein gut ausgebautes Netz von Inlandsflügen ist auch die vor Madagaskar gelegene und touristisch sehr gut erschlossene Insel Nosy Bé leicht erreichbar. Luxusdomizile, endlose Palmenstrände und der aphrodisierende Duft der Ylang-Ylang Blüte, der überall in der Luft ist, verführen dort nach dem Abenteuer Wildnis alle Sinne.

Madagaskar wurde am 26. Juni 1960, einem Krebs-Datum, von Frankreich unabhängig. Der Zeitpunkt hätte nicht besser gewählt werden können: Es stempelt die große Insel zur »Wiege der Menschheit«, Wasser und Erde zusammen formen sich zum Urschlamm, aus dem alles entstand. Die Seele kommt zurück zum Ursprung, dorthin, wo alles begann. Ein Traumland zum Träumen und, um Natur pur zu tanken. Eine Oase, an der die Seele baumeln kann, abtaucht und gestärkt wiederkommt. Und ein Land, das genug Herausforderungen bietet. Die drei Feuer-Punkte verraten, dass es an Herausforderungen, Action und Abenteuern auf Madagaskar bestimmt nicht mangelt. Luft fehlt völlig, was bedeutet, dass man dort nicht mit gesellschaftlichem Highlife rechnen darf.

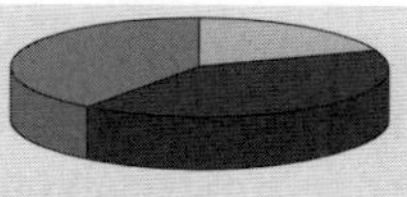

Madagaskar	♈ Widder	♉ Stier	♊ Zwillinge	♋ Krebs	♌ Löwe	♍ Jungfrau	♎ Waage	♏ Skorpion	♐ Schütze	♑ Steinbock	♒ Wassermann	♓ Fische
● Feuer	☾	♡	☆	☆	☾	☆	☆	☆	☾	☆	☆	♡
● Erde	☾	☺	♡	☺	☾	☺	☆	☺	☾	☺	☆	☺
○ Luft	–	–	–	–	–	–	–	–	–	–	–	–
● Wasser	♡	☺	♡	☺	☾	☺	♡	☺	☾	☺	☆	☺

3 ● **Feuer:** Abenteuer, Action, Sport, Vitalität, Inspiration
6 ● **Erde:** Natur, Sinnlichkeit, Genuss, Wachstum
0 ○ **Luft:** Leichtigkeit, Kontakt, Kultur, Erneuerung
6 ● **Wasser:** Geborgenheit, Familie, Fühlen, Ursprung

Zur Bedeutung der Elemente s. S. 43ff., zur Bedeutung von ☺☾☆♡ s. S. 55ff.

♍ Jungfrau-Land **Malaysia**

Exotische Mischung aus Alt und Neu

Leicht ist er zu besteigen, der 4095 Meter hohe Mount Kinibalu. Das Lieblingsziel für Dschungel-Trekking-Begeisterte liegt im Bundesstaat Sabah, an der Nordostecke der Insel Borneo. Der Weg zum Gipfel führt durch üppige tropische Vegetation und über weite Felsplateaus. Und mit ein bisschen Glück ist dabei die größte Blüte der Welt, die exotische Rafflesia, zu entdecken. Etwa eine Autostunde entfernt ist es möglich, Orang-Utans in ihrem natürlichen Lebensraum zu beobachten, im weltweit größten Rehabilitationszentrum für diese beeindruckenden Tiere. Die Liste der Superlativen, die Ost-Malaysia zu bieten hat, lässt sich noch um einiges erweitern. So liegt im Mulu-Nationalpark die größte Höhle der Welt. Und in der Nähe der Stadt Kuching ermöglicht ein »lebendes Museum«, das Sarawak Cultural Village, Einblicke in das Alltagsleben und die Traditionen verschiedener Stämme, wie der Iban, der Orang Ulu oder der Melanau, die dort in originalgetreuen Gebäuden wohnen. Eine Flusssafari auf den mächtigen Strömen dieser Region ist heute zwar ungefährlich, wird aber sicher trotzdem von einem leichten Schauer begleitet, führt sie doch in die Heimat der ehemals gefürchteten Kopfjäger.

All diese Attraktionen sind nur einige Beispiele aus einem Teil Malaysias. Das ganze Land bietet eine exotische Mischung aus faszinierender Vergangenheit, vielgestaltiger Gegenwart und moderner, geschäftiger Zukunft.

Die Föderation Malaysia entstand am 16. September 1963 aus der Vereinigung von Malaya mit den von den Briten beherrschten Staaten Sabah, Sarawak und Singapore. Damit ist Malaysia ein Jungfrau-Kind. Beim Zustandekommen des hohen Erde-Anteils ist sogar nur die Jungfrau-Energie beteiligt, also weder Stier noch Steinbock. Man kann in Malaysia das Klischee der Jungfrau in ziemlich reiner Form studieren: fleißig, kindlich, freundlich, beflissen, ordentlich und vor allem unschuldig, bewahrend und auf Entwicklung bedacht. Dass auch andere Tierkreiszeichen-Vertreter in Malaysia wunderbar Ferien machen können, zeigt der Rest des Elementen-Schlüssels. Es gibt immerhin vier Luft-Punkte, drei Wasser- und zwei Feuer-Punkte.

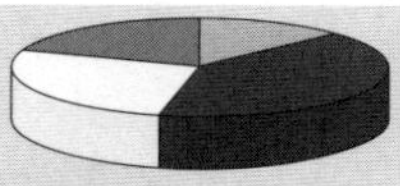

Malaysia	♈ Widder	♉ Stier	♊ Zwillinge	♋ Krebs	♌ Löwe	♍ Jungfrau	♎ Waage	♏ Skorpion	♐ Schütze	♑ Steinbock	♒ Wassermann	♓ Fische
Feuer	☾	♡	☆	♡	☆	☾	♡	♡	☆	☆	☆	♡
Erde	☆	☺	☆	☺	☾	☺	♡	☺	☆	☺	♡	☾
Luft	☾	♡	☾	☆	☾	☾	☾	♡	☾	♡	☾	☆
Wasser	♡	☺	☆	☾	☆	☺	♡	☾	☆	☺	♡	☾

2 **Feuer:** Abenteuer, Action, Sport, Vitalität, Inspiration
6 **Erde:** Natur, Sinnlichkeit, Genuss, Wachstum
4 **Luft:** Leichtigkeit, Kontakt, Kultur, Erneuerung
3 **Wasser:** Geborgenheit, Familie, Fühlen, Ursprung

Zur Bedeutung der Elemente s. S. 43ff., zur Bedeutung von ☺☾☆♡ s. S. 55ff.

♉

Stier-Insel **Mallorca**

Der Garten Eden mit touristischem Ambiente

Scharenweise zieht es sie auf die wohl bekannteste Baleareninsel, die Schönen, die Reichen und die Pauschaltouristen. Was hat sie nur Besonderes – die, die einst Insel der Stille genannt wurde? Sie hat es geschafft, Ursprüngliches zu bewahren. Atemberaubend sind die Blicke hinunter ins tiefblaue Meer bei einer Fahrt entlang der wilden Serpentinen in der Serra Tramuntana oder vom Cap Formentor. Schwer zu sagen, welches die reizvollste Art ist, die Schlucht Sa Calobra zu besuchen, die sich in einer malerischen Bucht ins Meer öffnet? Vom Wasser aus oder auf der kleinen Bergstraße, die sich durch steile Felswände 800 Meter nach unten windet.

Doch nicht nur landschaftliche Attraktionen hat die »Schöne« zu bieten. Malerische Örtchen, oft mit orientalisch klingenden Namen, liegen eingebettet in grüne Orangenhaine, hängen wie Adlernester an steilen Felswänden oder schmiegen sich um kleine Hafenbuchten. Ein Ort der Ruhe ist das aus dem 14. Jahrhundert stammende Kloster Lluc, und auch die Kartäuser-Klause Valldemossa, in der schon Frédéric Chopin und George Sand überwinterten, hat sich trotz der großen Besucherzahl ihre Stille bewahrt. Und auf den Wegen zu all dieser Natur und Kultur oder nach ausgedehnten Badefreuden an einem der langen Sandstrände locken Bodegas mit mallorquinischen Köstlichkeiten wie gegrilltem Spanferkel, Sopa mallorquina oder einer reichen Fisch- und Meeresfrüchteauswahl.

Mallorca gehört zu Spanien (siehe dort) und ist somit eigentlich eine Skorpion-Insel. Aber gemäß astrologischer Tradition ist diese Insel dem Sternzeichen Stier zugeordnet und damit erdig. Und das beschreibt den Charakter der Insel – ein fruchtbares Paradies – sehr gut.

Aber das bedeutet auf keinen Fall, dass sich Vertreter der anderen drei Elemente auf Mallorca nicht wohl fühlen würden. Es wimmelt dort von sozialen Highlights (Luft), man findet unzählige Möglichkeiten, um sogar – wenn man möchte – Hochleistungssport zu betreiben (Feuer). Und es finden sich tausend Möglichkeiten, um einfach abzutauchen, zu sich zu finden und zu entspannen (Wasser).

Mallorca	Widder ♈	Stier ♉	Zwillinge ♊	Krebs ♋	Löwe ♌	Jungfrau ♍	Waage ♎	Skorpion ♏	Schütze ♐	Steinbock ♑	Wassermann ♒	Fische ♓
Feuer	♡	☆	☾	♡	☆	♡	☆	☆	♡	☆	☆	☆
Erde	☆	☺	☆	☾	♡	☺	♡	☺	♡	☺	♡	☾
Luft	♡	♡	☾	☆	♡	☆	☆	♡	☾	♡	☆	♡
Wasser	☆	☺	☆	☺	☆	☺	♡	☾	♡	☾	♡	☾

0 **Feuer:** Abenteuer, Action, Sport, Vitalität, Inspiration
15 **Erde:** Natur, Sinnlichkeit, Genuss, Wachstum
0 **Luft:** Leichtigkeit, Kontakt, Kultur, Erneuerung
0 **Wasser:** Geborgenheit, Familie, Fühlen, Ursprung

Zur Bedeutung der Elemente s. S. 43ff., zur Bedeutung von ☺☾☆♡ s. S. 55ff.

♍ Jungfrau-Insel **Malta**

Felsiges Kleinod im Mittelmeer

Im Jahr 1530 bekam der katholische Zweig des alten Johanniter-Ordens von Kaiser Karl Malta als Lehen. Die Malteser, wie sie sich von da an nannten, hinterließen prägende, bauliche Spuren. Sie legten die heutige Hauptstadt Valletta an und machten aus dem Hafen einen der bestbefestigten im ganzen Mittelmeerraum. Nicht einmal Napoleon wagte, den Hafen auf seinem Feldzug nach Ägypten anzugreifen. Nicht minder beeindruckend ist die Hauptkirche des maltesischen Ritter-Ordens, die goldglänzende St. John's Cathedral.

Doch auf Malta finden sich noch weit ältere und geheimnisvollere Zeugnisse aus der Vergangenheit. Am Südostrand ragen die riesigen Steinblöcke der steinzeitlichen Heiligtümer von Hagar Qim und Mnaidra gen Himmel. Noch heute ist nicht mit Sicherheit zu sagen, ob Malta damals bereits besiedelt oder eine heilige Opferstätte war. Neben diesen »Dinosauriern der Geschichte« ist die folgende Attraktion Maltas eher profan: Telefonhäuschen und Briefkästen erinnern an die britische Kolonialmacht. Kultur gibt es also genug auf Malta. Strände allerdings nicht so viele und die meisten sind auch noch steinig, dafür aber sehr romantisch und auch in der Hauptsaison nicht überfüllt. Im Nordwesten laden zwei verschlafene Nachbarinseln zu einem Abstecher ein: Comino ist fast unbewohnt und ein richtiges Paradies für Taucher, Gozo hat dagegen einige wunderschöne Badeorte zu bieten.

Die Insel Malta wurde am 21. September 1964 von Großbritannien in die Unabhängigkeit entlassen. Damit ist Malta ein Jungfrau-Kind.

Obwohl Malta eine Insel ist, ist man doch zunächst einmal von den Festungsanlagen, einer Manifestation des Erde-Elements beeindruckt. Aber da Luft, Feuer und Wasser sich den Rest der Elementen-Summe aufteilen, können auch alle anderen Sternzeichen auf Malta prima Ferien machen, viel erleben, Menschen begegnen, und sich gut entspannen. Außerdem bietet Malta eine interessante Küche, zumeist mit den Rohstoffen aus dem Meer. Die vom Erde-Element herrührende Sinneslust kommt also ganz bestimmt nicht zu kurz.

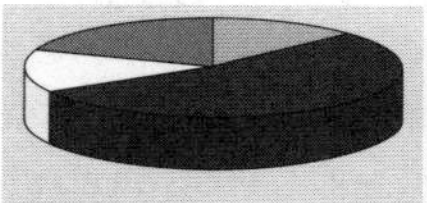

Malta	Widder ♈	Stier ♉	Zwillinge ♊	Krebs ♋	Löwe ♌	Jungfrau ♍	Waage ♎	Skorpion ♏	Schütze ♐	Steinbock ♑	Wassermann ♒	Fische ♓
● Feuer	☾	☆	☆	♡	☾	☾	♡	♡	☾	♡	☆	♡
● Erde	☆	☺	♡	☺	♡	☺	♡	☺	☆	☺	♡	☺
○ Luft	☆	♡	☾	☆	☆	☾	☾	♡	☾	♡	☾	☆
● Wasser	♡	☺	♡	☺	♡	☺	♡	☺	☆	☺	♡	☺

2 ● **Feuer:** Abenteuer, Action, Sport, Vitalität, Inspiration
8 ● **Erde:** Natur, Sinnlichkeit, Genuss, Wachstum
2 ○ **Luft:** Leichtigkeit, Kontakt, Kultur, Erneuerung
3 ● **Wasser:** Geborgenheit, Familie, Fühlen, Ursprung

Zur Bedeutung der Elemente s. S. 43ff., zur Bedeutung von ☺☾☆♡ s. S. 55ff.

♊ Zwillinge-Land **Marokko**

Ein Fest der Sinne

An manchen Orten scheint die Zeit hier still zu stehen, die Bilder von orientalischer Exotik und archaischer Schönheit brennen sich mit gewaltiger visueller Kraft unvergesslich in die Erinnerung ein. Umgeben vom intensiven Blau des Himmels und des Meeres, eingebettet in ockerfarbene Befestigungsmauern zieht die weiße Königsstadt Rabat ihre Besucher genauso schnell in ihren Bann wie die sattgrünen Oasen mit Palmenhainen und der prächtigen Blütenpracht duftender Rosen, oder die sandfarbenen Lehmdörfer an den Hängen des hohen Atlas, rot glühende Dünen in der Morgensonne oder die modernen Städte Tanger, Casablanca, und Marrakesch. Marokko ist eines der wenigen Länder auf Erden, in dem es möglich ist, mit einem Fuß in der biblischen Geschichte und mit dem anderen im 21. Jahrhundert zu stehen. Traditionelle Dschellabas in unglaublich leuchtenden Blau-, Purpur-, Rosa- und Gelbtönen mischen sich unter flotte Anzüge, modische Kleider und Jeans; Eselkarren oder Motorräder, Autos oder Pferde und Kamele gestalten friedlich nebeneinander den Straßenverkehr. Das Wissen und die Fertigkeit alter Kunsthandwerke ging nicht verloren, sondern wird heute noch, durch neues technisches Wissen ergänzt, praktiziert. Dadurch kann Altes fachgerecht erhalten und Neues mit großer Kunstfertigkeit gebaut werden, um sich zu einer Synthese aus den Traditionen einer ruhmreichen Vergangenheit und den modernen Einstellungen einer jungen Nation zu verbinden.

Etwa 2000 v. Chr. wanderten Berber in Nordafrika ein. Vor der Eroberung durch die Römer 40 v. Chr. gehörte ein großer Teil des heutigen Marokkos zum Königreich Mauretanien. Der römischen Herrschaft folgt eine islamische. Am 30. März 1912 wurde Marokko zum französischen Protektorat erklärt. Vollständige Unabhängigkeit erlangte das Land am 28. Mai 1956, einem Zwillinge-Datum, als der französisch-marokkanische Vertrag in Paris unterzeichnet wurde.

Feuer herrscht im Elementen-Bild vor und findet seine Entsprechung zum Beispiel in Marrakesch auf einem Basar oder in den Städten, in denen immer mehr Aussteiger aus aller Herren Länder Häuser kaufen, um hier zu leben. Die anderen Elemente Luft, Wasser und Erde sind ziemlich gleichgewichtig und ausgewogen, ein Hinweis für die Beliebtheit des Landes: In Marokko findet jeder, wovon er träumt.

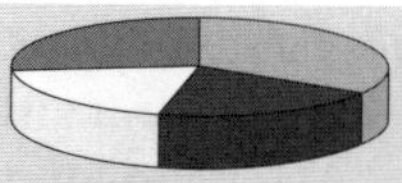

Marokko	♈ Widder	♉ Stier	♊ Zwillinge	♋ Krebs	♌ Löwe	♍ Jungfrau	♎ Waage	♏ Skorpion	♐ Schütze	♑ Steinbock	♒ Wassermann	♓ Fische
Feuer	☺	♡	☺	♡	☺	☾	☺	♡	☺	☆	☺	♡
Erde	☆	☾	♡	☾	☆	☾	♡	☾	☆	☾	☆	☾
Luft	☺	♡	☺	☆	☺	☾	☺	☆	☺	☾	☺	☆
Wasser	♡	☾	☆	☺	♡	☾	♡	☺	☆	☾	♡	☺

5 **Feuer:** Abenteuer, Action, Sport, Vitalität, Inspiration
3 **Erde:** Natur, Sinnlichkeit, Genuss, Wachstum
3 **Luft:** Leichtigkeit, Kontakt, Kultur, Erneuerung
4 **Wasser:** Geborgenheit, Familie, Fühlen, Ursprung

Zur Bedeutung der Elemente s. S. 43ff., zur Bedeutung von ☺☾☆♡ s. S. 55ff.

Fische-Insel **Mauritius**

Das Leben ist fröhlich

In den Weiten des Indischen Ozeans, weit vor Madagaskar gelegen, entwickelte sich auf Mauritius und seiner kleinen Schwester Rodrigues durch die isolierte Lage und das subtropische Klima eine ganz besondere Flora und Fauna. Außer Riesenfledermäusen hatten keine weiteren Säugetiere den Weg auf die Inseln gefunden und so entstand hier ein Vogelparadies ohne natürliche Feinde für die gefiederte Pracht. Als im 17. Jahrhundert die ersten Siedler, die Holländer, kamen, war ein putziger Vogel, der Dodo, so schnell ausgerottet, dass er nicht einmal das Ende des gleichen Jahrhunderts erlebte. Als Wappentier überlebte er sie aber alle: die Portugiesen, Franzosen und Engländer, die das Eiland eroberten und ihre Spuren hinterließen. Heute lebt auf der Insel ein buntes Völkergemisch aus Hindus, Muslimen, Christen und Buddhisten friedvoll zusammen und jeder hat seinem Nachbarn etwas abgeguckt. Muslime feiern Weihnachten, chinesische Kaufleute plaudern mit ihren Kunden kreolisch, die Amtssprache ist Englisch und das Lebensgefühl sehr französisch. Das Paradies im warmen Indischen Ozean, der in allen Blau- und Grüntönen schillert, mit weißen

Traumstränden, Palmen, einer vielfältigen Landschaft und üppiger Vegetation ist kein »Remmidemmi«-Reiseziel. Viele Besucher sind auf beschaulicher Hochzeitsreise oder wollen gediegen und mit kolonialem Flair Land und Leute genießen. Wassersport ist hier das Thema: Katamaran-Segeln, Parasailing, Wasserski. Das Sportangebot, von vielen Hotels kostenlos, kennt keine Grenzen.

Mauritius wurde am 12. März 1968 unabhängig von Großbritannien. Damit ist diese Insel eine Fische-, also eine Wasser-Insel, was insofern zutreffend ist, da dieses astrologische Zeichen etwas Geheimnisvolles beinhaltet: Und genau das begegnet einem auf Mauritius auf Schritt und Tritt. Wer offen ist, fühlt sich hier am Pulsschlag der Schöpfung. Wen, wie die meisten hier, seine Hochzeitsreise auf diese Insel verschlägt, mag sich manchmal vorkommen wie Adam und Eva im Paradies. Obwohl eine Fische-Insel, weist der Elementen-Schlüssel eine starke Feuer-Betonung auf. Das ist ein Hinweis, dass Mauritius auch ein beliebtes und ausgesprochenes Sportlerparadies ist. Erde und Luft sind mit jeweils zwei Punkten vertreten: Die Insel ist ein kleines Paradies und Schlaraffenland zugleich (Erde), zudem regt es jeden an, sich mit anderen Menschen abendelang auszutauschen (Luft).

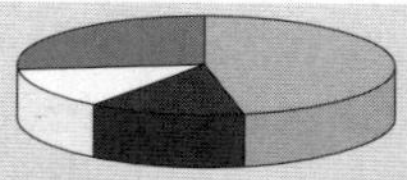

Mauritius	Widder ♈	Stier ♉	Zwillinge ♊	Krebs ♋	Löwe ♌	Jungfrau ♍	Waage ♎	Skorpion ♏	Schütze ♐	Steinbock ♑	Wassermann ♒	Fische ♓
Feuer	☺	♡	☺	♡	☺	☆	☺	☆	☺	☆	☺	☾
Erde	☆	☾	♡	☺	☆	☾	♡	☺	☆	☾	♡	☺
Luft	☾	☆	☾	☆	☾	☆	☾	☆	☾	☆	☾	☆
Wasser	♡	☺	☆	☺	☾	☺	♡	☺	☾	☺	☆	☺

7 **Feuer:** Abenteuer, Action, Sport, Vitalität, Inspiration
2 **Erde:** Natur, Sinnlichkeit, Genuss, Wachstum
2 **Luft:** Leichtigkeit, Kontakt, Kultur, Erneuerung
4 **Wasser:** Geborgenheit, Familie, Fühlen, Ursprung

Zur Bedeutung der Elemente s. S. 43ff., zur Bedeutung von ☺☾☆♡ s. S. 55ff.

Wassermann-Land **Mexiko**

Das Land der tausend Gesichter

Keine andere Nation hat so viele offizielle National- und Kirchenfeiertage und lokale Fiestas. Tänze, Kostüme, Glücksspiele, Tacos, Chili und Tequila gehören ebenso dazu wie prächtige Feuerwerke und Mariachi-Musik, deren mitreißender Rhythmus durch die Mischung aus Walzer, Bolero, Paso Doble und Volksmusik-Elementen einzigartig ist. So zahlreich die Feste, so vielfältig sind auch die Gesichter des lateinamerikanischen Staates: Da ist das historische Mexiko mit seinen jahrtausendealten Tempeln und Pyramiden, die von der Vergangenheit der Mayas, der Azteken oder Tolteken erzählen, das Mexiko der Conquistatores, das mit seinen Schmuckstücken kolonialer Bauten und Städte über die Zerstörung der indigenen Hochkulturen auf der vollen Pracht ihrer Entfaltung nicht hinwegtäuschen soll. Da ist das heutige Mexiko mit seiner postmodernen Architektur und das tropische Mexiko mit luxuriösen Hotels an traumhaft weißen Stränden am karibischen Meer oder am pazifischen Ozean. Playa del Carmen, Cancun, Acapulco: Diese Namen stehen für

Badefreuden und mitreißendes Nachtleben. Doch Mexiko, das ist auch die Stille der kargen Bergwelt der Sierra Madre, das sind Kakteenwüsten und tiefgrüne Palmenwälder vor den abends rosig bemalten Gipfeln der Felsengebirge. Und das ist der Vulkan Popocatépetl, dessen 5452 Meter hohe Spitze meist in Wolken gehüllt ist, und wer sie erblickt, sagt die Legende, hat drei Wünsche frei …!

Das moderne Mexico begann seine Geschichte am 31. Januar 1917, einem Wassermann-Datum.

Wassermann spiegelt das Chaotische, Quirlige, Unbändige und auch Revolutionäre dieses Landes wunderbar wider, beinhaltet aber sicher auch den Auftrag, die extremen Unterschiede zwischen Arm und Reich anzupacken. Der Elementen-Schlüssel zeigt ein starkes Übergewicht von Luft: Mexiko ist vor allem ein offenes, fröhliches, buntes Land. Zwischen hinreißenden Stränden und aufragenden Hotels ist hier Spaß tagsüber und all through the night angesagt. Da des Weiteren der Elementen-Schlüssel drei Wasser- und Erde- und zwei Feuer-Punkte zeigt, kann man durchaus mit der ganzen Familie nach Mexiko reisen. Jeder wird etwas finden, was ihm zu unvergesslichen Ferien verhilft.

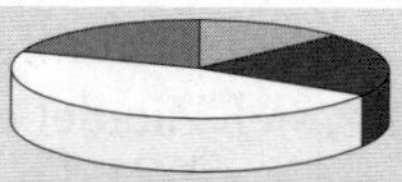

Mexiko	Widder ♈	Stier ♉	Zwillinge ♊	Krebs ♋	Löwe ♌	Jungfrau ♍	Waage ♎	Skorpion ♏	Schütze ♐	Steinbock ♑	Wassermann ♒	Fische ♓
Feuer	☺	☆	☾	♡	☾	☆	☾	♡	☾	☆	☺	☆
Erde	☆	☺	♡	☺	♡	☺	♡	☾	☾	☺	☆	☾
Luft	☺	♡	☺	☆	☺	☆	☺	♡	☺	☆	☺	☆
Wasser	♡	☾	☆	☺	♡	☾	☆	☺	♡	☾	☆	☺

2 **Feuer:** Abenteuer, Action, Sport, Vitalität, Inspiration
3 **Erde:** Natur, Sinnlichkeit, Genuss, Wachstum
7 **Luft:** Leichtigkeit, Kontakt, Kultur, Erneuerung
3 **Wasser:** Geborgenheit, Familie, Fühlen, Ursprung

Zur Bedeutung der Elemente s. S. 43ff., zur Bedeutung von ☺☾☆♡ s. S. 55ff.

Stier-Land **Monaco**

Kostbare Perle über tiefblauem Meer

Das kleine Fürstentum liegt überaus prächtig an der Côte d' Azur eingebettet zwischen Frankreich und Italien. Prähistorische Funde weisen auf eine schon vorsteinzeitliche Besiedelung hin und durch die Jahrtausende ließen sich hier Phönizier, Griechen und Römer nieder. Doch ganz sicher lag nicht für alle der Reiz nur in der Schönheit dieses felsigen Küstenstreifens über tiefblauem Meer, sondern auch an den strategischen Vorteilen.

Diese Vorzüge erkannte wohl auch die Genueser Familie Grimaldi, der es schon im 12. Jahrhundert gelang, sich Zitadelle und Fels zu sichern und die es schaffte, die Autonomie des Fürstentums, außer von 1793 bis 1814, bis heute zu wahren. Ohne Krieg und diplomatische Anstrengung gelang es dem heutigen Regenten Fürst Rainier III. die Fläche seines Zwergenstaates um rund ein Viertel auf nun 195 Hektar zu vergrößern. Dem Meer durch Sandaufspülung abgerungen bedeutet hier jedes neue Stück Land wertvollen Besitz.

Seit 1866 Monte Carlo mit Kasino, Oper und Luxushotel gegründet und schnell zum weltweit bekannten Zentrum für Glücksspieler wurde, hat sich an der Beliebtheit Monacos als internationaler Jetset-Treffpunkt und steuerbegünstigter Wohnsitz nichts geändert. Prächtige Bauten aus der Belle Époque, Luxusgeschäfte, noble Restaurants und ein Kasinobesuch bieten auch »Normalbürgern« einen interessanten Einblick in die Welt der oberen zehntausend.

Der heutige Herrscher Fürst Rainer III. bestieg am 9. Mai 1949, einem eindeutigen Stierdatum, den Thron. Und »stierischer« bzw. »erdiger« könnte denn dieses kleine Land auch gar nicht sein mit seiner Fixierung auf Geld, Reichtum, Wohlstand und Luxus.

Die hohe Luft-Besetzung findet ihren Niederschlag – wiederum ebenso treffend – im »Jetset«-Rummel. Dass der Wasser-Anteil fehlt, ist auch wieder passend für ein Land, in dem die Herrschenden von einem schicksalhaften Drama ins nächste taumeln – aus Unfähigkeit, ihre Konflikte zu lösen. Es mag auch den Wasserzeichen Krebs, Skorpion und Fische einige Zugeständnisse kosten, hier Ferien zu machen. Die drei Punkte Feuer laden jeden Urlauber ein, sich sportlich zu betätigen, wenn auch nicht immer gleich im Formel-1-Stil oder mit gigantischen Motorbooten.

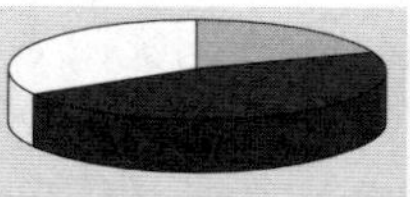

Monaco	♈ Widder	♉ Stier	♊ Zwillinge	♋ Krebs	♌ Löwe	♍ Jungfrau	♎ Waage	♏ Skorpion	♐ Schütze	♑ Steinbock	♒ Wassermann	♓ Fische
Feuer	☾	♡	☾	♡	☺	☆	☾	♡	☾	☾	☾	♡
Erde	☆	☺	♡	☾	☾	☺	♡	☆	♡	☺	☆	♡
Luft	☾	♡	☺	♡	☺	☆	☺	♡	♡	♡	☺	☆
Wasser	–	–	–	–	–	–	–	–	–	–	–	–

3 ● **Feuer:** Abenteuer, Action, Sport, Vitalität, Inspiration
7 ● **Erde:** Natur, Sinnlichkeit, Genuss, Wachstum
5 ○ **Luft:** Leichtigkeit, Kontakt, Kultur, Erneuerung
0 ● **Wasser:** Geborgenheit, Familie, Fühlen, Ursprung

Zur Bedeutung der Elemente s. S. 43ff., zur Bedeutung von ☺☾☆♡ s. S. 55ff.

♈ Widder-Land **Namibia**

Tierparadies und Steinzeitmenschen

»Der Ort, an dem nichts ist« – so nennen die Namas ihr Land. »Nichts«, das bedeutet in diesem Fall karge, lebensfeindliche Natur, oft aber auch von unwirklicher, bizarrer Schönheit. Die Großlandschaften Namibias sind die Wüste Namib, die Bergländer, das östliche Hochland, die Kalahari und die Etosha Pfanne. Endlos erscheint die Senke, die weite Strecken von glitzernden Salzkristallen bedeckt ist. Schon 1907 wurde das Tierschutzreservat gegründet, das heute Heimat für 114 Säugetierarten, darunter etwa 1500 Elefanten, 300 Löwen und unzählige Springböcke, Gnus und Zebras ist. Die beiden Totenköpfe am Parktor zum Skelton Coast Park sind eines der berühmtesten Fotomotive in Namibia. Hinter diesem Tor liegt eine der einsamsten, gefährlichsten, wildesten und zugleich faszinierendsten Regionen der Welt. Unzählige Wracks gestrandeter Schiffe und in der sengenden Sonne bleichende Skelette gaben diesem Küstenstreifen seinen Namen. Menschen gibt es nicht viele in Namibia. Die Ovambos, sesshafte Ackerbauern, sind mit ca. 700 000 die größte ethnische Gruppe von insgesamt 1,7 Millionen Einwohnern. Herero und Nama ziehen als

Viehhirten durch die endlose Weite, und die Himbas werden heute noch als Steinzeitmenschen bezeichnet, so wenig hat sich ihre Lebensform verändert. Und dann sind hier natürlich noch etwa 30000 Deutschstämmige, die als Farmer nach Deutsch-Südwest kamen und immer noch ihre Heimattradition pflegen. Deutsche Gemütlichkeit mit Bier und Sahnetorte und Jugendstilbauten strahlen vor allem die beiden Städte Lüderitz und Windhuk aus.

Am 21. März 1990, nachdem Südafrika seine Truppen aus dem Land abgezogen hatte, wurde Namibia endgültig unabhängig. Der Elementen-Schlüssel ist sehr ausgewogen: Feuer, Erde, Wasser und Luft sind fast im Gleichgewicht. Das bedeutet, dass jedes Tierkreiszeichen im Widder-Land Namibia auf seine Kosten kommt: Wer Abenteuer (Feuer) sucht, findet tausend Möglichkeiten, seinen Mut auf die Probe zu stellen. Allein die Vorstellung, wer an dieser Küste alles gestrandet ist, weckt den Helden in uns. Der große Erde-Anteil kann auch als Ausdruck dafür genommen werden, dass »deutsche Gründlichkeit«, Sicherheit und Zuverlässigkeit erwartet werden können. Das Wasser wiederum lässt darauf schließen, dass dieses Land der Seele richtig gut tut. Und die Luft-Betonung weist darauf hin, dass man leicht Anschluss findet.

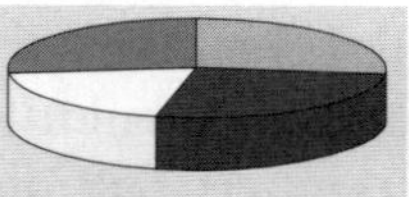

Namibia	♈ Widder	♉ Stier	♊ Zwillinge	♋ Krebs	♌ Löwe	♍ Jungfrau	♎ Waage	♏ Skorpion	♐ Schütze	♑ Steinbock	♒ Wassermann	♓ Fische
Feuer	☺	☆	☾	♡	☺	♡	☾	♡	☺	☆	☾	♡
Erde	☾	☺	♡	☾	☾	☺	☆	☾	☾	☺	☆	☾
Luft	☾	♡	☺	♡	☾	♡	☺	♡	☾	♡	☺	☆
Wasser	♡	☾	☆	☺	♡	☾	♡	☺	♡	☾	☆	☺

4 ● **Feuer:** Abenteuer, Action, Sport, Vitalität, Inspiration
4 ● **Erde:** Natur, Sinnlichkeit, Genuss, Wachstum
3 ○ **Luft:** Leichtigkeit, Kontakt, Kultur, Erneuerung
3 ● **Wasser:** Geborgenheit, Familie, Fühlen, Ursprung

Zur Bedeutung der Elemente s. S. 43ff., zur Bedeutung von ☺☾☆♡ s. S. 55ff.

Waage-Land **Neuseeland**

Gottes auserwähltes Land

Es scheint wirklich, als hätte sich der Schöpfer besondere Mühe gegeben mit den malerischen Gebirgen, den endlosen Stränden, grünen Hügellandschaften und urzeitlichen Dschungelgebieten. Das Northland nicht weit von Auckland war früher dicht besiedeltes Maori-Land. Lebensgefährlich war es hier für die ersten weißen Siedler, denn die kriegerischen Maori-Stämme waren gefürchtete Kannibalen und lehnten sich gegen die europäischen Eindringlinge auf. Heute werden die Besucher des nachgebauten Maori-Museums-Dorfes freundlich empfangen und sind fasziniert von den interessanten Einblicken in das Leben der Ureinwohner. Endlose Weite mit Tussockgras vor der beeindruckenden Kulisse mächtiger Vulkane – so präsentiert sich die Landschaft im Tongariro Nationalpark im Inneren der Insel. In diesem gefährlichsten Vulkangebiet der Erde brodelt der Untergrund unentwegt, und mächtige Dampf-, Asche- und Schneewolken schießen in den Himmel – ein beeindruckendes Naturschauspiel, das an die Schöpfungsgeschichte denken lässt.

Der üppig wuchernde Dschungel, der vor 200 Jahren weite Teile Neuseelands bedeckte, ist bei einer Wanderung durch den Waipoua Forest heute noch zu erahnen. Vor allem der Anblick der 1200 Jahre alten Tane Mahuta, der ältesten Kauri-Fichte, lässt einen vor Ehrfurcht verstummen. Angst braucht man bei der Dschungelwanderung nicht haben, denn in »Gottes auserwähltem Land« gibt es keine Schlangen oder andere gefährliche Tiere.

Neuseelands Existenz als unabhängige Nation im Commonwealth begann am 26. September 1907, einem Waage-Datum. Waage ist ein anderes Wort für Schönheit und Geschmack, und Neuseeland ist tatsächlich so schön, so malerisch und idyllisch, als wäre es von Künstlerhand erschaffen. Das Elementen-Horoskop zeigt einen hohen Luft-Anteil. Aber genauso stark ist das Element Erde vertreten, zum einen ein Hinweis für die gewaltigen Naturschauspiele, die den Reisenden auf dieser Insel erwarten, zum anderen kann man davon ausgehen, dass man sich hier sicher fühlt und gut lebt. Das Feuer ist lediglich mit einem Punkt vertreten: Vom Kannibalismus also keine Spur …! Abenteuer und Gefahren sind hier sogar eher Mangelware. Wasser ist stark, ein Hinweis dafür, dass man sich auf dieser Insel schnell wie zu Hause fühlt. Alles in allem ist Neuseeland eine Reiseregion, in der man auch mit der ganzen Familie gut Urlaub machen kann.

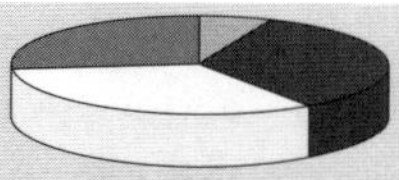

Neuseeland	Widder ♈	Stier ♉	Zwillinge ♊	Krebs ♋	Löwe ♌	Jungfrau ♍	Waage ♎	Skorpion ♏	Schütze ♐	Steinbock ♑	Wassermann ♒	Fische ♓
Feuer	☾	☆	☾	☆	☾	☆	☾	☆	☾	☆	☾	☆
Erde	☆	☺	♡	☺	☆	☺	♡	☺	☾	☺	♡	☺
Luft	☺	♡	☺	☆	☺	☆	☺	♡	☺	☆	☺	☆
Wasser	♡	♡	☆	☾	♡	☆	♡	☾	☆	☆	♡	☾

1 **Feuer:** Abenteuer, Action, Sport, Vitalität, Inspiration
5 **Erde:** Natur, Sinnlichkeit, Genuss, Wachstum
5 **Luft:** Leichtigkeit, Kontakt, Kultur, Erneuerung
4 **Wasser:** Geborgenheit, Familie, Fühlen, Ursprung

Zur Bedeutung der Elemente s. S. 43ff., zur Bedeutung von ☺☾☆♡ s. S. 55ff.

Löwe-Land **Niederlande**

Klein, aber oho

Wo kann man schon am Mittwoch sehen, wer Sonntag zu Besuch kommt? In den Niederlanden – weil es so flach ist und so ziemlich ohne jede natürliche Erhebung. Aber das bedeutet keineswegs, dass die Niederlande, die zu großen Teilen unter dem Meeresspiegel der Nordsee liegen, langweilig sind. Sie sind von Wind und Wasser geprägt. Wer je eine ihrer wunderschönen Westfriesischen Inseln bei Windstärke 8 erlebt hat, wird wohl immer wieder von der Sehnsucht nach diesem Naturerlebnis gepackt werden. Wer an holländischen Grachten gebummelt und vorbei an roter Backstein-Architektur flaniert ist, der weiß, Venedig ist nicht alles. Und kein Hummer kann es mit dem ersten Matjes aufnehmen, der nirgendwo auf der Welt so mild und zart ist wie in Holland. Wen aber Kunst und Kultur locken, der findet in diesem Land einige der besten Museen der Welt, denn nicht nur Rembrandt, Rubens oder van Gogh wirkten hier, sondern auch außergewöhnliches Tanztheater, um nur zwei Highlights zu nennen. Klein, aber oho – das sind die Niederlande.

Die Astrologie betrachtet traditionell den 26. Juli 1581 – den Tag der Unabhängigkeitserklärung – als Gründungsdatum Hollands. Es ist ein Löwe-Datum. Und zumindest die Geschichte dieses Landes ist absolut löwenhaft. War dieses kleine Land nicht in der ganzen Welt bekannt? Gehörten die Holländer über Jahrhunderte hinweg nicht zu den stärksten und mutigsten Seeleuten?

Heute ist der starke Feuer-Anteil im Elementen-Horoskop eine Erinnerung an die stolze Vergangenheit und die enorme Sportbegeisterung des Landes (wegen ihrer flachen Landschaft sind die Niederlande zum Beispiel ein Paradies für Radfahrer geworden). Die vier Punkte Erde verraten Gemütlichkeit, gutes Essen, Lust und Sinnlichkeit. Die Luft wiederum ist ein Zeichen dafür, dass man in Holland überall Freunde finden kann. Die zwei Wasser-Punkte versprechen Positives fürs Gemüt. Alles zusammen macht aus Holland ein wunderbares Reiseland für die ganze Familie.

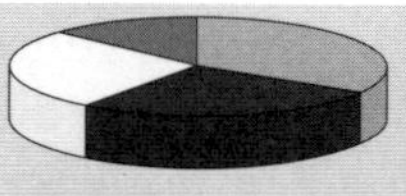

Niederlande	♈ Widder	♉ Stier	♊ Zwillinge	♋ Krebs	♌ Löwe	♍ Jungfrau	♎ Waage	♏ Skorpion	♐ Schütze	♑ Steinbock	♒ Wassermann	♓ Fische
Feuer	☺	♡	☺	♡	☺	☆	☺	♡	☺	☆	☺	☆
Erde	☆	☺	♡	☺	☆	☺	☆	☺	♡	☺	☆	☺
Luft	☺	♡	☺	☆	☺	☆	☺	☆	☺	☆	☺	☆
Wasser	♡	☾	♡	☺	♡	☾	♡	☺	♡	☾	♡	☺

5 **Feuer:** Abenteuer, Action, Sport, Vitalität, Inspiration
4 **Erde:** Natur, Sinnlichkeit, Genuss, Wachstum
4 **Luft:** Leichtigkeit, Kontakt, Kultur, Erneuerung
2 **Wasser:** Geborgenheit, Familie, Fühlen, Ursprung

Zur Bedeutung der Elemente s. S. 43ff., zur Bedeutung von ☺☾☆♡ s. S. 55ff.

♊ Zwillinge-Land **Norwegen**

Magie des Nordens

Wie eine schwarze Wand ragt der riesige Körper des Pottwales einen kurzen Augenblick aus dem Wasser – zum Luftholen vor dem Abtauchen. Da der Kontinentalsockel hier bis in 1500 Meter Tiefe steil abfällt, kommen Schwert-, Schweins-, Pott- und Zwergwale zur Nahrungsaufnahme bis vor die Vesteråleninsel Andøya. Start zu den Walfang-Safaris, die von einstigen Walfängern und Meeresbiologen nicht nur zu touristischen Zwecken durchgeführt werden, ist das Walfangzentrum Andenes. Oft werden die Boote auch von übermütig springenden Delphinen begleitet. Wer Tiere, Natur und Abenteuer liebt, für den ist Norwegen ein Paradies.

Das schmale lang gezogene Land erstreckt sich über 14 Breitengrade, und durch die Nord-Süd-Ausrichtung und den Golfstrom als »Warmwasserheizung« sind die Klimaunterschiede enorm und die Vielfalt an Flora und Fauna groß. Elche, Rentiere, Braunbären, Luchse, Wölfe, Moschusochsen und eine Vielzahl von Kleinsäugetieren und Vögel lassen das Herz eines jeden Naturfreundes höher schlagen.

Die Begriffe »Norwegen« und »Fjord« gehören zusammen. Auf etwa 20 000 Kilometer Länge wird die Küste des nordischen Königreichs als Folge der tief ins Land einschneidenden Wasseradern geschätzt. 25 000 Inseln bilden den »Schärengarten« vor der Küste. Grün bewaldete Berghänge, schroffe Felswände, schneebedeckte Gipfel und tiefblaues Wasser werden zu einer besonderen Farbsinfonie, die sich mit dem Schiff am besten entdecken lässt. Und eine Fahrt bis zum Nordkap bei Mitternachtssonne ist ein wunderschöner Traum.

Norwegens moderne Geschichte begann am 7. Juni 1905, als es seine Unabhängigkeit von Schweden erlangte. Es war ein Zwillinge-Datum, ein Datum, das man eigentlich von einem nordischen Land nicht erwarten würde. Aber Norwegens Elementen-Schlüssel weist tatsächlich viel Erde (tolle Landschaft, gute Küche), Wasser (Romantik und Entspannung) und Feuer (Abenteuer und Sport) auf. Vielleicht sind die Bewohner gar nicht so verschlossen wie man denkt? Und vielleicht findet man in diesem Land schneller Anschluss oder schließt eine Ferienbekanntschaft als anderswo? Wer jedenfalls Norwegen als furchtbar einsam einschätzt, der irrt. Und noch etwas: Norwegen gehört zu den Ländern mit den meisten Sonnen in der Tabelle, was bedeutet, dass sich dort alle Sternzeichen wohl fühlen.

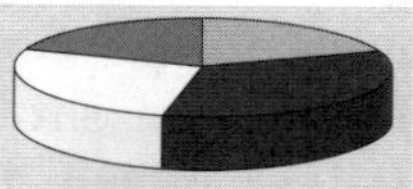

Norwegen	♈ Widder	♉ Stier	♊ Zwillinge	♋ Krebs	♌ Löwe	♍ Jungfrau	♎ Waage	♏ Skorpion	♐ Schütze	♑ Steinbock	♒ Wassermann	♓ Fische
Feuer	☺	♡	☺	♡	☺	☆	☺	☆	☺	♡	☺	☆
Erde	♡	☺	☆	☺	☆	☺	♡	☺	☾	☺	☆	☺
Luft	☺	☆	☺	☆	☺	☆	☺	☆	☺	♡	☺	☆
Wasser	☆	☺	♡	☺	♡	☺	♡	☺	☾	☺	☆	☺

3 **Feuer:** Abenteuer, Action, Sport, Vitalität, Inspiration
5 **Erde:** Natur, Sinnlichkeit, Genuss, Wachstum
4 **Luft:** Leichtigkeit, Kontakt, Kultur, Erneuerung
3 **Wasser:** Geborgenheit, Familie, Fühlen, Ursprung

Zur Bedeutung der Elemente s. S. 43ff., zur Bedeutung von ☺☾☆♡ s. S. 55ff.

♏ Skorpion-Land **Österreich**

Urlaub bei Verwandten

Ein Urlaub in Österreich ist eigentlich, erst recht seit die Grenzschranken gefallen sind, wie ein Urlaub zu Hause; und doch wieder ganz anders. Die Berge sind höher, die Mehlspeisen üppiger, die Hütten uriger und das Bedienungspersonal meist charmanter. Hervorragende Wintersportmöglichkeiten, malerische Landschaften und schmucke Dörfer machen Tirol zur Fremdenverkehrsregion Nummer Eins. Gleichzeitig ist Tirol auch das am dünnsten besiedelte Bundesland, und es gibt immer noch stille Winkel, in die sich kein Reisebus verirrt. Österreich ist vor allem durch zweierlei bekannt und berühmt: Da ist die Stadt Salzburg, die Heimatstadt Mozarts, die ihre Liebe zur Kunst jedes Jahr durch die Salzburger Festspiele demonstriert, und der Großglockner, einer der wohl imposantesten Alpengipfel. Die Fahrt im Sommer auf der Großglockner-Hochalpenstraße ist ein atemberaubendes Fahrerlebnis. Auf seiner Rückseite liegt Kärnten mit seinen zahlreichen Seen. Zweihundert sind es und der bekannteste, der Wörthersee, ist bei den

Reichen und den Schönen genauso beliebt wie bei Familien mit Kindern. Das östlichste Bundesland und die am wenigsten typische österreichische Region ist das Burgenland, denn es gehörte bis 1921 zu Ungarn. Diese Tatsache und das warme Klima haben den Lebensstil dort geprägt. Aprikosen, Feigen und Mandeln und ein Drittel des gesamten österreichischen Weines wachsen hier.

Am 11. November 1918, einem Skorpion-Datum, begann die Geschichte Österreichs als demokratische Republik.

Österreich ist ein Land für die ganze Familie. Das sieht man schon am Elementen-Schlüssel, der relativ ausgeglichen ist. Wasser überwiegt und deutet an, wie gut man in diesem Land entspannen kann und wie schnell man sich hier zu Hause fühlt. Die vier Luft-Punkte sind ein astrologischer Ausdruck österreichischer Gastfreundlichkeit zwischen »Schmäh und Charme« und der einmaligen Kaffeehauskultur, diesem wunderbaren Gefühl »net z'Haus und do net an der frischen Luft« zu sein. Feuer lässt auf Abenteuer und sportive Möglichkeiten (Skifahren im Winter, Wandern im Sommer) schließen, und die drei Erde-Punkte stehen für die Natur, Zwetschgendatschi und Kaiserschmarrn.

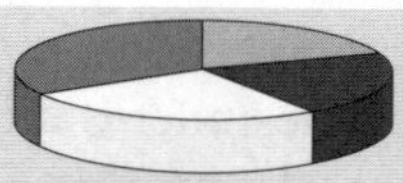

Österreich	Widder ♈	Stier ♉	Zwillinge ♊	Krebs ♋	Löwe ♌	Jungfrau ♍	Waage ♎	Skorpion ♏	Schütze ♐	Steinbock ♑	Wassermann ♒	Fische ♓
Feuer	☺	☆	☾	♡	☺	☆	☾	♡	☺	☆	☺	☆
Erde	☆	☺	♡	☺	♡	☺	☾	☺	☾	☺	♡	☺
Luft	☾	♡	☺	☆	☺	☆	☺	♡	☺	☆	☺	☆
Wasser	♡	☺	☆	☺	♡	☺	☾	☺	☆	☺	☆	☺

3 **Feuer:** Abenteuer, Action, Sport, Vitalität, Inspiration
3 **Erde:** Natur, Sinnlichkeit, Genuss, Wachstum
4 **Luft:** Leichtigkeit, Kontakt, Kultur, Erneuerung
5 **Wasser:** Geborgenheit, Familie, Fühlen, Ursprung

Zur Bedeutung der Elemente s. S. 43ff., zur Bedeutung von ☺☾☆♡ s. S. 55ff.

♌ Löwe-Land **Oman**

Weihrauch, Wüste und Metropole

Weihrauch war es, was im Altertum das Geld brachte, heute ist es das »Schwarze Gold«, das Erdöl, und ein behutsamer Tourismus. Sultan Quabus Bin Said verstand es, sein Land in den 30 Jahren seiner Regierungszeit zu einem expandierenden Staat mit wirtschaftlichem Aufschwung, einer modernen Infrastruktur und ohne Bausünden zu gestalten. Das Weihrauchland schaffte den Sprung vom Mittelalter ins Dritte Jahrtausend ohne seine Ursprünglichkeit zu verlieren, es ist immer noch ein orientalisches Märchenland. Eine Reise ins Landesinnere, mit dem Jeep oder weit faszinierender mit dem Kamel, entführt in eine andere Zeit. Hoch bepackt ziehen Kamelkarawanen durch goldgelbe Dünen, vorbei an Palmenoasen und gewaltigen Gebirgen. Wasserpfeife rauchende Männer sitzen auf bunten Teppichen vor Stoffzelten, und schwarz gekleidete Frauen huschen durch die Gassen der lehmfarbenen Dörfer. Zurück in der Zivilisation, in der modernen Metropole Muskat, das Kontrastprogramm mit luxuriösen Hotelpalästen und Villen, vierspurigen, von Blumenrabatten eingerahmten Autobahnen und die weiten weißen Strände des Golfs von Oman. Doch so modern und prächtig die Hauptstadt und die anderen Städte des Sultanats auch wirken, die Menschen halten stark an den alten Sitten und Gebräuchen fest.

Dieses Sultanat im Süden der arabischen Halbinsel ist seit dem 19. Jahrhundert durch Verträge eng an Großbritannien gebunden, auch wenn es nie als Teil des britischen Empire betrachtet wurde. Bis 1970 wurde das Land von Said Ibn Taimor regiert, der sich gegen alle modernen Einflüsse sperrte und die mittelalterliche Prägung des Landes aufrechterhielt, wozu auch Sklaverei gehörte. Der Staatsstreich am 23. Juli 1970 wurde vom Sohn des Herrschers angeführt und von den Briten unterstützt. Die moderne Geburt ist also ein eindeutiges Löwe-Datum. Das Elemente-Horoskop weist auch überwiegend viel Feuer auf. Insofern ist dieses Land ein echtes Abenteuer. Wer etwas erleben will, wer unbekannte Wege zurücklegen möchte, wer sich ein bisschen fühlen will wie Lawrence von Arabien, der sollte in den Oman reisen. Aber auch das Erde-Element ist gut vertreten, was bedeutet, dass man auch Vertrautes findet, und vor allem, dass die Sinnlichkeit nicht zu kurz kommt. Wasser und Luft sind mit jeweils zwei Punkten immerhin noch so stark, dass auch die Wasserzeichen (Krebs, Skorpion, Fische) und die Luftzeichen (Zwillinge, Waage und Wassermann) ihr Urlaubsglück finden.

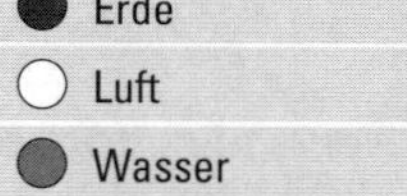

Oman	Widder ♈	Stier ♉	Zwillinge ♊	Krebs ♋	Löwe ♌	Jungfrau ♍	Waage ♎	Skorpion ♏	Schütze ♐	Steinbock ♑	Wassermann ♒	Fische ♓
Feuer	☺	☆	☾	♡	☺	☆	☾	☾	☺	♡	☾	♡
Erde	☆	☺	♡	☾	♡	☺	♡	♡	☾	☺	☆	☾
Luft	☾	♡	☾	♡	☾	☆	☾	☾	☾	♡	☾	☆
Wasser	♡	☾	♡	☾	☆	☾	♡	☾	☾	☾	☆	☾

7 **Feuer:** Abenteuer, Action, Sport, Vitalität, Inspiration
4 **Erde:** Natur, Sinnlichkeit, Genuss, Wachstum
2 **Luft:** Leichtigkeit, Kontakt, Kultur, Erneuerung
2 **Wasser:** Geborgenheit, Familie, Fühlen, Ursprung

Zur Bedeutung der Elemente s. S. 43ff., zur Bedeutung von ☺☾☆♡ s. S. 55ff.

Schütze-Land **Peru**

Magische Reise durch die Zeit

Abenteuer und Entdeckungen der besonderen Art lassen eine Reise durch Peru zum faszinierenden Erlebnis werden. Ausgangspunkt ist Arequipa, die »weiße Stadt«. Bauten aus weißem Tuffstein prägen das Bild der 1540 von den spanischen Kolonialherren am Fuß dreier Vulkane gegründeten Stadt. Ein Besuch bei den Uro-Nachfahren am Titicacasee, dem höchstgelegenen schiffbaren See der Erde, gehört zu den unvergesslichen Höhepunkten der Reise durch dieses Andenhochland. Mit Binsenbooten erreicht man die etwa 100 schwimmenden Inseln aus fest verschnürten Schilfbündeln, die wohl berühmteste Touristenattraktion auf dem See, mit deren Hilfe die Uros einst der Unterwerfung durch die Eroberer entgingen.

Der »El Inti«, der »Sonnenzug«, bringt die Reisenden vorbei an den schneebedeckten Fünftausendern der Ost-Cordillere und der scheinbar menschenleeren Dörfer von Puno nach Cusco, der Hauptstadt des Inka-Reichs und schönsten Stadt Perus mit ihren farbigen Märkten und Bauten, die von einer großen

Vergangenheit zeugen. Eine beschauliche viertägige Bergwanderung führt über 56 Kilometer nach Machu Picchu, der verlorenen Stadt.

Die moderne Geschichte Perus begann mit einer Schlacht und einem Sieg: Am 9. Dezember 1824, einem Schütze-Datum, schlug der venezuelanische General Antonio José de Sureré die spanische Armee. Das war der Anfang von Perus Unabhängigkeit. Den Krieg als »Taufpaten« mag man in dem hohen Feuer-Anteil des Elementen-Schlüssels wiedererkennen. Dem Urlauber heute begegnet dieses Feuer (in Mischung mit sechs Punkten Erde) allerdings anders, nämlich als die Chance auf einmalige Abenteuer, insbesondere, wenn man versucht, das Geheimnis von Machu Picchu zu lüften. Allein der viertägige Trip dorthin ist einfach irre. Den beiden Wasser-Punkten begegnet man dann wiederum in der magischen Geisterstadt Machu Picchu, wo jeder eine faszinierende Reise durch die Zeit beginnt: Wann wurde sie erbaut? Von wem? War es eine Stadt der Magier oder eine Fluchtburg der Sonnenjungfrauen? Der Luftanteil von einem Punkt reicht aus, um das Land auch den Luftzeichen Zwillinge, Waage und Wassermann schmackhaft zu machen.

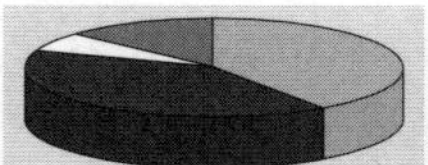

Peru	♈ Widder	♉ Stier	♊ Zwillinge	♋ Krebs	♌ Löwe	♍ Jungfrau	♎ Waage	♏ Skorpion	♐ Schütze	♑ Steinbock	♒ Wassermann	♓ Fische
Feuer	☺	♡	☺	♡	☺	☆	☺	♡	☺	☆	☺	♡
Erde	☾	☺	♡	☺	☾	☺	♡	☺	☾	☺	♡	♡
Luft	☆	☆	☆	☆	☆	☆	☾	☆	☾	☆	☾	☆
Wasser	☆	☆	♡	☾	♡	☆	♡	☾	♡	♡	☆	☾

6 **Feuer:** Abenteuer, Action, Sport, Vitalität, Inspiration
6 **Erde:** Natur, Sinnlichkeit, Genuss, Wachstum
1 **Luft:** Leichtigkeit, Kontakt, Kultur, Erneuerung
2 **Wasser:** Geborgenheit, Familie, Fühlen, Ursprung

Zur Bedeutung der Elemente s. S. 43ff., zur Bedeutung von ☺☾☆♡ s. S. 55ff.

♍ Jungfrau-Land **Polen**

Kultur und Natur im Herzen unseres Kontinents

Seine Musik lieben Millionen, die Musik des Polen Frédéric Chopin. Er ist nur einer der Künstler und Wissenschaftler aus unserem Nachbarland, die großen Anteil an der europäischen Kultur haben. Auf den Spuren dieser Größen und der ereignisreichen Geschichte zu wandeln, ist ein Grund, das Land im Herzen unseres Kontinents zu besuchen. Der breite Zugang zur Ostsee sowie die Schnittpunkte wichtiger Transitstrecken waren und sind noch heute hervorragende Voraussetzungen für die Entwicklung von Handel und Wirtschaft. So entstanden reiche Hafenstädte, wie etwa Danzig mit seinen prachtvollen Patrizierhäusern, imposante Klosteranlagen, prunkvolle Schlösser und Burgen oder etwa die Renaissance-Königsstadt Krakau. Eine gut ausgebaute touristische Infrastruktur mit Straßen, Schienen, Schifffahrts- und Wanderwegen, Rad- und Reitwegen macht es leicht, Polen auf unterschiedlichste Weise zu erfahren. Dazu trägt auch ein facettenreiches Angebot von Übernachtungsmöglichkeiten bei. Im Luxushotel mit Wellnessangebot und Gourmetküche bis zum Campingplatz an den zahlreichen Seen in unberührter Natur, oder von Schloss zu Schloss unter dem Motto »Schlafen wie die Grafen« findet jeder den geeigneten Platz. Ein besonderes Abenteuer ist ein Ritt durch Polens »Wilden Osten«, dem Bieszczady Nationalpark. Wie bei den Cowboys geht es mehrere Tage über Wiesen und mit Laubwäldern bedeckte Bergkuppen – Wolfsgeheul bisweilen eingeschlossen.

Nach 1918 und 1945 erfolgte am 24. August 1989 die dritte Taufe Polens im 20. Jahrhundert. Damit ist das moderne Polen ein Jungfrau-Land, was eine gute astrologische Basis für einen politischen Weg hin zu mehr Selbständigkeit und Autonomie darstellt. Denn das Vermächtnis der Jungfrau-Energie ist es, sich mit Hilfe von Klugheit einen eigenen Weg zu ermöglichen. Neben dem als Folge der Jungfrau-Energie betonten Erde-Element sind auch Wasser und Luft relativ stark, wohingegen Feuer gänzlich fehlt. Erde bedeutet, dass der Reisende in Polen Erholung, Genuss und Sinnlichkeit findet. Wasser und Luft versprechen kulturelle und soziale Erlebnisse. Das fehlende Feuer-Element ist ein Hinweis darauf, dass man in diesem Land nicht allzu viel Action erwarten darf, und dass die Feuerzeichen Widder, Löwe und Schütze vielleicht besser nicht allein, sondern in Begleitung eines Luft-, Wasser- oder Erdzeichens dort ihren Urlaub verbringen sollten.

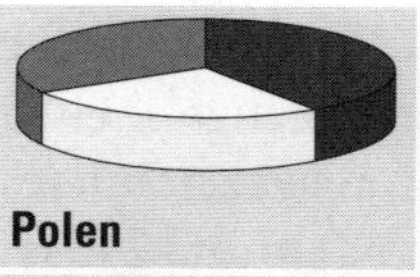

Polen	♈ Widder	♉ Stier	♊ Zwillinge	♋ Krebs	♌ Löwe	♍ Jungfrau	♎ Waage	♏ Skorpion	♐ Schütze	♑ Steinbock	♒ Wassermann	♓ Fische
Feuer	–	–	–	–	–	–	–	–	–	–	–	–
Erde	♡	☺	♡	☺	☆	☺	♡	☺	☆	☺	☆	☺
Luft	☾	♡	☺	☆	☾	☆	☺	☆	☾	☆	☺	♡
Wasser	♡	☺	♡	☺	♡	☺	♡	☺	♡	☺	☆	☺

0 ● **Feuer:** Abenteuer, Action, Sport, Vitalität, Inspiration
6 ● **Erde:** Natur, Sinnlichkeit, Genuss, Wachstum
4 ○ **Luft:** Leichtigkeit, Kontakt, Kultur, Erneuerung
5 ● **Wasser:** Geborgenheit, Familie, Fühlen, Ursprung

Zur Bedeutung der Elemente s. S. 43ff., zur Bedeutung von ☺☾☆♡ s. S. 55ff.

♉ Stier-Land **Portugal**

Reizvolle Erde im Westen Europas

Wehmütige Klänge, die von Schicksal, Liebe und Sehnsucht erzählen, schweben durch den dämmrigen Raum – der Fado. Geboren in den Hafenspelunken Lissabons wird er heute zwar oft als touristische Attraktion gepflegt, doch der weltentrückte, ekstatische Ausdruck und der »Genuss, traurig zu sein« kommt bei den »fadistas« immer noch aus dem Herzen. Und bei einem Glas Portwein spürt auch der Fremde diese melancholische Sehnsucht. Der Port wächst im grünen Norden Portugals. Gott meinte es gut mit diesem Land und gab ihm ausgezeichnetes Klima, fruchtbare Böden, herrlich grüne Berg-, Tal- und Flusslandschaften und eine grüne Küste. Wen wundert es, dass hier die Wiege Portugals stand. Hier gibt es die meisten Adelssitze und Kirchen, die lebendigsten Traditionen, die prachtvollsten Feste und die »Barockstadt« Porto. Die bekannteste Art, in Portugal Urlaub zu machen, ist sicher immer noch Badeurlaub an der Algarve-Küste, doch es lohnt sich ebenso, einmal das Badetuch im Koffer zu lassen und eben jenen grünen Norden mit dem einzigen Nationalpark des Landes, einem Wanderparadies, zu entdecken. Und wer die bäuerlich geprägten weiten Ebenen des Alentejo kennen lernt, der wird dem Reiz der sanften Hügel mit Weizenfeldern, Olivenhainen und Korkeichen verfallen. Belohnt wird er für seinen Entdeckergeist nicht nur mit ungeahnten Höhepunkten fürs Auge, sondern auch mit leckeren Köstlichkeiten für den Magen. Denn die zahlreichen Gewürze, die die portugiesischen Weltentdecker von ihren Seefahrten mitgebracht haben, sorgen für eine exotische Note

Das heutige demokratische Regime kam durch einen unblutigen Militärputsch, die Nelkenrevolution am 25. April 1974, einem eindeutigen Stier-Datum, an die Macht. Dieses Datum bringt Portugal drei Erde-Punkte und damit die Garantie für sinnliche und lustvolle Ferien. Dennoch ist Portugal, wie die Grafik verrät, nicht nur Erde-betont. Am stärksten ist Wasser, gefolgt von Luft, erst dann kommt Erde. Und tatsächlich überwiegt in Portugal das »Wässrige«, Gefühlhafte, das, was nach innen wirkt. Aber auch die Luft findet ihren Ausdruck u.a. in der Gastfreundlichkeit und Offenheit der portugiesischen Bevölkerung. Die zwei Feuer-Punkte wiederum sorgen dafür, dass Ferien in Portugal nicht langweilig werden. Vielleicht kann man sagen, dass Portugal seine Beliebtheit gerade seiner Vielseitigkeit verdankt.

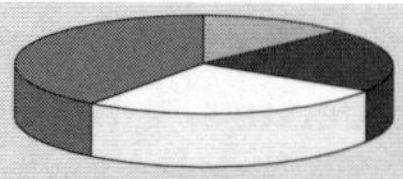

Portugal	♈ Widder	♉ Stier	♊ Zwillinge	♋ Krebs	♌ Löwe	♍ Jungfrau	♎ Waage	♏ Skorpion	♐ Schütze	♑ Steinbock	♒ Wassermann	♓ Fische
Feuer	☾	☆	☾	♡	☺	☆	☾	♡	☺	♡	☾	☆
Erde	☆	☺	♡	☺	☆	☺	♡	☺	☆	☺	☆	☺
Luft	☺	♡	☺	☆	☺	☆	☺	☆	☺	☆	☺	♡
Wasser	♡	☺	♡	☺	♡	☺	☆	☺	☾	☺	♡	☺

2 **Feuer:** Abenteuer, Action, Sport, Vitalität, Inspiration
3 **Erde:** Natur, Sinnlichkeit, Genuss, Wachstum
4 **Luft:** Leichtigkeit, Kontakt, Kultur, Erneuerung
6 **Wasser:** Geborgenheit, Familie, Fühlen, Ursprung

Zur Bedeutung der Elemente s. S. 43ff., zur Bedeutung von ☺☾☆♡ s. S. 55ff.

♏ Skorpion-Land **Russland**

Weites Land mit Seele

Räder rattern im gleichmäßigen Tempo Stunde um Stunde, Landschaften ziehen vorbei: die Weiten der Taiga mit silbrig glänzenden Birkenwäldern, der Baikalsee so groß wie ein Meer, und dann schließlich das sibirische Bergland. 9700 Kilometer misst das Zuggleis zwischen Moskau und Wladiwostok – es ist die längste Eisenbahnstrecke der Welt. Acht Tage und sieben Nächte braucht die Transsibirische Eisenbahn für ihre Fahrt quer durch das riesige Russland. Je nach Geldbeutel oder Abenteuerlust gibt es ganz verschiedene Möglichkeiten, diese Reise, die bereits Kultstatus hat, zu unternehmen: im komfortablen Sonderzug »Zarengold«, im luxuriösen Nostalgie-Orient-Express oder im ganz normalen Zug, der die beste Art ist, nicht nur Landschaften zu genießen, sondern mit dem Land und seinen Menschen in Berührung zu kommen. Erste Kontaktmöglichkeit ist eine Teepause an einem der ständig kochenden Samoware. Schnell kommt dann die Einladung zu einem Gläschen Wodka. Die Russen sind gastfreundlich und teilen gerne, auch wenn die meisten nicht viel haben.

Die Last der Vergangenheit haftet dem größten Land der Welt immer noch an, doch es geht langsam bergauf. Und was an Komfort und westeuropäischem Urlaubsstandard fehlt, macht etwas anderes im Übermaß wett: die russische Seele – tief, überschwenglich, geheimnisvoll.

Obwohl sich Russland in den letzten Jahren stark verändert hat, zählt doch immer noch als Gründungsdatum der 8. November 1917 und damit der Tag der russischen Oktoberrevolution. Russland ist also ein Skorpion- und damit vor allem ein Wasser-Land, ein Hinweis für die tiefe, geheimnisvolle und auch patriotische Seele seines Volkes.

Der gesamte Elementen-Schlüssel ist ziemlich ausgewogen. Außer dem erwähnten Wasser-Anteil ist Erde mit vier Punkten vertreten – eine Hommage an das endlos weite Land, aber auch an die Sinnlichkeit. Dass man in Russland etwas erleben kann, zeigen die drei Feuer-Punkte. Und die dreimalige Luft ist eine astrologische Bestätigung dafür, dass das russische Volk alles andere als verschlossen und abweisend ist.

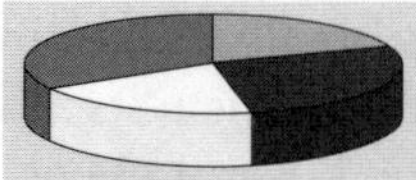

Russland	Widder ♈	Stier ♉	Zwillinge ♊	Krebs ♋	Löwe ♌	Jungfrau ♍	Waage ♎	Skorpion ♏	Schütze ♐	Steinbock ♑	Wassermann ♒	Fische ♓
Feuer	☺	♡	☾	♡	☺	☆	☾	☆	☺	☆	☾	☆
Erde	☆	☺	♡	☺	☾	☺	♡	☺	☾	☺	☆	☺
Luft	☾	☆	☺	♡	☾	♡	☺	♡	☾	♡	☺	♡
Wasser	♡	☺	☆	☺	☾	☺	♡	☺	☾	☺	♡	☺

3 **Feuer:** Abenteuer, Action, Sport, Vitalität, Inspiration
4 **Erde:** Natur, Sinnlichkeit, Genuss, Wachstum
3 **Luft:** Leichtigkeit, Kontakt, Kultur, Erneuerung
5 **Wasser:** Geborgenheit, Familie, Fühlen, Ursprung

Zur Bedeutung der Elemente s. S. 43ff., zur Bedeutung von ☺☾☆♡ s. S. 55ff.

♉

Stier-Insel **Sansibar**

Der Duft von Vanille und Muskat

Schon der Name Sansibar klingt wie ein ferner Zauber. Nur einen Steinwurf von Tansanias Küste entfernt, werden im Indischen Ozean Inselträume wahr, locken endlose Strände mit weißem Sand und klarem Wasser. Ein Ritt, die Küste entlang in den malerischen Sonnenuntergang, oder ein Sun-Downer auf der Terrasse eines Ferienorts, ist eine gern gedachte Phantasie im grauen Winter Europas. Die Sansibari jedoch brauchen Strand und Meer nicht zur Erholung, sondern für ihren Lebensunterhalt. Fischerei, Schiffsbau und Seetang-Pflanzungen sind mühselige Arbeiten für oft kargen Lohn.

Im Inneren der Insel gedeiht ein tropischer Garden Eden. Muskat und Vanille, Pfeffer und Kaffee, Ananas, Mangos und Kokosnüsse wachsen zwischen den Mangrovenwäldern wild durcheinander. Betörende Düfte und eine bunte Farbenpracht berauschen die Sinne. Eine spice-tour, eine Gewürztour, lüftet endlich das Geheimnis, wie die duftenden Ingredienzen, die zu Hause im Gewürzschrank stehen, in der Natur wachsen.

Sansibar blickt auf eine bewegte Vergangenheit zurück. Bei den Kolonialmächten – am längsten herrschten die Portugiesen und die Araber – war die Insel wegen ihres Gewürzreichtums und ihrer vorzüglichen Lage als Handelsplatz sehr begehrt. Diesem Vorzug hat Sansibar leider auch ein unrühmliches Kapitel seiner Geschichte zu verdanken: Lange Zeit war hier ein Zentrum für den Sklavenhandel. Ein steinernes Denkmal in der Hauptstadt Sansibar erinnert daran.

Sansibar wurde bis 1856 vom Sultanat Muskat, das jetzt zu Oman gehört, kontrolliert. Am 10. Dezember 1963 erlangte es seine Unabhängigkeit von Großbritannien und ging am 27. April 1964, einem Stierdatum, die Vereinigung mit Tansania ein. Der hohe Erde-Anteil spiegelt den Reichtum dieses Landes: ein Paradies, in dem fast alles im Überfluss wächst und gedeiht, und in dem sich der Urlauber im Schlaraffenland wähnt. Fünf Wasser-Punkte sind zunächst ein unmittelbarer Ausdruck der Inselwelt inmitten des weiten Meeres mit seinen Schätzen, dann aber auch ein Hinweis, dass die Seele hier ihren Frieden findet. Luft und Feuer sind mit jeweils einem Punkt vertreten – ein Wink für alle Feuer- und Luftzeichen, sich einen Urlaub auf dieser Trauminsel nicht entgehen zu lassen: Auch sie werden hier glücklich.

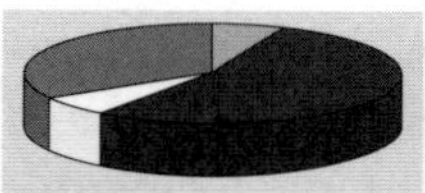

Sansibar	Widder ♈	Stier ♉	Zwillinge ♊	Krebs ♋	Löwe ♌	Jungfrau ♍	Waage ♎	Skorpion ♏	Schütze ♐	Steinbock ♑	Wassermann ♒	Fische ♓
Feuer	☆	☆	☆	♡	☆	♡	☆	☆	♡	☆	☆	♡
Erde	☾	☺	♡	☾	☆	☺	♡	☾	☆	☺	♡	☾
Luft	♡	♡	☆	☆	☆	☆	☆	♡	☆	♡	☆	♡
Wasser	♡	☾	♡	☺	♡	☾	♡	☺	♡	☾	♡	☺

1 **Feuer:** Abenteuer, Action, Sport, Vitalität, Inspiration
8 **Erde:** Natur, Sinnlichkeit, Genuss, Wachstum
1 **Luft:** Leichtigkeit, Kontakt, Kultur, Erneuerung
5 **Wasser:** Geborgenheit, Familie, Fühlen, Ursprung

Zur Bedeutung der Elemente s. S. 43ff., zur Bedeutung von ☺☾☆♡ s. S. 55ff.

♈ Widder-Land **Schottland**

Alles andere als kleinkariert

Highlands, Lowlands, Islay, Speyside – das sind Namen, die das Herz jedes Single-Malt-Liebhabers höher schlagen lassen. Doch nicht nur Whisky Fans verspricht Schottland einen ganz besonderen Genuss. Sattgrüne Hügellandschaften, verwunschene Burgen und Schlösser, zerklüftete Felsküsten, Nebel verhangene Moore und lachsreiche Flüsse machen das Land zu einem Ziel für Menschen, die lieber die Stille der Natur, die Romantik und Mystik vergangener Zeiten und die Schönheit der Farben von Meer und Land suchen als den Trubel von Beach-Partys und In-Discos. Wer Ruhe sucht, kann Ruhe finden, doch gefeiert wird hier auch und das nicht zu wenig, denn die Schotten sind ein lustiges Volk und lieben Musik.

Übers ganze Jahr verteilt finden Festivals und Kultur-Events statt, mit Gesang, Tanz, Folk-Musik und Geschichten-Erzählen. Zu den spektakulärsten Ereignissen gehören die Highland-Games, die in die Zeit von »Highlander« und »Rob Roy« entführen, wo noch echte Männer bei so archaischen Wettspielen wie Baumstamm-Werfen ihre Kräfte messen – und das natürlich zu Dudelsack-Musik und im Schottenrock. Dieses ungewöhnliche Kleidungsstück soll immer noch des Schotten liebstes sein, denn ohne seinen Rock ist ein Mann kein Mann. Im 21. Jahrhundert müssen es allerdings nicht mehr immer nur Karos sein. So hat es sich ein junger Edinburgher Designer zum Ziel gesetzt, mit seinen modernen Kreationen aus Jeansstoff oder Leopardenfell allen Männern, auch außerhalb Schottlands, dieses Gefühl von Männlichkeit, Freiheit und Lebensfreude nahe zu bringen.

Als Geburt Schottlands zählt die Vereinigung von England und Schottland am 24. März 1603. Insofern ist Schottland ein Widder-Land. Der Elementen-Schlüssel zeigt einen starken Feuer-Überhang, was zu diesem Land, in dem die Männer noch richtige Männer sind, einfach passt. Schottland bietet Raum für Abenteuer, Action und spannende Erlebnisse. Dass die restlichen Elemente mit jeweils zwei Punkten vertreten sind, gibt nicht nur den Feuer-Zeichen Widder, Löwe und Schütze die Gewissheit, in Schottland tolle Ferien zu erleben, sondern auch allen anderen Sternzeichen.

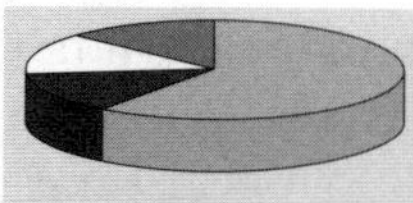

Schottland	♈ Widder	♉ Stier	♊ Zwillinge	♋ Krebs	♌ Löwe	♍ Jungfrau	♎ Waage	♏ Skorpion	♐ Schütze	♑ Steinbock	♒ Wassermann	♓ Fische
Feuer	☺	♡	☺	♡	☺	☆	☺	☆	☺	☆	☺	☆
Erde	☆	☾	♡	☆	☆	☾	♡	☾	☾	☾	☆	☾
Luft	☾	☆	☾	♡	☾	♡	☾	☆	☾	☆	☾	☆
Wasser	♡	☾	☆	☾	♡	☆	☆	☺	♡	☆	♡	☾

9 **Feuer:** Abenteuer, Action, Sport, Vitalität, Inspiration
2 **Erde:** Natur, Sinnlichkeit, Genuss, Wachstum
2 **Luft:** Leichtigkeit, Kontakt, Kultur, Erneuerung
2 **Wasser:** Geborgenheit, Familie, Fühlen, Ursprung

Zur Bedeutung der Elemente s. S. 43ff., zur Bedeutung von ☺☾☆♡ s. S. 55ff.

Schütze-Land **Schweden**

Kultur und Natur unter der Mitternachtssonne

Die Massen haben es noch nicht entdeckt, das nordische Königreich, dessen Namensnennung häufig mit einem kleinen Mädchen mit roten Zöpfen und Sommersprossen verbunden wird: Pippi Langstrumpf. Ihre Heimat ist das Småland in Südschweden. Eine Landschaft mit Feldern und Seen, umrandet von Wäldern und Dörfern mit roten Holzhäusern, die Kindheitserinnerungen an die Geschichten von Astrid Lindgren lebendig werden lassen. So ist auch der Besuch des Freizeitparks »Astrid Lindgrens Welt« mit Nachbauten der wichtigsten Handlungsorte aus Büchern und Filmen nicht nur für die Kleinen ein Heidenspaß. Nahe vor der Küste liegt die Blumeninsel Ölland, auf der im Frühjahr und Herbst Scharen von Kranichen rasten. Mit dem südlichsten Teil Schwedens wird sie als »der Garten Schwedens« bezeichnet. Kilometerlange Sandstrände, fruchtbares Bauernland und interessante Kulturdenkmäler bilden reizvolle Gegensätze. Der wuchtige Dom von Lund etwa gilt als eines der herausragendsten Werke romanischer Baukunst, und in der Hafenstadt

Malmö zeugen eindrucksvolle Gebäude und Backsteinbauten von den glanzvollen Zeiten der Stadt als bedeutender Stützpunkt der Hanse. Weiter nach Norden wird es menschenleerer, die Natur kantiger und die Tiere imposanter. Elche, Bären, Füchse und Dachse leben in einer Wildnis aus Wald, Seen und Mooren. Ein besonderes Erlebnis ist eine Fahrt mit der Lapplandbahn.

Das Horoskop für das moderne Schweden bezieht sich auf das Datum vom 7. Dezember 1865, als die neue Verfassung eingeführt wurde. Schweden ist also ein Schütze- und damit ein Feuer-Land. Wenn man die Elemente-Grafik betrachtet, fällt auf, dass neben dem betonten Feuer auch das Erde-Element stark ausgeprägt ist. Feuer und Erde, das ist Schweden für jeden, der sich nicht gerade in den Großstädten aufhält, sondern dorthin reist, wofür Schweden als Reiseland berühmt ist: in die Einsamkeit des Nordens, in die Wälder und Seenlandschaften. Schweden ist vor allem ein Abenteuerland, in dem man aber auch gut und lustvoll leben kann. Die drei Punkte Wasser deuten darauf hin, dass Schweden auch ein Land ist, in dem die Seele zu sich findet, oder wie der lange in Schweden lebende Kurt Tucholsky einmal gesagt hat, wo man die Seele baumeln lassen kann. Der eine Punkt Luft besagt, dass man in Schweden dann doch nicht nur Einsamkeit findet: Wer sich etwas bemüht, bekommt bald Anschluss.

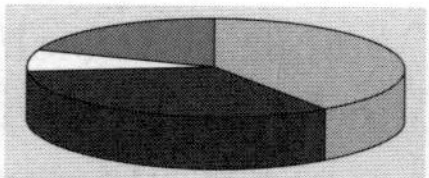

Schweden	Widder ♈	Stier ♉	Zwillinge ♊	Krebs ♋	Löwe ♌	Jungfrau ♍	Waage ♎	Skorpion ♏	Schütze ♐	Steinbock ♑	Wassermann ♒	Fische ♓
Feuer	☺	☆	☾	♡	☺	☆	☾	♡	☺	☆	☾	☺
Erde	☆	☺	♡	☺	☆	☺	♡	☺	☾	☺	♡	☆
Luft	☾	♡	☾	☆	☾	☆	☾	☆	☾	☆	☾	☆
Wasser	♡	☾	☆	☾	♡	☆	♡	☾	♡	☆	☆	☾

6 **Feuer:** Abenteuer, Action, Sport, Vitalität, Inspiration
5 **Erde:** Natur, Sinnlichkeit, Genuss, Wachstum
1 **Luft:** Leichtigkeit, Kontakt, Kultur, Erneuerung
3 **Wasser:** Geborgenheit, Familie, Fühlen, Ursprung

Zur Bedeutung der Elemente s. S. 43ff., zur Bedeutung von ☺☾☆♡ s. S. 55ff.

♍ Jungfrau-Land **Schweiz**
Gemütlichkeit mit Präzision

Schweiz, das bedeutet Sicherheit und Wohlstand, kulinarische Genüsse und eine gewisse Perfektion. Die malerische Alpenrepublik erfüllt alle Klischees der Bergherrlichkeit, von den schneebedeckten Gipfeln bis zu den grünen Almwiesen mit braungefleckten Kühen, von gemütlichen Almhütten bis zu den schroffen Felswänden mit dem Adlernest. Doch außer der Welt, in der die Romanfigur Heidi lebt, gibt es weit mehr zu entdecken. Unzählige tiefblaue Seen, moderne Städte und malerische Dörfer sind attraktive Reiseziele. Diese unendliche Vielfalt lässt sich auch ideal mit eigenem PKW oder mit Bus, Bahn, Postauto und Schiff entdecken. Gletscher und Palmengärten liegen oft nur einige Kilometer auseinander, und in den komfortablen Panoramawägen der Bahn wird die Fahrt über geschwungene Viadukte, in Fels gehauene Galerien oder etwa über den Berninapass zum bequemen und doch faszinierenden Erlebnis. Die sportlichere Variante, durch das Land von Wilhelm Tell zu reisen, ermöglichen 3300 Kilometer perfekt ausgeschilderte Radwege und 60000 Kilometer Wanderwege. Dass es unzählige Pisten und Loipen für Alpinskifahrer und Langläufer gibt, ist so bekannt, dass es eigentlich gar nicht erwähnt werden muss. Doch dass die

Alpenrepublik mittlerweile mit über 600 Kilometern Piste ein Paradies für Inline-Skater ist, wissen sicher noch nicht viele.

Seit dem 12. September 1848, als in Bern die Einführung des heutigen föderalistischen Systems vollzogen wurde, ist dieses Land eine solide Jungfrau-Eidgenossenschaft. Und alles spricht für eine Verwandtschaft zwischen dem Musterland der Alpen und dem Musterknaben des astrologischen Tierkreises, der Jungfrau. In der »Schwyz« fahren sogar bis ins hinterste Bergdorf regelmäßig öffentliche Verkehrsmittel, der Postbus oder ein »Bähnli«, und nirgends bekommt man für sein Geld einen so zuverlässig guten Gegenwert. Man tankt gute Luft, lebt in sauberen Hotels oder auf einem Eins-A-Campingplatz und trifft überall freundliche Menschen. Der Elementen-Schlüssel verrät dann allerdings, dass die Schweiz fast genauso viel Feuer wie Erde hat, das heißt, dass jeder dort auch etwas erleben kann, nicht zuletzt wegen der tollen Berge, die sommers wie winters eine sportliche Herausforderung darstellen. Die vier Wasser-Punkte sind ein deutliches Zeichen dafür, dass man sich in der Schweiz schnell zu Hause fühlt. Hinzu kommen zwei Luft-Punkte: Einsam wird's also nicht in der Schweiz. Nimmt man den Elementen-Schlüssel als Ganzes, wird klar, dass die Schweiz ein geeignetes Reiseland für Familien und Gruppen jeglicher Sternzeichen-Kombination ist.

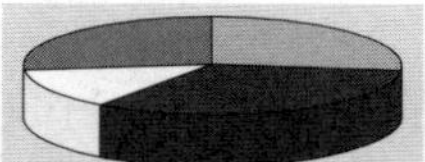

Schweiz	Widder ♈	Stier ♉	Zwillinge ♊	Krebs ♋	Löwe ♌	Jungfrau ♍	Waage ♎	Skorpion ♏	Schütze ♐	Steinbock ♑	Wassermann ♒	Fische ♓
Feuer	☺	☾	☾	♡	☺	☾	☾	☆	☺	☾	☾	☆
Erde	☾	☺	☆	☺	☆	☺	♡	☺	☾	☺	☆	☺
Luft	☾	☆	☾	☆	☾	☾	☾	♡	☺	☾	☾	☆
Wasser	☾	☺	☆	☺	♡	☺	♡	☺	☾	☺	♡	☺

4 **Feuer:** Abenteuer, Action, Sport, Vitalität, Inspiration
5 **Erde:** Natur, Sinnlichkeit, Genuss, Wachstum
2 **Luft:** Leichtigkeit, Kontakt, Kultur, Erneuerung
4 **Wasser:** Geborgenheit, Familie, Fühlen, Ursprung

Zur Bedeutung der Elemente s. S. 43ff., zur Bedeutung von ☺☾☆♡ s. S. 55ff.

♋ Krebs-Inseln **Seychellen**

Robinsoneske Einsamkeit im Luxus

Einmal wie Robinson Crusoe eine Insel für sich allein haben! Dieser Wunsch kann sich auf den Seychellen fast erfüllen. Auf Denis Island beispielsweise gibt es nichts außer einem Hotel mit 24 Bungalows, riesigen Meeresschildkröten und tropischen Vögeln. Einem grünen Juwel gleich und eingefasst von weißen, feinsandigen Stränden schwimmt das nur 1,5 Quadratkilometer große Eiland im Türkis des Indischen Ozeans. Sie ist eine der 115 Seychellen-Inseln, von deren Fläche zwei Drittel unter Naturschutz stehen und nur Wissenschaftlern zugängig sind. Hier ist ein Paradies für wenige, denn die Seychellios setzen auf Luxustourismus. Die größte Insel ist Mahé mit der Hauptstadt Victoria, in der es nach Mangos und Kokosnuss duftet statt nach Benzin. Gepflegte Wanderwege gewähren nicht nur zauberhafte Ausblicke auf malerische Buchten, sondern auch interessante Einblicke – in die Landwirtschaft zum Beispiel: Neben Zimt, Vanille und anderen Gewürzen wird auf Mahé Zitronengras angebaut, aus dem sich – wie ein Besuch in der Teefabrik im Morne Nationalpark zeigt – ein aromatischer Tee zubereiten lässt. Auf der ehemaligen Pirateninsel Frégate laden sieben Traumstrände, versteckt hinter dem wogenden Grün mächtiger Palmen, zu paradiesischem Müßiggang ein. Das hügelige Praslin, die zweitgrößte der Seychellen-Inseln, ermöglicht einen Spaziergang durch ein Stück Schöpfungsgeschichte. In der Vallée de Mai, einem seit Jahrmillionen unberührten Urwald, wächst die Coco-de-Mer-Palme. Ihre Frucht, die sagenumwobene Meereskokosnuss, ist so ungewöhnlich, dass Wissenschaftler einst meinten, sie könnte sich nur unter Wasser entwickelt haben.

Diese Schönheiten im Indischen Ozean wurden am 29. Juni 1976 von Großbritannien in die Unabhängigkeit entlassen: ein gutes Datum. Die üppige Vegetation entspricht der Krebs-Natur zutiefst, sie weckt den Traum vom Paradies, in dem alles friedlich nebeneinander lebt (Wasseranteil). Der relativ hohe Feuer- und Luftanteil mag wohl eher Erotik denn Wünsche nach Abenteuer wachrufen. Denn die Inseln sind beliebt als »Nest« für Frisch-Verliebte auf ihrer Hochzeitsreise. So heißen sie denn auch »Islands of Love«, und ihr Wahrzeichen ist eine doppelte Kokosnuss, die je nach der Phantasie des Betrachters an ein Herz oder an ein wohlgeformtes Hinterteil erinnert. Erde ist immerhin mit einem Punkt vertreten, so dass man nicht zu fürchten braucht, ausschließlich von »Luft und Liebe« leben zu müssen: Hier gibt es auch richtig gutes Essen.

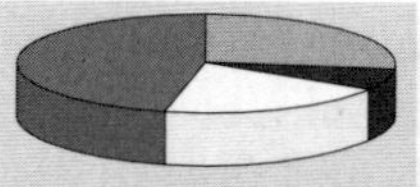

Seychellen	Widder ♈	Stier ♉	Zwillinge ♊	Krebs ♋	Löwe ♌	Jungfrau ♍	Waage ♎	Skorpion ♏	Schütze ♐	Steinbock ♑	Wassermann ♒	Fische ♓
Feuer	☺	♡	♡	♡	☺	☾	♡	♡	☺	☆	♡	♡
Erde	☆	♡	♡	☾	♡	☆	♡	☾	♡	☾	♡	☆
Luft	☾	♡	♡	♡	♡	♡	♡	♡	♡	♡	♡	♡
Wasser	♡	☾	♡	☺	♡	☾	♡	☺	♡	☾	♡	☺

4 **Feuer:** Abenteuer, Action, Sport, Vitalität, Inspiration
1 **Erde:** Natur, Sinnlichkeit, Genuss, Wachstum
3 **Luft:** Leichtigkeit, Kontakt, Kultur, Erneuerung
7 **Wasser:** Geborgenheit, Familie, Fühlen, Ursprung

Zur Bedeutung der Elemente s. S. 43ff., zur Bedeutung von ☺☾☆♡ s. S. 55ff.

♏ Skorpion-Land **Spanien**

Gefühl und Leidenschaft

Eine Landschaft typisch spanisch zu nennen, ist eigentlich unmöglich. Denn all die, die dabei an die langen Sandstrände denken, die meist Pauschaltouristen zum Badeurlaub anlocken, tun diesem Land gründlich unrecht. Spanien, das sind karstige Gebirgszüge mit fruchtbaren Hochebenen und Tälern, wüstenähnliche Steppen, Pinien-, Kork- und Steineichenwälder, das sind Schafherden in Kastilien oder schwarze Rinder, die durch die gelbstaubigen Ebenen von Andalusien oder über die sattgrünen Weiden von Galizien ziehen. Weinberge wechseln sich mit Olivenhainen ab und überall dazwischen liegen malerische Dörfer, trutzige Kastelle und Klöster, historische Städte oder einfach nur fast zerfallene Hütten von Schaf- oder Ziegenhirten.

Stark geprägt wurde das Erscheinungsbild der Iberischen Halbinsel durch die 800 Jahre währende Epoche maurischer und arabischer Herrschaft. Ganz besonders ist dies in Andalusien zu spüren, denn die orientalischen Eroberer hatten Granada jahrhundertelang zu ihrer Residenz erkoren. Ein Besuch der Alhambra und des maurischen Viertels lässt die prächtige Lebensweise dieser Hochkultur lebendig werden. Die Araber brachten ihre Kenntnisse der Medizin, der Waffentechnik und der Leder-, Seiden- und Keramikherstellung mit. Und sie bereicherten Spaniens Küche um Früchte, Gemüse, Gewürze und Zubereitungsarten. So wurde aus der bis dahin eher bodenständigen Kost ein kulinarischer Gaumenkitzel, so vielfältig wie die Provinzen Spaniens.

Die moderne Geschichte Spaniens als demokratische Monarchie begann am 22. November 1975 um die Mittagszeit. Damit stehen sowohl die Sonne (Skorpion) als auch der Mond (Krebs) im Wasserzeichen, was den hohen Wasseranteil im Elementen-Schlüssel erklärt. Damit ist Spanien das, wofür es auch berühmt ist: Das Land der leidenschaftlichen Gefühle und ein Urlaubsort, an dem man wunderbar entspannen kann. Dass die anderen drei Elemente immerhin auch ziemlich stark und vor allem gleichmäßig vertreten sind, ist als eine Einladung an die ganze Familie zu verstehen: Jeder kommt auf seine Kosten. Man isst gut, kann viel unternehmen und findet schnell Kontakt. Der hohe Wasseranteil verweist natürlich auch auf die enorme kulturelle Vielfalt und Vergangenheit dieses geschichtsträchtigen Landes.

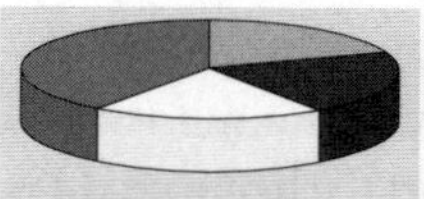

Spanien	Widder ♈	Stier ♉	Zwillinge ♊	Krebs ♋	Löwe ♌	Jungfrau ♍	Waage ♎	Skorpion ♏	Schütze ♐	Steinbock ♑	Wassermann ♒	Fische ♓
Feuer	☺	☆	☾	♡	☺	☆	☾	♡	☺	☆	☾	☆
Erde	☆	☺	♡	☺	☾	☺	♡	☺	☾	☺	♡	☺
Luft	☾	♡	☺	☆	☾	☆	☺	☆	☾	☆	☺	☆
Wasser	♡	☺	☆	☺	♡	☺	♡	☺	☾	☺	☆	☺

3 ● **Feuer:** Abenteuer, Action, Sport, Vitalität, Inspiration
3 ● **Erde:** Natur, Sinnlichkeit, Genuss, Wachstum
3 ○ **Luft:** Leichtigkeit, Kontakt, Kultur, Erneuerung
6 ● **Wasser:** Geborgenheit, Familie, Fühlen, Ursprung

Zur Bedeutung der Elemente s. S. 43ff., zur Bedeutung von ☺☾☆♡ s. S. 55ff.

♊ Zwillinge-Land **Sri Lanka**

Viel mehr als nur Badeurlaub

Wie eine Perle, so sieht es auf der Landkarte aus, hängt Sri Lanka am indischen Subkontinent. Kaum ein Land wurde mit schöneren Namen bedacht: Juweleninsel, Land der Lotusblüten, Land der Rubine. Schon der Name Sri Lanka hat mit der Übersetzung »strahlend schönes Land« poetische Bedeutung: Hunderttausende fliegen jährlich auf dieses Fleckchen Erde im Indischen Ozean und träumen von Palmenstränden und Tropensonne, von blauem Meer und Erholung. Das ehemalige Ceylon erfüllt sie alle und noch einige mehr, allerdings nur, wenn der Reisende bereit ist, seinen sicher wunderbaren Hotelstrand zu verlassen und sich auf den Weg zu machen.

Belohnt wird der Unternehmungsgeist mit asiatischer Exotik; mit dem Anblick Ehrfurcht gebietender, buddhistischer und hinduistischer Göttertempel und gelebter Religion und Tradition im Hier und Jetzt; mit mächtigen tropischen Regenwäldern voller seltsamer Vögel, Schmetterlinge und Blumen. Wer sich auf den Weg ins Landesinnere macht, muss sich die staubigen Pisten mit ungewöhnlichen Verkehrsteilnehmern teilen. Elefanten mit ihren Führern gehören hier so selbstverständlich zum Straßenbild wie zu Hause Fahrräder. Im Bergland wächst zwischen 1400 und 2300 Metern Höhe der beste Tee; die immergrünen Büsche der endlosen Teeplantagen sind ein malerischer Anblick und haben Ceylon bekannt gemacht, lange bevor es als Urlaubsparadies entdeckt wurde.

Das moderne Sri Lanka wurde am 22. Mai 1972 um 12.43 Uhr ausgerufen, also an einem Zwillinge-Datum. Der Zeitpunkt mag verwundern, bis man erklärt bekommt, dass er – in Sri Lanka selbstverständlich – von einem Astrologen so bestimmt wurde.

Der Elementen-Spiegel ist relativ ausgeglichen. Das ist einerseits ein Zeichen für ein stabiles Land. Selbst die ununterbrochene Agitation von Islamisten, die auch vor Bombenattentaten nicht Halt machen, hat die Attraktion der Insel kaum geschmälert. Auf der Insel leben alle Religionen meist friedlich nebeneinander – ein weiteres »Produkt« ausgeglichener Energie. Dass Sri Lanka so beliebt ist, ist auch eine Folge dieser Elementen-Balance: Jeder fühlt sich hier wohl.

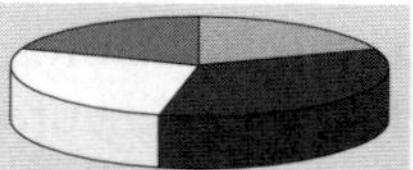

Sri Lanka	♈ Widder	♉ Stier	♊ Zwillinge	♋ Krebs	♌ Löwe	♍ Jungfrau	♎ Waage	♏ Skorpion	♐ Schütze	♑ Steinbock	♒ Wassermann	♓ Fische
Feuer	☺	☆	☺	♡	☺	☆	☺	♡	☺	☆	☺	♡
Erde	☆	☺	♡	☾	☆	☺	♡	☾	☆	☺	☆	☾
Luft	☺	♡	☺	☆	☺	♡	☺	☆	☺	♡	☺	☆
Wasser	☆	☺	☆	☾	♡	☺	☆	☺	♡	☺	♡	☺

3 **Feuer:** Abenteuer, Action, Sport, Vitalität, Inspiration
5 **Erde:** Natur, Sinnlichkeit, Genuss, Wachstum
4 **Luft:** Leichtigkeit, Kontakt, Kultur, Erneuerung
3 **Wasser:** Geborgenheit, Familie, Fühlen, Ursprung

Zur Bedeutung der Elemente s. S. 43ff., zur Bedeutung von ☺☾☆♡ s. S. 55ff.

Steinbock-Land **Südafrika**

Diamanten, Elefanten und endlose Strände

Viele schwören sich am Ende ihres Urlaubs am Kap der Guten Hoffnung, dass sie wiederkommen werden. Bei der Vielfalt, die das Land zu bieten hat, ist das kein Wunder. Fast 3000 Kilometer Küste mit einsamen Stränden, zahlreiche Naturparks, Diamantengräber-Siedlungen, sehenswerte Städte mit Einkaufszentren, in denen es fast alles zu kaufen gibt, oder ursprüngliches afrikanisches Leben in den Zulu-Dörfern sind Kontraste, die mannigfaltige Urlaubswünsche erfüllen. Durch ein tadellos ausgebautes Straßennetz von fast 60000 Kilometern und einer breiten Hotel- und Restaurant-Infrastruktur, von Luxushotels über Pensionen bis zu den Wildpark-Camps macht es Spaß, Südafrika mit dem Auto zu entdecken. Vor allem in den Camps der vielen staatseigenen Wildparks lässt es sich preisgünstig und komfortabel übernachten – nur empfiehlt es sich, dort wenigstens einen Tag vorher zu reservieren. Drei besondere Touren sollten unbedingt in der Reiseplanung berücksichtigt werden: Die etwa 240 Kilometer lange Weinroute, die von Kapstadt zu den schönsten Weinstädten und Gebirgspässen am westlichen Kap führt. Die etwa vier Tage dauernde Gardenroute schlängelt sich durch einige der malerischsten Küstenorte, an den südlichsten Punkt Afrikas, in die trockene Karoo (zum Strauße-Beobachten) und durch idyllisches Farm- und Weinland. Zum absoluten Pflichtprogramm aber gehört eine Safari, denn nirgendwo sonst lassen sich wilde Tiere so gut beobachten wie in den Game Reserves des Krüger Nationalparks.

1880 rebellierten die Buren gegen die britischen Herrscher und erklärten sich am 30. Dezember 1880, einem Steinbock-Datum, für unabhängig. Der Elementen-Schlüssel verrät allerdings außer Steinbock und damit Erde, auch viel Feuer, nämlich neun Punkte, was es sogar zum stärksten Element überhaupt macht. Für den Urlauber bedeutet der hohe Feuer-Anteil, dass er an allererster Stelle auf abenteuerliche Ferien hoffen kann und viele Möglichkeiten, sich sportiv zu betätigen, finden wird. Luft ist mit einem Punkt wenig ausgeprägt, und das Wasser-Element fehlt völlig. Der relativ geringe Luft-Anteil besagt, dass man sich etwas um Anschluss und soziale Nähe bemühen muss. Dass Wasser gänzlich fehlt, mag als Zeichen dafür genommen werden, dass der Reisende sich letztendlich in Südafrika doch nie so richtig zu Hause fühlt, vielleicht auch, weil seine Vergangenheit – gemeint ist hier die Unterdrückung der Schwarzen – so seelenlos war.

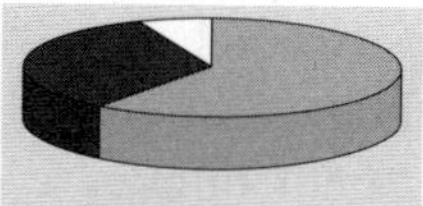

Südafrika	Widder ♈	Stier ♉	Zwillinge ♊	Krebs ♋	Löwe ♌	Jungfrau ♍	Waage ♎	Skorpion ♏	Schütze ♐	Steinbock ♑	Wassermann ♒	Fische ♓
● Feuer	☺	☆	☺	♡	☺	☆	☺	♡	☺	☆	☺	☆
● Erde	☆	☺	♡	☺	☆	☺	♡	☺	☾	☺	♡	☺
○ Luft	☆	☆	☾	☆	☆	☆	☾	☆	☆	☆	☾	☆
● Wasser	–	–	–	–	–	–	–	–	–	–	–	–

9 ● **Feuer:** Abenteuer, Action, Sport, Vitalität, Inspiration
5 ● **Erde:** Natur, Sinnlichkeit, Genuss, Wachstum
1 ○ **Luft:** Leichtigkeit, Kontakt, Kultur, Erneuerung
0 ● **Wasser:** Geborgenheit, Familie, Fühlen, Ursprung

Zur Bedeutung der Elemente s. S. 43ff., zur Bedeutung von ☺☾☆♡ s. S. 55ff.

♐ Schütze-Land **Tansania**

Eines der letzten Tierparadiese

Meist gelingt es bereits bei einer Pirschfahrt, die »Großen Fünf« aufzuspüren: damit sind Büffel, Elefant, Löwe, Leopard und Nashorn gemeint. Doch die Tierwelt in den zahlreichen Naturparks Tansanias ist weit vielfältiger. Mehrere Millionen Säugetiere leben in der »endlosen Weite«. So nennen die Massai die Serengeti. Riesige Herden von Gnus, Zebras und Gazellen, stets auf Wanderschaft und der Suche nach Wasserstellen, ziehen Leoparden, Löwen, Geparden und Hyänen an. Hier sind einzigartige Wild- und Jagdszenen zu beobachten. Nicht minder artenreich ist die Fauna auf der Talsohle des Ngorongoro-Kraters, des zweitgrößten Kraters der Welt, mit dem Manyara-See und zwei großen Sumpflandschaften. Die nicht weit entfernte Olduvai-Schlucht wird als »Wiege der Menschheit« bezeichnet. Forscher entdeckten hier die ältesten Spuren des Lebens: in Lava konservierte Abdrücke von drei aufrecht gehenden Vogelmenschen sowie Schädelreste eines 2 Millionen Jahre alten »Nußknackermenschen«. Auch der höchste und berühmteste Berg Afrikas, der Kilimandscharo, liegt in Tansania. Zwar wollen immer mehr Besucher den 5895 Meter hohen Pic Uhuru, den Gipfel dieses sagenhaften Berges, besteigen, die großartige Wildnis erleben oder das archaische Leben der Massai kennen lernen, doch vom Massentourismus ist Tansania noch weit entfernt.

Nach der deutschen Niederlage im Ersten Weltkrieg wurde die Kolonie Deutsch-Ostafrika zum britischen Territorium Tanganjika. Als Staat wurde Tanganjika am 9. Dezember 1961, einem Schütze-Datum, unabhängig. Der Elementen-Schlüssel zeigt einen übermächtigen Feuer-Anteil und drei Wasser-Punkte. Damit ist Tansania ein ausgesprochenes Abenteuerland mit gewaltigen Naturschauspielen (Feuer) und – herrührend vom Element Wasser – einer Energie, die die Seele zu entführen vermag – vielleicht zurück bis in ihre Wiege, die hier vor Hunderttausenden von Jahren stand. Für das leibliche Wohl sorgen die drei Erde-Punkte: Der Reichtum an Früchten ist gigantisch, und ein von den Führern zubereitetes »Picknick« im Schatten eines Baumes während einer Safari schmeckt vielleicht besser als ein Fünf-Gänge-Menü in einem Nobel-Restaurant. Dass man nach Tansania nicht reist, um großes gesellschaftliches »Remmidemmi« zu erleben, ergibt sich von selbst. Aber der eine Punkt Luft ist immerhin ein Hinweis, dass man hier auch nicht gleich ein Einsiedler und Robinson Crusoe werden muss.

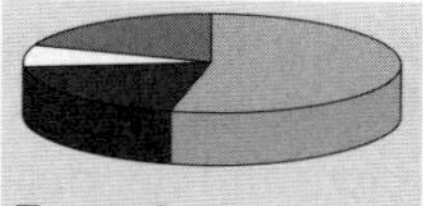

Tansania	♈ Widder	♉ Stier	♊ Zwillinge	♋ Krebs	♌ Löwe	♍ Jungfrau	♎ Waage	♏ Skorpion	♐ Schütze	♑ Steinbock	♒ Wassermann	♓ Fische
Feuer	☺	♡	☺	♡	☺	☆	☺	♡	☺	☆	☺	♡
Erde	♡	☾	♡	☾	♡	☾	♡	☾	☾	☾	☆	☾
Luft	☆	♡	☾	☆	☆	☆	☾	♡	☆	☆	☾	☆
Wasser	♡	☾	♡	☾	♡	☾	☆	☾	☾	☾	☆	☾

8 **Feuer:** Abenteuer, Action, Sport, Vitalität, Inspiration
3 **Erde:** Natur, Sinnlichkeit, Genuss, Wachstum
1 **Luft:** Leichtigkeit, Kontakt, Kultur, Erneuerung
3 **Wasser:** Geborgenheit, Familie, Fühlen, Ursprung

Zur Bedeutung der Elemente s. S. 43ff., zur Bedeutung von ☺☾☆♡ s. S. 55ff.

♋ Krebs-Land **Thailand**

Wo der König Urlaub macht

Fein und weiß rieselt der Sand durch die Finger am Strand von Ko Samui, Ko Phangan oder Phuket. Ein Bad im türkisblauen Meer, ein Liegestuhl unter einer Palme und ein Planters Punsch an der Strandbar lässt die meisten Reisenden in einen ganz besonderen Dämmerzustand versinken, den nur diese Kombination an Genüssen hervorruft. Darüber vergessen viele, dem Zauber des Hinterlandes oder der Magie des Nordens des asiatischen Königreiches nachzuspüren. In der landschaftlich reizvollen Bergwelt faszinieren grüne Täler mit weidenden Büffelherden, weite Reisfelder und malerische kleine Dörfer. In Mae Sai, der nördlichsten Stadt Thailands, herrscht durch den Grenz- und Pendelverkehr nach Burma Leben und Trubel. Buntes Markttreiben belebt die Straßen, durch die der Duft der Garküchen weht. In den 1800 Meter hohen Doi Tung- oder Flaggenbergen wurde früher Opium angebaut. Hier leben die Akha-Stämme – Bergbauern, deren Naturreligion mit Ahnenkult und Geisterbeschwörung nicht mehr in die moderne Welt zu passen scheint. 95 Prozent der Thailänder sind Buddhisten, und so ist das Land reich an Tempeln, Höhlen mit prächtigen, riesigen Buddha-Statuen oder anderen religiösen Kultstätten. Zum Tempelgelände gehört meist auch eine Glockenstraße. Jeder Gongschlag begleitet einen Wunsch, und wer einmal den Duft Thailands geschnuppert hat und ihm verfallen ist wird sich mit jedem Schlag eine weitere Reise durch diese faszinierende Welt Südostasiens wünschen.

Das heutige Verfassungssystem Thailands beruht auf der Revolution vom 24. Juni 1932, also einem Krebs-Datum. Damals wurde der im Jahre 1860 errichtete »wohlwollende Despotismus« beseitigt. Am frühen Morgen fand ein Militärputsch statt, und der König akzeptierte am gleichen Tag prinzipiell die Einführung einer demokratischen Verfassung. Das »Schicksal« hat sich mit diesem Datum ein überwältigendes Wasser-Horoskop bestellt: Thailand wird damit zum See der Seele, zum Brunnen, auf dessen Grund alles einst entstanden ist, zum Traum ewiger Geborgenheit. Und wer das Innere des Landes aufsucht und sein Herz zu öffnen vermag, der spürt diese tiefe Wasserseite, wähnt sich am Ziel, tankt auf … Zwei Feuer-Punkte reichen, damit die Ferien nicht langweilig werden. Zwei Luft-Punkte wiederum zeigen auf, wie gastfreundlich ein »Thai« sein kann, wenn man selbst nur etwas freundlich ist, und der eine Erde-Punkt spiegelt wirklich nur auf äußerst dürftige Weise die reiche Landschaft und die wohlschmeckende Thai-Küche wider.

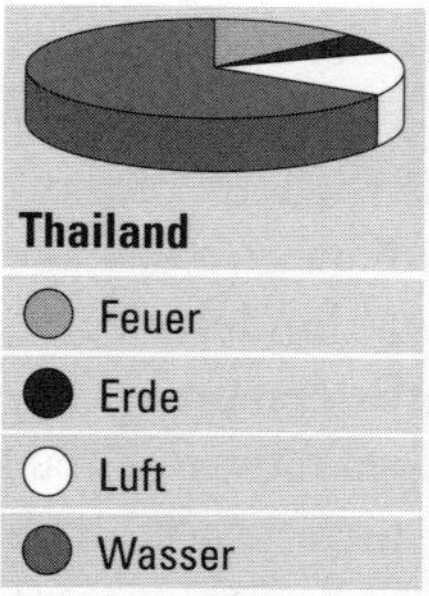

Thailand	Widder ♈	Stier ♉	Zwillinge ♊	Krebs ♋	Löwe ♌	Jungfrau ♍	Waage ♎	Skorpion ♏	Schütze ♐	Steinbock ♑	Wassermann ♒	Fische ♓
Feuer	☆	☆	♡	☆	☆	♡	☆	♡	☆	☆	☆	♡
Erde	☆	♡	♡	☆	♡	♡	☆	☆	♡	♡	♡	☆
Luft	☆	☆	☾	☆	☾	☆	☾	☆	☆	♡	☆	☆
Wasser	♡	☾	♡	☺	☺	☾	♡	☺	♡	☾	♡	☺

2 **Feuer:** Abenteuer, Action, Sport, Vitalität, Inspiration
1 **Erde:** Natur, Sinnlichkeit, Genuss, Wachstum
2 **Luft:** Leichtigkeit, Kontakt, Kultur, Erneuerung
10 **Wasser:** Geborgenheit, Familie, Fühlen, Ursprung

Zur Bedeutung der Elemente s. S. 43ff., zur Bedeutung von ☺☾☆♡ s. S. 55ff.

Steinbock-Land **Tschechien**

Geschichte und Moderne ideal kombiniert

Böhmische Knödel, Liwanzen – das sind süße Hefeküchlein mit Powidl, also mit Pflaumenmus – und Budweiser Bier sind außerhalb Tschechiens wohl bekannt, doch Tschechien hat weit mehr zu bieten als kulinarische Spezialitäten. Die Schönheit der baulichen Meisterwerke aus den verschiedensten Epochen vom frühen Mittelalter bis ins 20. Jahrhundert, jüdische Architektur und Bauten, die anschaulich böhmische und mährische Volksgewohnheiten und Handwerkskunst dokumentieren, begeistern nicht nur Historiker. Über zweitausend erhalten gebliebene Schlösser und Burgen erzählen von einer bewegten geschichtlichen Vergangenheit. Die zentrale Lage an wichtigen Handelswegen, fruchtbarer Boden und günstiges Klima machten das heutige Tschechien schon früh zu einem beliebten Siedlungsgebiet und Reiseland; und es bietet auch heute noch beste Voraussetzungen für ein vielfältiges Freizeitangebot. Sportliche Betätigung wie Fahrradfahren, Wandern und Reiten ergänzt sich wunderbar mit einem Besuch in einer der berühmten böhmischen Glashütten, in einer Bierbrauerei oder beim Weinbauern. Kuren in Karlsbad war schon vor Jahrhunderten in bestimmten Kreisen ein Muss, und aus dieser Tradition heraus setzen darauf auch die heutigen Tourismusplaner. Nur wird ein Kur-Urlaub heute mit Wellness- und Fitness-Urlaub umschrieben.

Mit Vaclav Havels Vereidigung als Präsident am 29. Dezember 1990, einem Steinbock-Datum, begann die moderne Geschichte Tschechiens. Der Elementen-Schlüssel ist stark Erde-betont, ein Hinweis, dass man in diesem Land nicht nur großartige Kultur, sondern auch schmackhaftes Essen serviert bekommt. Aber auch andere Genüsse kommen nicht zu kurz.

Die vier Wasser-Punkte deuten an, dass man in Tschechien wunderbar entspannen kann und Raum für seine Seele findet. Immerhin drei Feuer- und zwei Luft-Punkte verweisen auf die zahlreichen Möglichkeiten für Sport- und Action-Ferien und darauf, dass einen das Gefühl der Einsamkeit nicht einholen wird.

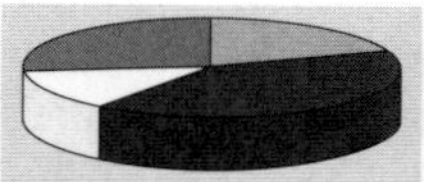

Tschechien	♈ Widder	♉ Stier	♊ Zwillinge	♋ Krebs	♌ Löwe	♍ Jungfrau	♎ Waage	♏ Skorpion	♐ Schütze	♑ Steinbock	♒ Wassermann	♓ Fische
● Feuer	☺	☆	☾	♡	☺	☆	☾	♡	☺	☆	☾	♡
● Erde	☆	☺	♡	☺	☆	☺	♡	☺	☾	☺	☆	☺
○ Luft	☾	♡	☺	♡	☾	☆	☺	☆	☺	♡	☾	☆
● Wasser	♡	☺	♡	☺	♡	☺	♡	☺	♡	☺	♡	☺

3 ● **Feuer:** Abenteuer, Action, Sport, Vitalität, Inspiration
6 ● **Erde:** Natur, Sinnlichkeit, Genuss, Wachstum
2 ○ **Luft:** Leichtigkeit, Kontakt, Kultur, Erneuerung
4 ● **Wasser:** Geborgenheit, Familie, Fühlen, Ursprung

Zur Bedeutung der Elemente s. S. 43ff., zur Bedeutung von ☺☾☆♡ s. S. 55ff.

♏ Skorpion-Land **Türkei**

Die große Unbekannte

»Treffen wir uns heute Abend beim Türken«, so werden oft Verabredungen vereinbart, denn türkische Lokale oder ein Döner-Laden sind mittlerweile auch im letzten Winkel unseres Breitengrades zu finden. So ist die leider meist dem regionalen Geschmack angepasste, türkische Küche hierzulande mittlerweile weit und breit bekannt. Dass in der Türkei allerdings die Wiege der Zivilisation schaukelte und ein Dutzend Hochkulturen blühten, wissen dagegen nicht so viele. Oft bedeutet Türkei sonniger Badeurlaub zum Probierpreis. Sicher, der Aufenthalt an der Küste der Ägäis und der türkischen Riviera in einem Ferienclub ist herrlich entspannend, doch ist es schade, nur am Strand zu liegen. Dieses Land verlangt, entdeckt zu werden. Zu den 8000 Kilometern Küste am Mittelmeer kommen noch etliche Hundert Kilometer am Schwarzen Meer dazu, sowie gewaltige Gebirge wie der Taurus, das eisige Haupt des Ararat, der mit 5165 Metern jeden Alpengipfel überragt und auf dem die Arche Noah gelandet sein soll, oder schier endlose Wüsten im

Inneren Anatoliens und eine einmalige Felsenkegel-Mondlandschaft in Kappadokien. Der Vulkan Erciyas Dai spuckte einst gewaltige Mengen Tuffmaterial ins Umland. Wind und Wetter schufen Falten, Risse, Täler und Schluchten. Stehen blieben Armeen von Kegeln, die die Höhlen mit byzantinischen Felsmalereien, Kirchen, Wohnungen, Viehställe und heute auch Diskotheken beherbergen.

Die Türkei wurde am 29. Oktober 1923, einem Skorpion- und damit einem Wasser-Datum, als Republik proklamiert. Das verweist auf die uralten und starken Wurzeln, die man in diesem Land auch überall findet. Verlässt man die gängigen »Touri«-Pfade, taucht man in ein Land aus Tausendundeiner Nacht mit zum Teil mittelalterlich anmutenden sozialen Strukturen und einer tiefen Religiosität ein. Die Türkei ist mit fünf Luft-Punkten überaus gastfreundlich. Selbst im Landesinneren wird man stets freundlich aufgenommen. Der Feueranteil im Horoskop ist groß genug, um sicher zu sein, hier auch etwas zu erleben – vor allem, je weiter man gen Osten fährt. Die Erde ist nur mit zwei Punkten vertreten. Das wird der traumhaften Landschaft nicht wirklich gerecht, ist aber vielleicht als Ausdruck zu verstehen, zumindest im Landesinnern nicht allzu bequem zu reisen und einer Küche zu begegnen, die für unseren Gaumen doch eher fremd ist.

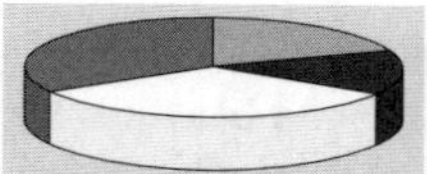

Türkei	Widder ♈	Stier ♉	Zwillinge ♊	Krebs ♋	Löwe ♌	Jungfrau ♍	Waage ♎	Skorpion ♏	Schütze ♐	Steinbock ♑	Wassermann ♒	Fische ♓
Feuer	☾	☆	☺	♡	☾	☆	☺	♡	☺	☆	☺	♡
Erde	☆	☺	♡	☺	☆	☺	♡	☺	☾	☺	☆	☺
Luft	☺	♡	☺	♡	☺	☆	☺	☆	☺	♡	☺	☆
Wasser	♡	☺	☆	☺	☆	☺	♡	☺	♡	☺	♡	☺

3 **Feuer:** Abenteuer, Action, Sport, Vitalität, Inspiration 2 **Erde:** Natur, Sinnlichkeit, Genuss, Wachstum 5 **Luft:** Leichtigkeit, Kontakt, Kultur, Erneuerung 5 **Wasser:** Geborgenheit, Familie, Fühlen, Ursprung	Zur Bedeutung der Elemente s. S. 43ff., zur Bedeutung von ☺☾☆♡ s. S. 55ff.

♊ Zwillinge-Land **Tunesien**

Tausendundeine Möglichkeit

Im Herzen des Mittelmeeres gelegen, nur zwei Flugstunden von Deutschland entfernt, erfüllt Tunesien mit Hotels wie aus einem orientalischen Märchenbuch und einem vielfältigen Sport- und Freizeitangebot auch im Winter die Träume von Sonne, Meer und Strand. Schnell mal für eine Woche der Kälte und dem Schnee zu Hause entfliehen, ist eine Motivation, um nach Tunesien zu reisen. Doch das orientalische Land mit seiner 3000 Jahre alten Geschichte hat viel mehr zu bieten: Historische Stätten wie Karthago, die heilige Stadt Kairouan, die majestätische Verteidigungsfestung Ribat in Monastir oder El Djem, das drittgrößte Amphitheater der Welt in der Nähe von Sousse, entführen in eine Vergangenheit, als Phönizier, Karthager, Punier oder Julius Cäsar hier lebten, handelten, eroberten, zerstörten und wieder aufbauten. Die kleinen Läden der Souks mit funkelndem Geschmeide, buntem Emailleschmuck, mit kunstfertig gewebten Teppichen, gold- und silberglänzendem Zierrat, duftenden Blütenölen in den zierlichsten Glasamphoren und die Wohlgerüche von erlesenen Gewürzen lassen Ali Babas Geschichten wieder lebendig werden. Faszinierender Kontrast zu dieser Farbenpracht und Fülle sind die Wüstengefilde Tunesiens. Eine ockerfarbene Traumlandschaft mit dem größten Salzseengebiet der Sahara. Mit dem Kamel wird solch eine Wüstentour losgelöst von Technik und Zivilisation zu einer Reise in die eigene Seele.

Das Gebiet des heutigen Tunesiens wurde 500 vor Christus von den Phönikern kolonialisiert, später wurde es das Zentrum des karthagischen Reiches, im 16. Jahrhundert eroberten es die Türken. 1881 wurde es französisches Protektorat und erlangte am 15. Juni 1956, einem Zwillinge-Datum mit viel Luft-Anteil, seine endgültige Unabhängigkeit. Der Elementen-Spiegel zeigt zur Luft aber auch viel Feuer und etwas Wasser und Erde. Gemäß dieser Aufschlüsselung ist Tunesien in erster Linie ein Feuer/Luft-Land. Man findet optimale Möglichkeiten zu sportlichem Ausgleich (Feuer) und hat kaum das Gefühl, allein zu sein (Luft). Als arabisches Land hat es jedem »Luft-Anhänger« eine Menge an Abwechslung zu bieten. Gerade die Vielfalt ist ein Hauptcharakteristikum von Luft-Ländern. Die beiden Erde-Punkte »garantieren« gute Küche, und die drei Wasser-Punkte können als Hinweis dafür gesehen werden, dass sich der mitteleuropäische Urlauber in Tunesien auf eigenartige Weise angezogen fühlt – so, als hätte er hier schon einmal gelebt.

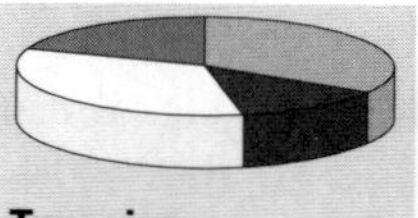

Tunesien	♈ Widder	♉ Stier	♊ Zwillinge	♋ Krebs	♌ Löwe	♍ Jungfrau	♎ Waage	♏ Skorpion	♐ Schütze	♑ Steinbock	♒ Wassermann	♓ Fische
Feuer	☺	♡	☺	♡	☺	♡	☺	♡	☺	♡	☺	♡
Erde	☆	☾	♡	☾	☆	☾	♡	☾	☾	☾	♡	☾
Luft	☺	♡	☺	♡	☺	♡	☺	☆	☺	♡	☺	♡
Wasser	♡	♡	☆	☾	♡	☆	♡	☾	☾	♡	☆	☾

5 **Feuer:** Abenteuer, Action, Sport, Vitalität, Inspiration
2 **Erde:** Natur, Sinnlichkeit, Genuss, Wachstum
5 **Luft:** Leichtigkeit, Kontakt, Kultur, Erneuerung
3 **Wasser:** Geborgenheit, Familie, Fühlen, Ursprung

Zur Bedeutung der Elemente s. S. 43ff., zur Bedeutung von ☺☾☆♡ s. S. 55ff.

♏ Skorpion-Land **Ungarn**

Kunst, Kultur und Natur

Das Territorium dieses Landes umfasst kaum mehr als 100000 Quadratkilometer, seine Sprache versteht man nirgends sonst, seine Volkslieder haben keinerlei Ähnlichkeit mit anderer Folklore und dennoch lebt das ungarische Volk seit mehr als 1100 Jahren mitten in Europa. Hier haben sich Werte erhalten, die Besucher aus aller Herren Länder faszinieren. Dazu gehören die Zeugnisse der verschiedensten Epochen, von den Knochenresten der Urmenschen im Karpatenbecken, den Hügelgräbern aus der Bronzezeit, den römischen Ruinen bis zu den zahlreichen prächtigen Kirchen, Klöstern und Palästen der letzten Jahrhunderte. Gewaltig und ergreifend schweben die Klänge der »Graner Messe« von Franz Liszt am Sonntag Morgen durch die Basilika von Esztergom, in der Ungarns erster König und Staatsgründer Stephan I. gekrönt wurde. Dieses Erlebnis ist nur eines von vielen Ereignissen, das Beispiel ist für die harmonische Verschmelzung von Geschichte und Tradition, von Vergangenheit und Zukunft und der großen Kunstliebe dieses kleinen Volkes. Eine andere große Liebe gehört einem roten Pulver, dem

Paprika, der Ungarns gehaltvolle Küche pikant würzt. Zugleich ist dessen Schärfe ein Synonym für das Temperament der gastfreundlichen Menschen. Am farbigsten und spektakulärsten zeigt sich diese Heißblütigkeit bei einer Reitervorführung in der Puszta. Für Gesundheit und Entspannung sorgen über das ganze Land verteilte Thermalquellen, die aus mehreren hundert Quellen aus dem Boden sprudeln.

Die moderne Geschichte Ungarns begann am 23. Oktober 1989 um 12.00 Uhr, einem knappen Skorpion-Datum. (Die Sonne wechselte kurz zuvor in das Skorpion-Zeichen.) Das entspricht völlig der tiefen Volksseele dieses Landes. Der Elementen-Schlüssel zeigt ein ausgewogenes Bild. Das heißt, dass man auch mit der ganzen Familie hierher reisen kann: Jeder erlebt hier seinen Traumurlaub. Die Erde verrät Lust und Sinnlichkeit, und das nicht nur bei Gänseleberpastete, einer ungarischen Spezialität. Die Luft-Punkte verweisen auf die große Gastfreundlichkeit. Die Feuer-Punkte reichen allemal aus, um genug zu erleben. Und die Wasser-Punkte spiegeln die bereits erwähnte Seele dieses Landes, der man überall begegnet, nicht zuletzt, wenn in einem Café ein »echter« ungarischer Zigeuner auf seiner Fidel aufspielt.

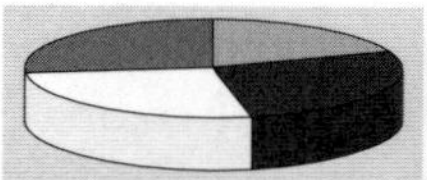

Ungarn	♈ Widder	♉ Stier	♊ Zwillinge	♋ Krebs	♌ Löwe	♍ Jungfrau	♎ Waage	♏ Skorpion	♐ Schütze	♑ Steinbock	♒ Wassermann	♓ Fische
Feuer	☺	☆	☺	♡	☺	♡	☺	♡	☺	☆	☺	♡
Erde	☾	☺	♡	☺	☾	☺	♡	☺	☆	☺	♡	☺
Luft	☺	♡	☺	♡	☺	☆	☺	☆	☺	☆	☺	☆
Wasser	♡	☺	♡	☺	♡	☺	♡	☺	♡	☺	♡	☺

3 ● **Feuer:** Abenteuer, Action, Sport, Vitalität, Inspiration
4 ● **Erde:** Natur, Sinnlichkeit, Genuss, Wachstum
4 ○ **Luft:** Leichtigkeit, Kontakt, Kultur, Erneuerung
4 ● **Wasser:** Geborgenheit, Familie, Fühlen, Ursprung

Zur Bedeutung der Elemente s. S. 43ff., zur Bedeutung von ☺☾☆♡ s. S. 55ff.

♋ Krebs-Land **USA**

Ganz groß – und ganz klein

Niemand kann behaupten, dieses Riesenland wirklich zu kennen: Von den Küsten Floridas bis zu den Eisbergen Alaskas, von der Königin des Südens, New Orleans, bis zur ehemaligen Holzfäller-Siedlung Seattle nahe der kanadischen Grenze, von den Industriezentren des Ostens bis zur Traumfabrik Hollywood im Westen, von den einsamen Viehweiden Oregons bis zu den Canyons und den verwitterten Geisterstädtchen Arizonas, von den fränkisch anmutenden grünen Hügeln Wisconsins bis zu den staubigen Weiten der Mojave-Wüste, vom Mythos Kalifornien bis zur indianischen Vergangenheit, von Nord nach Süd, von coast to coast. Eigentlich reicht ein ganzes Leben nicht aus, um die USA, die sich über zwölf Klimazonen und sieben Zeitzonen erstrecken, wirklich kennen zu lernen. Einer, der sich in den 60er Jahren auf die »Suche nach Amerika« machte, war John Steinbeck. Der Schriftsteller erfüllte sich seinen Lebenstraum und unternahm mit seinem Freund Charley, einem Pudel, in einem speziell angefertigten Lastwagen eine Reise quer durch sein Heimatland. Seine Erlebnisse, seine Begegnungen mit den Menschen und deren Geschichten schrieb er im Roman »Meine Reise mit Charley« nieder. Dieses Buch zeigt, welche anderen vielfältigen USA-Erlebnisse neben den allseits bekannten Tourismuszielen möglich sind: kleinbürgerliche Idyllen, verschrobene Charaktere und sehnsüchtige Herzen.

Die moderne Geschichte der USA begann am 4. Juli 1776 mit der Unterzeichnung der Unabhängigkeitserklärung. Damit sind die USA ein Krebs-Land, und nicht, wie man es von ihrem Image erwarten würde, ein modernes Wassermann-Land. In den USA ist alles im Grunde viel anhänglicher, häuslicher, sehnsüchtiger als man eigentlich denkt.

Das Krebs-Zeichen macht die US-Amerikaner zu gefühlsbetonten, gelegentlich sogar gefühlsduseligen Menschen, denen Essen und Sicherheit eigentlich alles bedeuten. Obendrein ist das Krebs-Zeichen ein Hinweis, wie empfindsam diese Menschen sind. Es ist wohl so, dass all das, was uns die USA zeigen, eher die berühmte Fassade, also der Krebs-Panzer ist, und dass sich dahinter ein weiches, empfindsames, relativ ängstliches Volk versteckt. Der Elementen-Schlüssel verrät dann noch vier Luft- und jeweils drei Erde- und Feuer-Punkte, was bedeutet, dass hier jedermann auf seine Kosten kommt.

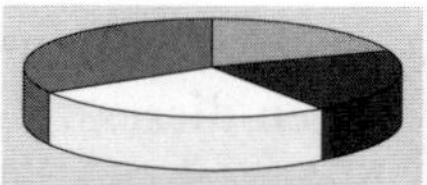

USA	♈ Widder	♉ Stier	♊ Zwillinge	♋ Krebs	♌ Löwe	♍ Jungfrau	♎ Waage	♏ Skorpion	♐ Schütze	♑ Steinbock	♒ Wassermann	♓ Fische
Feuer	☺	☆	☾	♡	☺	☆	☾	♡	☺	☆	☾	♡
Erde	♡	☺	♡	☾	♡	☺	♡	☾	☾	☺	♡	☾
Luft	☺	♡	☺	☆	☺	☆	☺	☆	☺	☆	☺	☆
Wasser	♡	☺	♡	☺	♡	☺	♡	☺	☾	☺	♡	☺

3 **Feuer:** Abenteuer, Action, Sport, Vitalität, Inspiration
3 **Erde:** Natur, Sinnlichkeit, Genuss, Wachstum
4 **Luft:** Leichtigkeit, Kontakt, Kultur, Erneuerung
5 **Wasser:** Geborgenheit, Familie, Fühlen, Ursprung

Zur Bedeutung der Elemente s. S. 43ff., zur Bedeutung von ☺☾☆♡ s. S. 55ff.

♋ Krebs-Land **Vietnam**
Pagoden, Dschungel und Mythen

Ein Drache soll sie geschaffen haben: die Halong Bucht östlich von Hanoi. Tausende kleiner Inseln und Kalkfelsen voller Höhlen und Grotten ragen aus smaragdgrüner See. Als das Volk der Viets von Feinden bedroht wurde, kam ihnen ein Drache zu Hilfe, der nicht nur die Angreifer vertrieb, sondern gleichzeitig auch tiefe Scharten ins Land riss. Das Wüten dieses Erretters hat nach seiner Rückkehr ins Meer ein Naturschauspiel hinterlassen, das sicherlich zu den beeindruckendsten der Erde gehört.

Eine Bootsfahrt durch die Bucht und ein Mittagsmahl aus fangfrischem Fisch direkt an Bord zubereitet ist ein Muss auf der Reise durch das Land, das sich nach 15-jähriger Isolation wieder dem Ausland und den Besuchern öffnet. Wogende, zartgrüne Reisfelder im Mekong-Delta, Pagoden und Tempel, dschungelbedeckte Berge im Norden und das stets präsente Erbe der französischen Kolonialmacht ergeben ein reizvolles Kaleidoskop.

Geprägt von vielfältigen, immer noch lebendig praktizierten Glaubensrichtungen einer über 4000 Jahre alten Kultur, seinem früheren Reichtum und seiner wechselhaften und oft tragischen Vergangenheit machen Vietnam zum Ziel für Kultur- und Naturfreaks, für Romantiker, Abenteurer und Gourmets. Denn die französischen Kolonialherren haben nicht nur viele steinerne Zeugnisse zurückgelassen, sondern auch Küche und Sprache beeinflusst.

Die Wiedervereinigung des Landes nach dem tragischen Vietnamkrieg, dessen Spuren und Zeugnisse heute noch zu sehen sind, fand am 2. Juli 1976, einem Krebs-Datum, statt. Krebs gilt in der Astrologie als Symbol für Ursprung und Familie. So kann dieses Horoskop als Zeichen dafür gesehen werden, dass das wieder vereinigte Vietnam seine Wurzeln und seinen Frieden gefunden hat.

Der Elementen-Schlüssel zeigt, dass das Wasser-Element am stärksten betont ist, dass aber auch Feuer, Erde und Luft vertreten sind. Man findet also Abenteuer und Sport genauso wie Lust und Sinnlichkeit und wird sich hier auch nicht fremd fühlen, sondern immer wieder über die Gastfreundlichkeit der Vietnamesen staunen.

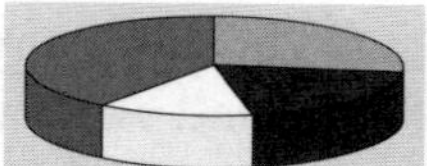

Vietnam	♈ Widder	♉ Stier	♊ Zwillinge	♋ Krebs	♌ Löwe	♍ Jungfrau	♎ Waage	♏ Skorpion	♐ Schütze	♑ Steinbock	♒ Wassermann	♓ Fische
Feuer	☺	☆	☺	♡	☺	☆	☺	♡	☺	☆	☺	☆
Erde	☆	☺	♡	☺	♡	☺	♡	☺	☆	☺	♡	☺
Luft	☾	♡	☾	♡	☾	☆	☾	♡	☾	☆	☾	♡
Wasser	♡	☺	☆	☺	♡	☺	☆	☺	♡	☺	☆	☺

4 **Feuer:** Abenteuer, Action, Sport, Vitalität, Inspiration
3 **Erde:** Natur, Sinnlichkeit, Genuss, Wachstum
2 **Luft:** Leichtigkeit, Kontakt, Kultur, Erneuerung
6 **Wasser:** Geborgenheit, Familie, Fühlen, Ursprung

Zur Bedeutung der Elemente s. S. 43ff., zur Bedeutung von ☺☾☆♡ s. S. 55ff.

♏ Skorpion-Insel **Zypern**

Aphrodites Insel

Immer wieder ist er spürbar, der Geist Aphrodites, der Göttin der Liebe, der Schönheit und der Lust. Auf dieser Insel, so will es die Sage, soll sie in der Nähe eines Felsens zwischen Paphos und Limasol dem Meer entstiegen sein, aus dem Schaum der blauen Fluten geboren. Ihr mystischer Geburtsort ist das heutige Touristenzentrum der Insel. Denn Zypern blickt nicht nur auf 3000 Jahre Geschichte zurück, sondern diese Mittelmeerinsel ist auch eine klassische Badeinsel und bietet alle Wassersportarten, die es gibt. Bereits im April ist das Meer etwa 20 Grad warm und bis November sind die Temperaturen zu Wasser und zu Lande höchst angenehm. So wächst auf Zypern alles, was der Obst- und Gemüsegarten zu bieten hat. Und da die Insel am Scheitelpunkt der Florazonen von Europa, Asien und Afrika liegt, gibt es in dem Naturschutzgebiet ganz im Westen fast 1800 Pflanzenarten und nahezu 270 Vogelarten. Besonders im Frühling, wenn sich die Natur in voller Blüte zeigt, empfehlen sich hier ausgedehnte Wanderungen oder Radtouren. Zur Stärkung nach einem ausgefüllten Tag in der Natur, am Strand oder nach der Besichtigung der zahlreichen Baudenkmäler aus unterschiedlichsten Epochen ist das Nationalgericht Zyperns in einer der zahlreichen Tavernen ein Muss: Meze, das sind viele Schälchen mit den Köstlichkeiten des Landes, oder besser gesagt die Köstlichkeiten aus drei Kontinenten. Dazu zypriotischen

Wein, der schon im Altertum berühmt war, und traditionelle Tänze zu landestypischer Musik. Bei solchen Genüssen wünscht man sich, die Götter würden die Zeit anhalten …

Wegen ihrer bewegten Geschichte ist es ausgesprochen schwierig, diese Insel einem Sternzeichen zuzuordnen. Ein besonders wichtiges Datum ist sicher die Erklärung der Unabhängigkeit des türkisch-zypriotischen Staates am 15. November 1983, einem Skorpion-Datum. Dieses Ereignis manifestiert die Zweiteilung und spiegelt zugleich die ganze Tragik und Dramatik dieser Insel: Skorpion (und seine besondere Energie wird durch die sechs Wasser-Punkte noch verstärkt) steht nämlich für Blut und Blutsbindungen – insofern ist auf absehbare Zeit keine Versöhnung zwischen Griechen und Türken in Sicht. Den hohen Wasser-Anteil spürt jeder, der durch die geteilte Insel reist: Sie weckt Schwere und ein bisschen Traurigkeit. Das Elementen-Horoskop weist des Weiteren fünf Feuer-Punkte auf. Auch das mag als Hinweis für die (kriegerischen) Spannungen betrachtet werden. Aber es ist natürlich auch eine Garantie dafür, dass man viel unternehmen kann. Zwei Luft- und zwei Erde-Punkte sind genug, um wenigstens im sozialen Miteinander die politische Teilung völlig zu vergessen und sicher zu gehen, nicht unter mangelnder Sinnlichkeit zu leiden.

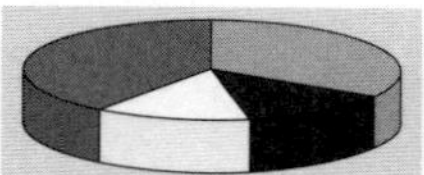

Zypern	♈ Widder	♉ Stier	♊ Zwillinge	♋ Krebs	♌ Löwe	♍ Jungfrau	♎ Waage	♏ Skorpion	♐ Schütze	♑ Steinbock	♒ Wassermann	♓ Fische
Feuer	☺	☆	☺	♡	☺	☆	☺	♡	☺	☆	☺	♡
Erde	☆	☾	♡	☾	☾	☾	♡	☾	☾	☾	♡	☾
Luft	☾	♡	☾	☆	☾	☆	☾	♡	☾	☆	☾	☆
Wasser	♡	☺	☆	☺	☆	☺	♡	☺	♡	☺	☆	☺

5 ● **Feuer:** Abenteuer, Action, Sport, Vitalität, Inspiration
2 ● **Erde:** Natur, Sinnlichkeit, Genuss, Wachstum
2 ○ **Luft:** Leichtigkeit, Kontakt, Kultur, Erneuerung
6 ● **Wasser:** Geborgenheit, Familie, Fühlen, Ursprung

Zur Bedeutung der Elemente s. S. 43ff., zur Bedeutung von ☺☾☆♡ s. S. 55ff.

DIE STÄDTE-HOROSKOPE VON A BIS Z

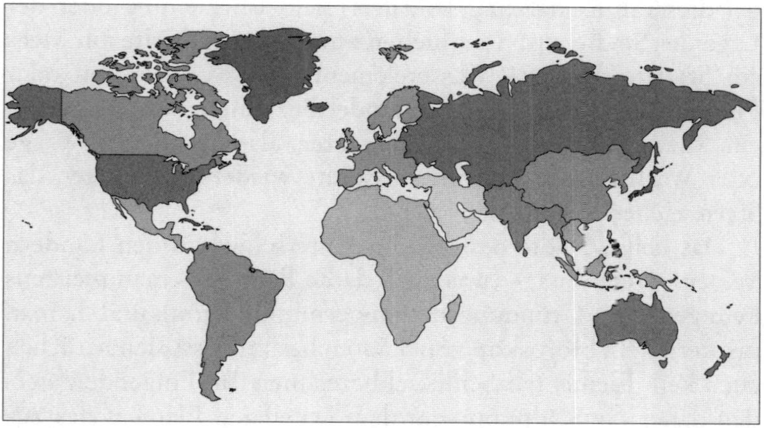

Die astrologische Zuordnung der Städte zu einem Tierkreiszeichen oder den Elementen beruht meist auf Einschätzung. Die Astrologen der Jahrhunderte haben sich allmählich auf eine bestimmte astrologische Zuordnung geeinigt. Zum Teil beruht diese »Taufe« auf Intuition: So hat man zum Beispiel im Mittelalter durch intuitive oder hellseherische Fähigkeiten Listen aufgestellt, auf die sich auch heute noch Astrologen beziehen, wenn sie den Städten Sternzeichen zuordnen. Des Weiteren ging man bei dieser Einschätzung von der Handelsbeziehung oder der Lage der Städte aus. So erhielten zum Beispiel Städte am Meer ein Sternzeichen des Wasserelements (Krebs, Skorpion oder Fische). Eine Stadt, die rege Handelsbeziehung betrieb, bekam ein Sternzeichen mit Luft-Charakter, also Zwillinge, Waage oder Wassermann. Verwaltungsstädte wiederum erhielten das Sternzeichen Steinbock.

Das heißt, Städte besitzen im Unterschied zu den Ländern keinen »Geburtstag« (was auch daran liegt, dass man meistens kein genaues »Gründungsdatum« ermitteln kann), und da man insofern kein Horoskop von Städten besitzt, lässt sich natürlich auch kein Elementen-Schlüssel berechnen. Im Folgenden werden daher die Städte nur mit dem jeweiligen Element des zugeordneten Sternzeichens aufgeführt. Das bedeutet allerdings nicht, dass die anderen Elemente nicht auch vertreten wären.

Krebs-Stadt **Amsterdam**

Leben und leben lassen

Nicht einmal eine Million Einwohner hat die Krebs-Stadt und ehemals reichste Handelsstadt Nordeuropas, und ist dennoch als Weltstadt zu bezeichnen. Denn Amsterdam ist offen, multikulturell und liberal. Das Bild der kleinen, niederländischen Metropole, die auch als Venedig des Nordens gilt, wird geprägt durch schmale Giebelhäuser, zwei grüne Parks, zahlreiche Wasserläufe – die Grachten, auf denen gelebt und gefeiert wird – und freundliche, Fahrrad fahrende Menschen. Kunst und Kultur sind im Museumsviertel versammelt, und wer einmal im Leben einen Einkaräter in der Hand halten will, sollte einen Besuch in der Diamantenschleiferei »Costers« nicht verpassen. Die Taufe zur Krebs-Stadt hat Amsterdam seiner Lage am Wasser zu verdanken. Und zugleich ist in der astrologischen Zuteilung die Sehnsucht holländischer Seefahrer aller Zeiten eingewoben: Wo immer sie sich aufhielten, auf welchem Meer immer sie sich herumtrieben, es gab ein Zuhause – die Krebs-Stadt Amsterdam. Ihre astrologische Zuteilung soll aber nicht heißen, nur Krebse bzw. nur die Wasserzeichen Krebs, Skorpion und Fische könnten hier schöne Ferien machen. Die Feuerzeichen Widder, Löwe und Schütze beruhigt die Stadt nahe am Meer, die Luftzeichen Zwillinge, Waage und Wassermann können hier herrlich bummeln. Und die Erdezeichen Stier, Jungfrau und Steinbock genießen es, unter anderem einkaufen zu gehen und die Küchen aller Herren Länder (besonders chinesisch!) auszuprobieren.

Amsterdam	Widder ♈	Stier ♉	Zwillinge ♊	Krebs ♋	Löwe ♌	Jungfrau ♍	Waage ♎	Skorpion ♏	Schütze ♐	Steinbock ♑	Wassermann ♒	Fische ♓
● Wasser	♡	☾	☆	☺	♡	☾	☆	☺	♡	☾	☆	☺

- Feuer: Abenteuer, Action, Sport, Vitalität, Inspiration
- Erde: Natur, Sinnlichkeit, Genuss, Wachstum
- Luft: Leichtigkeit, Kontakt, Kultur, Erneuerung
- x **Wasser:** Geborgenheit, Familie, Fühlen, Ursprung

Zur Bedeutung der Elemente s. S. 43ff., zur Bedeutung von ☺☾☆♡ s. S. 55ff.

Waage-Stadt **Antwerpen**

Klein, aber kreativ

Die belgische Provinzstadt ist Waage und Europas jüngste Fashion-Metropole. Das liegt zum einen an der Mode-Akademie mit Absolventen, die in die Weltspitze der Designer aufgestiegen und dennoch Antwerpen treu geblieben sind. Zum anderen bietet die Stadt selbst eine besondere »Modenschau«. Verwinkelte Straßen mit einem Architektur-Mix aus Barock, Gotik, Jugendstil und Moderne, das Judenviertel, in dem die Hälfte des gesamten Diamanten-Welthandels über den Tisch geht, Trendy-Bars und -Galerien und natürlich Boutiquen, wo es Mode zu kaufen gibt, von ganz edel bis ziemlich schräg. Das alles und vor allem die Menschen, die hier leben und die oft die Straße in einen Laufsteg verwandeln, machen aus der altehrwürdigen Hafenstadt eine außergewöhnliche Kreation, eine Mischung wie aus Designerhand – und damit eine typische Waage-Stadt, denn dieses Sternzeichen steht für Kunst, Kultur, Geschmack und Schönheit. Waage ist ein Luftzeichen, daher lieben auch die beiden anderen Luftzeichen Wassermann und Zwillinge diese Stadt besonders. Ebenfalls große Anziehung übt sie auf die Feuerzeichen Widder, Löwe und Schütze aus: Antwerpen entfacht ihr Feuer. Die Erdezeichen Stier, Jungfrau und Steinbock haben mehr von dieser Stadt, wenn sie mit einem anderen Sternzeichen zusammen dorthin reisen. Die Wasserzeichen Krebs, Skorpion und Fische wiederum brauchen etwas Zeit, um sich richtig wohl zu fühlen.

Antwerpen	Widder ♈	Stier ♉	Zwillinge ♊	Krebs ♋	Löwe ♌	Jungfrau ♍	Waage ♎	Skorpion ♏	Schütze ♐	Steinbock ♑	Wassermann ♒	Fische ♓
○ Luft	☾	♡	☺	☆	☾	♡	☺	☆	☾	♡	☺	☆

● Feuer: Abenteuer, Action, Sport, Vitalität, Inspiration
● Erde: Natur, Sinnlichkeit, Genuss, Wachstum
x ○ **Luft:** Leichtigkeit, Kontakt, Kultur, Erneuerung
● Wasser: Geborgenheit, Familie, Fühlen, Ursprung

Zur Bedeutung der Elemente s. S. 43ff., zur Bedeutung von ☺☾☆♡ s. S. 55ff.

Schütze-Stadt **Avignon**

Die ganze Welt ist eine Bühne

Straßentheater an der einen Ecke, Musiker an der anderen: Im Sommer verwandelt sich die Schütze-Stadt Avignon in eine große Bühne. Das Festival d'Avignon findet jährlich im Juli und August statt und bietet ein buntes Gemisch aus Theater, Tanz und Musik. Im 14. Jahrhundert war Avignon schon einmal Kulisse für ein berühmtes Szenario, nämlich für ein Stück Kirchengeschichte: Die Stadt wurde damals Amtssitz von Papst Clemens V. und mehreren Nachfolgern. Aus diesen Regierungszeiten stammen prächtige Bauten, die viel über die unterschiedlichen Charaktere ihrer Erbauer aussagen. Die Taufe zur Schütze-Stadt erteilt Avignon auch den astrologischen Segen, auserwählt zu sein. Denn Schütze hat unmittelbar mit Glaube, Religion, aber auch mit Religionskampf zu tun. Außerdem besteht auch zwischen Schütze und Theater, beziehungsweise Theatralik, eine enge Beziehung: Aus der Sicht des Schützen ist das Leben ein einziges großes Drama. So fühlen sich Schützen, aber auch die beiden anderen Feuerzeichen Widder und Löwe hier besonders wohl. Auch die Luftzeichen Zwillinge, Waage und Wassermann finden hier genügend Anregungen, um auf ihre Kosten zu kommen. Die Erdezeichen Stier, Jungfrau und Steinbock haben hier noch mehr Spaß, wenn sie zusammen mit einem Feuer- oder Luftzeichen verreisen; dann schmeckt ihnen die südfranzösische Küche noch besser. Und die Wasserzeichen Krebs, Skorpion und Fische brauchen ein wenig Zeit, um hier richtig warm zu werden.

Avignon	Widder ♈	Stier ♉	Zwillinge ♊	Krebs ♋	Löwe ♌	Jungfrau ♍	Waage ♎	Skorpion ♏	Schütze ♐	Steinbock ♑	Wassermann ♒	Fische ♓
● Feuer	☺	♡	☾	☆	☺	♡	☾	☆	☺	♡	☾	☆

x ● **Feuer:** Abenteuer, Action, Sport, Vitalität, Inspiration
● Erde: Natur, Sinnlichkeit, Genuss, Wachstum
○ Luft: Leichtigkeit, Kontakt, Kultur, Erneuerung
● Wasser: Geborgenheit, Familie, Fühlen, Ursprung

Zur Bedeutung der Elemente s. S. 43ff., zur Bedeutung von ☺☾☆♡ s. S. 55ff.

♓ Fische-Stadt **Bangkok**

Trubel und Entspannung ergänzen sich

Der Abschnitt Fische als letzter im astrologischen Tierkreis beinhaltet auch die anderen elf Zeichen, was zu einer ungeheuren Fülle, aber auch zu einem Chaos an Möglichkeiten führt. Und genauso ist die Fische-Stadt Bangkok: Ihr Puls schlägt in verschiedenen Geschwindigkeiten. Taxis und knatternde Tuk-Tuks wälzen sich mit Bussen und Motorrädern über achtspurige Straßen. Im bunten Treiben von Chinatown und den Nachtmärkten drängen sich Verkaufsstände, auf den Klongs, den Wasserstraßen, die Bangkok wie Adern durchziehen, treiben in der Schwüle Dschunken und schwimmende Märkte. Daneben glänzen moderne Kaufhäuser, und internationale Restaurantketten konkurrieren mit kleinen Essständen. Abgase mischen sich mit dem köstlichen Duft der thailändischen Küche. Diese Reize für alle Sinne finden ihre beruhigenden Gegenpole in den vielen buddhistischen Tempeln, den Wellness-Oasen der luxuriösen Hotels, im Lumphini-Park oder bei einer Runde Golf auf einem der landschaftlich so reizvollen Plätze außerhalb der Stadt. Fische gehört zum Wasserelement, weshalb auch die beiden anderen Wasserzeichen Krebs und Skorpion sich hier schnell wie zu Hause fühlen. Ebenfalls schnell heimisch fühlen sich die Erdezeichen Stier, Jungfrau und Steinbock. Die restlichen sechs Tierkreiszeichen brauchen etwas Zeit, bis sie in Bangkog sicher sind, beziehungsweise haben mehr von einem Aufenthalt in dieser Stadt, wenn sie zusammen mit anderen Sternzeichen verreisen.

Bangkok	Widder ♈	Stier ♉	Zwillinge ♊	Krebs ♋	Löwe ♌	Jungfrau ♍	Waage ♎	Skorpion ♏	Schütze ♐	Steinbock ♑	Wassermann ♒	Fische ♓
● Wasser	♡	☺	☆	☺	♡	☺	☆	☺	♡	☺	☆	☺

● Feuer: Abenteuer, Action, Sport, Vitalität, Inspiration ● Erde: Natur, Sinnlichkeit, Genuss, Wachstum ○ Luft: Leichtigkeit, Kontakt, Kultur, Erneuerung x ● **Wasser:** Geborgenheit, Familie, Fühlen, Ursprung	Zur Bedeutung der Elemente s. S. 43ff., zur Bedeutung von ☺☾☆♡ s. S. 55ff.

♈ Widder-Stadt **Berlin**

Dynamisch und frech

Gleich einem Widder stürmt die Widder-Stadt Berlin vorwärts – und nichts kann sie aufhalten. Wer hier stehen bleibt, der bleibt schon zurück. Berlin hat das Kaiserreich erlebt, die Revolution von 1918, in den 20er Jahren war Berlin der Nabel der Welt. Dann kam die Inflation, danach die Nazis, der Reichstag brannte. Zehn Jahre später zerfiel ganz Berlin in den Bombennächten. Vier-Sektoren-Stadt, die Mauer und schließlich die Wiedervereinigung. Jetzt ist Berlin die Boomtown Nr. 1 in Deutschland. Sie ist die Stadt der Starken, der Ellenbogen und der schnellen Schnauze. Berlin ist eine Widder-Stadt und Hauptstadt eines Landes, das zumindest zum Zeitpunkt der Entstehung dieses Buches von zwei Widder-Geborenen, nämlich Bundeskanzler Gerhard Schröder und Außenminister Joschka Fischer regiert wird.

Die Stadt wirkt wie ein Mosaik aus einzelnen kleinen Städten mit eigenen Zentren. Man muss daher Stadtviertel für Stadtviertel erobern, was fürs Shoppen genauso gilt wie fürs Ausgehen, für Kunst genauso wie für Kultur. Szenetreff ist jetzt vor allem der Osten, der Prenzlauer Berg, Mitte und das noch als Geheimtipp gehandelte Friedrichshain. Widder ist ein Feuerzeichen. Aber Berlin ist so vielfältig, dass hier auch alle anderen Elemente bzw. Tierkreiszeichen in ihren Ferien bestimmt nichts vermissen werden.

Berlin	Widder ♈	Stier ♉	Zwillinge ♊	Krebs ♋	Löwe ♌	Jungfrau ♍	Waage ♎	Skorpion ♏	Schütze ♐	Steinbock ♑	Wassermann ♒	Fische ♓
● Feuer	☺	☆	☺	♡	☺	☆	☺	♡	☺	☆	☾	♡

x ● **Feuer:** Abenteuer, Action, Sport, Vitalität, Inspiration
● Erde: Natur, Sinnlichkeit, Genuss, Wachstum
○ Luft: Leichtigkeit, Kontakt, Kultur, Erneuerung
● Wasser: Geborgenheit, Familie, Fühlen, Ursprung

Zur Bedeutung der Elemente s. S. 43ff., zur Bedeutung von ☺☾☆♡ s. S. 55ff.

♉ Stier-Stadt **Bologna**

Kunst, Kultur und Küche

Die Macht des Wissens und die Macht der Kirche prägten die Stier-Stadt Bologna. Hier wurde im 11. Jahrhundert die erste Universität des Abendlandes gegründet. Zeugnis dafür legen die zahlreichen Universitäts-Museen ab. Ihre Bedeutung im Kirchenstaat seit dem 13. Jahrhundert bezeugen über 200 Kirchen, Klöster und Wallfahrtsstätten. Doch im Herzen der Emilia Romagna wurde und wird nicht nur gebetet und studiert, die Bologneser lieben die Nacht, die Kunst und die Küche, und die ist sogar weltberühmt: Jedes Kind zumindest in Europa und den USA kennt heutzutage »Spaghetti Bolognese«, jene Nudelsoße, die ihren Namen dieser Stadt verdankt. Im astrologischen Tierkreis steht bekanntlich Stier für Genuss und gutes Essen. Dieses kulinarische Schlaraffenland wartet noch mit vielen anderen Köstlichkeiten auf, die nicht nur Stiergeborene in Verzückung versetzt, sondern auch den beiden anderen Erdezeichen Jungfrau und Steinbock Glanzlichter in die Augen treibt. Natürlich essen auch die anderen neun Sternzeichen gerne »cucina italiana«, aber sie werden eher aus anderen Gründen in dieser Stadt Ferien machen: beispielsweise, um toll einzukaufen (Luftzeichen Zwillinge, Waage und Wassermann), der einmaligen Museen wegen (Wasserzeichen Krebs, Skorpion und Fische) oder weil sie vielleicht über ein anderes Sternzeichen Zugang zum Reichtum dieser Stadt bekommen (Feuerzeichen Widder, Löwe und Schütze).

Bologna	Widder ♈	Stier ♉	Zwillinge ♊	Krebs ♋	Löwe ♌	Jungfrau ♍	Waage ♎	Skorpion ♏	Schütze ♐	Steinbock ♑	Wassermann ♒	Fische ♓
● Erde	♡	☺	☆	☺	♡	☺	☾	☺	♡	☺	☾	☾

● Feuer: Abenteuer, Action, Sport, Vitalität, Inspiration x ● **Erde:** Natur, Sinnlichkeit, Genuss, Wachstum ○ Luft: Leichtigkeit, Kontakt, Kultur, Erneuerung ● Wasser: Geborgenheit, Familie, Fühlen, Ursprung	Zur Bedeutung der Elemente s. S. 43ff., zur Bedeutung von ☺☾☆♡ s. S. 55ff.

♑ Steinbock-Stadt **Brüssel**

Von Lebenskunst geprägt

Hätten bei der Suche nach einem Hauptsitz der Europäischen Union astrologische Gesichtspunkte eine Rolle gespielt, wäre die Wahl ebenfalls auf Brüssel gefallen. Denn diese Stadt hat Steinbock-Charakter und bringt so alle Voraussetzungen mit, die eine derartig gigantische Verwaltung und Organisation benötigt. Objektivität, Sachlichkeit, Genauigkeit und Weitblick stecken dieser City sozusagen in den Genen. Dass Brüssel allerdings auch die Hauptstadt der Comics ist, wissen sicher nur wenige; dies passt aber wunderbar sozusagen als Gegengewicht zum allzu strengen und formalen Steinbock. Ein spezieller Stadtplan hilft auf dem Rundgang, alle Riesen-Comics an Straßenecken, in der U-Bahn oder einer Bar zu entdecken.

Steinbock gehört zum Erdelement. Daher ist hier auch für die beiden anderen Erdezeichen Stier und Jungfrau eine interessante Ferienzeit garantiert. Doch ebenso kommen die anderen neun Sternzeichen in Brüssel zu ihrem Recht. Die zahlreichen Prachtbauten aus den unterschiedlichsten Epochen und die Museen werden den Wasserzeichen Krebs, Skorpion und Fische bestimmt beeindruckende Erlebnisse bringen. In den edlen Geschäften und historischen Gasthäusern kommen die Luftzeichen Zwillinge, Waage und Wassermann voll auf ihre Kosten. Aber manche Sternzeichen haben eben mehr von Brüssel, wenn sie nicht alleine dort Ferien machen.

Brüssel	Widder ♈	Stier ♉	Zwillinge ♊	Krebs ♋	Löwe ♌	Jungfrau ♍	Waage ♎	Skorpion ♏	Schütze ♐	Steinbock ♑	Wassermann ♒	Fische ♓
● Erde	♡	☺	♡	☺	☆	☺	♡	☾	☾	☺	☆	☾

● Feuer: Abenteuer, Action, Sport, Vitalität, Inspiration x ● **Erde:** Natur, Sinnlichkeit, Genuss, Wachstum ○ Luft: Leichtigkeit, Kontakt, Kultur, Erneuerung ● Wasser: Geborgenheit, Familie, Fühlen, Ursprung	Zur Bedeutung der Elemente s. S. 43ff., zur Bedeutung von ☺☾☆♡ s. S. 55ff.

Schütze-Stadt **Budapest**

Die Königin an der Donau

Der Schütze-Charakter von Budapest tritt am besten zutage, wenn man sich an ein Donau-Ufer setzt und den Schiffen zusieht, die hier vorüberziehen: das ist Internationalität – und das ist Schütze! Das passt zu diesem Zeichen, in dessen Philosophie keine Grenzen existieren. »Geboren« wurde Budapest erst 1873, als die beiden durch die Donau getrennten Teile Buda und Pest mit Óbuda auch offiziell vereinigt wurden. Ihre Geschichte begann aber schon mit der Ansiedlung der Kelten, ihnen folgten Römer, Ungarn, Tataren und Türken. Sie alle machten die »Königin« an der Donau zu einer unwiderstehlichen Mischung aus reicher Historie und Romantik, aus dynamischer Handelsstadt und brillanter Kulturstadt.

Zu den vielen Besuchern von Budapest sollen nicht nur Menschen zählen, die unter dem gleichen Sternzeichen, also Schütze, oder dem gleichen Element Feuer, also Widder und Löwe, geboren sind. Die Erdezeichen Stier, Jungfrau und Steinbock zum Beispiel interessiert diese City zuallererst als Schlemmerparadies – mit der reichhaltigsten Gänseleberpastete der Welt und wohltuenden Erholungsmöglichkeiten in eleganten Thermalbädern. Von den geistigen Genüssen – Museen und kulturellen Veranstaltungen – fühlen sich bestimmt die Luftzeichen Zwillinge, Waage und Wassermann und die Wasserzeichen Krebs, Skorpion und Fische angesprochen.

Budapest	Widder ♈	Stier ♉	Zwillinge ♊	Krebs ♋	Löwe ♌	Jungfrau ♍	Waage ♎	Skorpion ♏	Schütze ♐	Steinbock ♑	Wassermann ♒	Fische ♓
● Feuer	☺	♡	☾	☆	☺	♡	☾	☆	☺	☆	☾	☆

x ● **Feuer:** Abenteuer, Action, Sport, Vitalität, Inspiration ● Erde: Natur, Sinnlichkeit, Genuss, Wachstum ○ Luft: Leichtigkeit, Kontakt, Kultur, Erneuerung ● Wasser: Geborgenheit, Familie, Fühlen, Ursprung	Zur Bedeutung der Elemente s. S. 43ff., zur Bedeutung von ☺☾☆♡ s. S. 55ff.

Zwillinge-Stadt **Buenos Aires**

Das Herz Argentiniens

Das Lebensgefühl der 12-Millionen-Metropole und Zwillinge-Stadt am Rio de la Plata spiegelt sich im Tango: voll fesselnder Dynamik, kokett und ungeniert, melancholisch und nostalgisch und doch voll im Trend. Hier trifft man Zwillinge- bzw. Luft-Energie pur, ein Wirrwarr von Sprachen, Stilen und Menschen, geprägt von Einwanderern aus der ganzen Welt. Und alle sind bereit für eine Unterhaltung. Über was? Egal! Hauptsache, man redet miteinander!

Die eigentliche Stunde von Buenos Aires schlägt in der Nacht. Dann lädt diese Stadt zum Vergnügungsmarathon ein, vielleicht ins historische und sehr italienisch geprägte Hafenviertel La Boca, ins exklusive Recoleta oder zu einer öffentlichen Tangoshow auf einem Platz im Mondschein. Dabei trifft man dann bestimmt auch nicht nur Zwillinge und die beiden anderen Luftzeichen Waage und Wassermann, sondern garantiert auch viele Erdezeichen also Stiere, Jungfrauen und Steinböcke. Der Grund? In Buenos Aires gibt es ein argentinisches Steak, so zart und saftig wie sonst nirgendwo auf dieser Welt. Die restlichen sechs Sternzeichen finden Ferien in dieser Stadt entweder toll, weil sie jemanden begleiten oder nach einem anfänglichen warming-up selbst auf den Geschmack kommen.

Buenos Aires	Widder ♈	Stier ♉	Zwillinge ♊	Krebs ♋	Löwe ♌	Jungfrau ♍	Waage ♎	Skorpion ♏	Schütze ♐	Steinbock ♑	Wassermann ♒	Fische ♓
○ Luft	☾	☆	☺	♡	☾	☆	☺	♡	☾	☆	☺	☆

● Feuer: Abenteuer, Action, Sport, Vitalität, Inspiration ● Erde: Natur, Sinnlichkeit, Genuss, Wachstum x ○ **Luft:** Leichtigkeit, Kontakt, Kultur, Erneuerung ● Wasser: Geborgenheit, Familie, Fühlen, Ursprung	Zur Bedeutung der Elemente s. S. 43ff., zur Bedeutung von ☺☾☆♡ s. S. 55ff.

♉ Stier-Stadt **Dresden**

Leibliche und geistige Sinnesfreuden

In der Stier-Stadt Dresden wirkt ein starker Geist. Die Industrialisierung begann hier noch vor der im Ruhrgebiet. Hier waren und sind die Menschen immer geradeheraus. Hier hat der Wandel nach der Wende am schnellsten Fuß gefasst. Wer hier lebt, dem kann man viel aufbürden: Dresden, eine Stadt mit Tradition und der Kraft zur Explosion – eine Stadt des Stiers bzw. Erdelements und daher auch der beiden anderen Erdezeichen Jungfrau und Steinbock. Nach Dresden fährt man auch wegen der Kultur, die es hier vielschichtig, geballt und hochkarätig gibt. Diese wiederum lockt vor allem die Luftzeichen Zwillinge, Waage und Wassermann und die Wasserzeichen Krebs, Skorpion und Fische: Architektur, Museen, Tanz und Theater – alles vom Feinsten und alles weltberühmt. Rafaels Sixtinische Madonna, Canelettos Veduten und das Grüne Gewölbe sind nur einige Beispiele für die Hinterlassenschaft sächsischer Könige, die sich in Dresden nicht nur eine repräsentable Residenz, sondern auch eine Schatzkammer der Kunst schufen. Auch die Feuerzeichen Widder, Löwe und Schütze werden bestimmt keinen Tag in dieser Stadt bereuen, so reichhaltig sind die Anregungen, die sie hier finden; ihre Inspiration kommt hier nicht mehr zur Ruhe. Zum Schluss nochmals zurück zum Stier: In Dresden wird gerne und deftig gegessen, getrunken und vor allem gesungen. Diese Sinneslust ist typisch für diese Stadt – und für jeden richtigen Stier.

Dresden	Widder ♈	Stier ♉	Zwillinge ♊	Krebs ♋	Löwe ♌	Jungfrau ♍	Waage ♎	Skorpion ♏	Schütze ♐	Steinbock ♑	Wassermann ♒	Fische ♓
● Erde	☆	☺	♡	☺	☾	☺	♡	☺	☾	☺	♡	☾

● Feuer: Abenteuer, Action, Sport, Vitalität, Inspiration x ● **Erde:** Natur, Sinnlichkeit, Genuss, Wachstum ○ Luft: Leichtigkeit, Kontakt, Kultur, Erneuerung ● Wasser: Geborgenheit, Familie, Fühlen, Ursprung	Zur Bedeutung der Elemente s. S. 43ff., zur Bedeutung von ☺☾☆♡ s. S. 55ff.

♉ Stier-Stadt **Dublin**

Viel Kultur – und noch mehr Bier

Die Stier-Stadt Dublin offenbart ihren astrologischen Charakter jedem und unverblümt: Man fühlt sich hier wohl, kann gut essen und trinken und bekommt das Gefühl, dass einem eigentlich alles egal sein kann, solange man nur satt und zufrieden ist. Ein wichtiges Gefühl für die Menschen hier, denn die Stadt wurde jahrzehntelang stark gebeutelt von politischen Unruhen, verarmte und verfiel zusehends. Zwar ist das soziale Gefälle noch immer Realität, sind die Bausünden unübersehbar und der Verkehr abenteuerlich, doch hat sich die »dirty old town« in den letzten Jahren in rasantem Tempo verändert. So wurde das Viertel Temple Bar »echt stierisch« mit Millionenaufwand zum Kultur- und Kneipenzentrum umgebaut. 700 Pubs sind nötig, um das dunkle Gebräu der größten Schwarzbierbrauerei der Welt unter die Leute zu bringen. Das befriedigt nicht nur den Stier, sondern auch die beiden anderen Erdezeichen Jungfrau und Steinbock. Die Luftzeichen Zwillinge, Waage und Wassermann brauchen vielleicht etwas länger, bis sie in Dublin warm geworden sind, aber dann bekommen sie nicht genug von der enormen Geselligkeit dieser Stadt der Literaten. Die Feuerzeichen Widder, Löwe und Schütze begeistert sicher das irische Pfeil-Spiel Dart, das man in fast jeder Kneipe spielen kann. Und die Wasserzeichen Krebs, Skorpion und Fische bekommen in dieser Stadt genug »Stoff«, mit dem sie sich seelisch auseinandersetzen können (zum Beispiel mit der Geschichte Irlands und Dublins).

Dublin	Widder ♈	Stier ♉	Zwillinge ♊	Krebs ♋	Löwe ♌	Jungfrau ♍	Waage ♎	Skorpion ♏	Schütze ♐	Steinbock ♑	Wassermann ♒	Fische ♓
● Erde	♡	☺	☆	☾	☾	☺	☆	☾	☾	☺	☆	☺

○ Feuer: Abenteuer, Action, Sport, Vitalität, Inspiration x ● **Erde:** Natur, Sinnlichkeit, Genuss, Wachstum ○ Luft: Leichtigkeit, Kontakt, Kultur, Erneuerung ● Wasser: Geborgenheit, Familie, Fühlen, Ursprung	Zur Bedeutung der Elemente s. S. 43ff., zur Bedeutung von ☺☾☆♡ s. S. 55ff.

♈ Widder-Stadt **Florenz**

Stadt der Kunst – und der Lebenskünstler

Florenz ist eine Widder- und damit eine Feuer-Stadt. Diese Energie spürt man sofort, wenn man diesen wunderbaren Ort betritt: Man muss etwas unternehmen, die Stadt entdecken, am besten auf eigene Faust, indem man sich von einer Sehenswürdigkeit zur nächsten locken lässt!

Die beste Aussicht über Florenz bieten die Terrassen der Piazzale de Michelangelo. Weit muss der Blick nicht schweifen, denn das Zentrum der Stadt Michelangelos ist nicht unendlich, doch ist nirgendwo in Europa eine größere Konzentration von Kunstschätzen zu finden. Die Stadt gehört der Kunst, doch ebenso gehört sie den Lebenskünstlern, deren Bühne die eleganten Plätze, die feudalen Corsi, die exklusiven Geschäfte und die charmanten Cafés sind. Es versteht sich fast von selbst, dass diese Stadt neben den Feuerzeichen Widder, Löwe und Schütze die Luftzeichen Zwillinge, Waage und Wassermann magnetisch anzieht: Hier begegnet man auf Schritt und Tritt tollen Leuten, hier pulsiert das Leben. Die Wasserzeichen Krebs, Skorpion und Fische können in den Museen und Kunstausstellungen buchstäblich versinken. Und die Erdezeichen Stier, Jungfrau und Steinbock werden sich neben diesen geistigen bestimmt auch von den sinnlichen Genüssen angezogen fühlen und sich vielleicht bei einem Glas Chianti und einem riesigen Bistecca Fiorentina (Florentiner Steak) erst richtig in den Ferien fühlen.

Florenz	Widder ♈	Stier ♉	Zwillinge ♊	Krebs ♋	Löwe ♌	Jungfrau ♍	Waage ♎	Skorpion ♏	Schütze ♐	Steinbock ♑	Wassermann ♒	Fische ♓
● Feuer	☺	☆	☺	♡	☺	♡	☺	♡	☺	♡	☺	☆

x ● **Feuer:** Abenteuer, Action, Sport, Vitalität, Inspiration
● Erde: Natur, Sinnlichkeit, Genuss, Wachstum
○ Luft: Leichtigkeit, Kontakt, Kultur, Erneuerung
● Wasser: Geborgenheit, Familie, Fühlen, Ursprung

Zur Bedeutung der Elemente s. S. 43ff., zur Bedeutung von ☺☾☆♡ s. S. 55ff.

Wassermann-Stadt **Hamburg**

Stets vorneweg

Eine Wassermann-Stadt ist modern und offen – wie Hamburg. Während in anderen deutschen Städten Prüderie und Scham regierten, hatte Hamburg schon lange die Reeperbahn. Heute setzt die »sündige Meile« auf Unterhaltung, Musicals, Kleinkunst und Live-Musik. Im ehemaligen Eros-Center wohnen jetzt Studenten. Und doch hat St. Pauli mehr Zulauf denn je, man kann sich die ganze Nacht amüsieren, bevor man morgens auf dem Fischmarkt landet. Und ein bisschen von der ehemaligen Verruchtheit ist ja auch noch zu spüren. Die Elbestadt ist ein Welt-Hafen, dessen Zollfreiheit schon Friedrich Barbarossa 1189 verbriefte und so liegt sie am Puls der Welt, erfährt den neuen Trend als erste und setzt ihn als erste um. Hier regiert das Geld, aber niemand protzt damit: Hier herrscht der Wassermann.

Wassermann gehört zum Luftelement. Daher fühlen sich außer den Wassermanngeborenen auch die beiden anderen Luftzeichen Zwillinge und Waage hier sehr wohl und schnell zu Hause. Ebenso gefällt es hier den Feuerzeichen Widder, Löwe und Schütze: Es ist immer etwas los, und wem es langweilig wird, der kann sich im Hafen umsehen oder zur 80 Kilometer entfernten Nordsee fahren. Die Erdezeichen Stier, Jungfrau und Steinbock und die Wasserzeichen Krebs, Skorpion und Fische brauchen ein bisschen länger, sie werden aber früher oder später ebenfalls von Hamburgs Charme gefangen.

Hamburg	Widder ♈	Stier ♉	Zwillinge ♊	Krebs ♋	Löwe ♌	Jungfrau ♍	Waage ♎	Skorpion ♏	Schütze ♐	Steinbock ♑	Wassermann ♒	Fische ♓
○ Luft	☾	♡	☺	☆	☺	♡	☺	☆	☾	♡	☺	☆

● Feuer: Abenteuer, Action, Sport, Vitalität, Inspiration
● Erde: Natur, Sinnlichkeit, Genuss, Wachstum
x ○ **Luft:** Leichtigkeit, Kontakt, Kultur, Erneuerung
● Wasser: Geborgenheit, Familie, Fühlen, Ursprung

Zur Bedeutung der Elemente s. S. 43ff., zur Bedeutung von ☺☾☆♡ s. S. 55ff.

Waage-Stadt **Hongkong**

Spannend und selbstbewusst wie eh und je

Was wird passieren, wenn Hongkong »chinesisch« wird? Diese Frage stellten sich viele Hongkong-Chinesen und flüchteten vor der Unsicherheit ins Ausland. Alle kamen sie zurück, und mit ihnen die Touristen, denn die Waage-Stadt Hongkong ist so reich, so dynamisch und so interessant wie eh und je. So wie das Symbol des astrologischen Taufzeichens dieser Metropole, die Waage, »Kraut und Rüben«, Gold und Silber, ein Kilo Mehl mit einem Kilo Äpfel vergleicht, so bietet Hongkong das wohl balancierte Gleichgewicht des Vielen, faszinierende und unmittelbar nebeneinander liegende Kontraste: asiatische Märkte zwischen Hochhausschluchten, altertümliche Fähren mit mit Handys bewaffneten Geschäftsleuten, die wuselige Enge im Stadtzentrum und die menschenleere Weite der Inselwelt.

Neben den Waage-Geborenen fühlen sich hier auch die beiden anderen Luftzeichen Zwillinge und Wassermann schnell zu Hause. Den Feuerzeichen Widder, Löwe und Schütze wiederum wird es infolge des Gewusels, des Lärms und der Lebendigkeit schnell warm ums Herz. Den Wasserzeichen Krebs, Skorpion und Fische machen genau dieses Chaos und die kulturellen Eigenheiten zunächst Probleme. Aber der Charme von Hongkong lässt schnell alles Fremdeln vergessen: Man ist fasziniert und fühlt sich wie im Märchenland. Den Erdezeichen Stier, Jungfrau und Steinbock ist Hongkong so fremd, dass sie hier jemanden brauchen – sozusagen als Führer, Begleiter und seelischen Schutz.

Hongkong	♈ Widder	♉ Stier	♊ Zwillinge	♋ Krebs	♌ Löwe	♍ Jungfrau	♎ Waage	♏ Skorpion	♐ Schütze	♑ Steinbock	♒ Wassermann	♓ Fische
○ Luft	☾	♡	☺	☆	☾	♡	☺	☆	☾	♡	☺	☆

● Feuer: Abenteuer, Action, Sport, Vitalität, Inspiration
● Erde: Natur, Sinnlichkeit, Genuss, Wachstum
x ○ **Luft:** Leichtigkeit, Kontakt, Kultur, Erneuerung
● Wasser: Geborgenheit, Familie, Fühlen, Ursprung

Zur Bedeutung der Elemente s. S. 43ff., zur Bedeutung von ☺☾☆♡ s. S. 55ff.

♍ Jungfrau-Stadt **Jerusalem**

Stadt des Friedens wird sie genannt

Eine Reise nach Jerusalem, einer Jungfrau-Stadt, ist für viele, gleich ob Christen, Juden oder Muslime, ein Wunsch, den sie sich irgendwann einmal erfüllen wollen. Und sie gehört immer noch zu den meistbesuchten Orten der Welt, obwohl diese Stadt Tag und Nacht von israelischen Soldaten bewacht wird und die Schreckensmeldungen über Bombenanschläge nicht abreißen. Jerusalem ist ein Ort der extremen Gegensätze, die Religions- und Zeitgeschichte mit gewaltiger Macht lebendig werden lassen.

Jungfrau ist eine neutrale und bewegliche Energie. In ihr wirkt ein Bedürfnis nach Entwicklung und Vollendung in Reinheit und Unschuld. Insofern ist diese astrologische Zuordnung für Jerusalem viel mehr als eine Beschreibung. An sie ist eine Hoffnung, ein tiefer Wunsch geknüpft: Dass der Geist dieser Stadt allen Irrungen und Wirrungen trotzen möge. Jungfrau gehört zur Erde-Energie. Insofern lassen sich Jungfraugeborene und die beiden anderen Erdezeichen Stier und Steinbock am schnellsten von dieser Stadt faszinieren. Die Wasserzeichen Krebs, Skorpion und Fische und die Feuerzeichen Widder, Löwe und Schütze zieht gleichermaßen die religiöse Vergangenheit und die Gegenwart in Bann. Auch die Luftzeichen Zwillinge, Waage und Wassermann können sich dem Geist dieser Stadt nicht entziehen. Und obendrein lässt sich's hier fantastisch gut einkaufen und in den zahlreichen Discos bis zum Morgen tanzen.

Jerusalem	Widder ♈	Stier ♉	Zwillinge ♊	Krebs ♋	Löwe ♌	Jungfrau ♍	Waage ♎	Skorpion ♏	Schutze ♐	Steinbock ♑	Wassermann ♒	Fische ♓
● Erde	☾	☺	☾	☾	☾	☺	☾	☾	☾	☺	☾	☾

○ Feuer: Abenteuer, Action, Sport, Vitalität, Inspiration
x ● **Erde:** Natur, Sinnlichkeit, Genuss, Wachstum
○ Luft: Leichtigkeit, Kontakt, Kultur, Erneuerung
● Wasser: Geborgenheit, Familie, Fühlen, Ursprung

Zur Bedeutung der Elemente s. S. 43ff., zur Bedeutung von ☺☾☆♡ s. S. 55ff.

Waage-Stadt **Lissabon**

Eine moderne Metropole mit Seefahrertradition

Ein Hauch der reichen Geschichte, die bereits im ersten Jahrhundert vor Christus begann, lässt sich im heutigen Lissabon vielerorts erahnen. Am besten erkundet man die meisten Sehenswürdigkeiten mit der Straßenbahn, denn diese Waage-Metropole breitet sich über zahlreiche Hügel aus.

In zweifacher Weise lässt sich der Waage-Charakter Lissabons erkennen: zum einen am Handel und zum anderen an der ausgewogenen, harmonischen Stimmung bzw. Ästhetik. Lissabon, das Zentrum eines einstigen Weltreiches, hat den Handel einfach im Blut: Nichts gab es auf dieser Welt, das nicht irgendwann durch den Hafen dieser Stadt geschleust wurde. Die besondere Ästhetik wiederum entdeckt man in jedem Winkel, auf jedem Platz, von jedem Hügel aus: Lissabon sieht so aus, als hätte es ein Maler gemalt – immer im richtigen Licht, in den passenden Farben und ausgewogenen Formen.

Waage gehört zum Luftelement. Daher fühlen sich neben Waagegeborenen auch die beiden anderen Luftzeichen Zwillinge und Wassermann hier pudelwohl und schnell zu Hause. Schnell fangen auch Widder, Löwen und Schützen hier Feuer, nicht zuletzt wegen des Umlandes von Lissabon, in dem man soviel unternehmen kann. Die anderen sechs Sternzeichen verlieben sich zwar nicht auf Anhieb in diese Stadt, aber keines wird es bereuen, hier eine Zeit lang Ferien zu machen und die Stadt und ihre Geschichte zu entdecken.

Lissabon	Widder ♈	Stier ♉	Zwillinge ♊	Krebs ♋	Löwe ♌	Jungfrau ♍	Waage ♎	Skorpion ♏	Schütze ♐	Steinbock ♑	Wassermann ♒	Fische ♓
○ Luft	☾	♡	☺	♡	☾	☆	☺	♡	☾	☆	☺	☆

● Feuer: Abenteuer, Action, Sport, Vitalität, Inspiration
● Erde: Natur, Sinnlichkeit, Genuss, Wachstum
x ○ **Luft:** Leichtigkeit, Kontakt, Kultur, Erneuerung
● Wasser: Geborgenheit, Familie, Fühlen, Ursprung

Zur Bedeutung der Elemente s. S. 43ff., zur Bedeutung von ☺☾☆♡ s. S. 55ff.

Zwillinge-Stadt **London**

Eine Reise durch die Jahrhunderte

London zählt als Zwillinge-Stadt zum Luft-Clan. Das passt zu dieser Stadt, die uns so viele Gesichter zeigt, dass wir gar nicht erkennen können, welches das wahre ist. Ist es das London der Geschichte von Heinrich VIII. und Maria Stuart, oder der swinging Drive der Moderne? Hier gibt es die verrücktesten Klamotten, Avantgarde-Design, faszinierende Filme und den Sound, der die Ohren zum Klingen bringt. Bei einer Zeitreise durch die unterschiedlichsten Epochen ist es schwer, sich zu entscheiden zwischen den historischen Kunstwerken einerseits und den modernen Museen und Galerien andererseits. Auch bei den Kaufhäusern hat man die Qual der Wahl: In welches Kaufhaus gehe ich zuerst? Liberty, Harrods, Fortnum & Mason oder doch lieber in eines der kleinen wilden Geschäfte? Aber welches? Und dabei scheint es auch noch so, als böte jede Ecke, die man passiert, und jede Straße, die man kreuzt, eine Vielzahl der unterschiedlichsten Geschichten, die alle interessant und wissenswert sind.

Zwillinge ist ein Luftzeichen, daher fühlen sich hier Zwillingegeborene am wohlsten. Da aber in der Zwillinge-Stadt London einfach alles zu finden ist, was die Welt zu bieten hat, geraten auch die anderen elf Sternzeichen früher oder später in ihren Bann. Oder anders gesagt: Wer in der Stadt an der Themse kein Vergnügen mehr findet, der wird auch im Leben kaum mehr etwas lebenswert finden.

London	♈ Widder	♉ Stier	♊ Zwillinge	♋ Krebs	♌ Löwe	♍ Jungfrau	♎ Waage	♏ Skorpion	♐ Schütze	♑ Steinbock	♒ Wassermann	♓ Fische
○ Luft	☺	♡	☺	♡	☺	☆	☺	♡	☺	☆	☺	☆

- ● Feuer: Abenteuer, Action, Sport, Vitalität, Inspiration
- ● Erde: Natur, Sinnlichkeit, Genuss, Wachstum
- x ○ **Luft:** Leichtigkeit, Kontakt, Kultur, Erneuerung
- ● Wasser: Geborgenheit, Familie, Fühlen, Ursprung

Zur Bedeutung der Elemente s. S. 43ff., zur Bedeutung von ☺☾☆♡ s. S. 55ff.

Löwe-Stadt **Los Angeles**

Traumfabrik am Pazifik

Ihre Fans glorifizieren die 15-Millionen-Metropole und Löwe-Stadt LA als Inbegriff des kalifornischen Traums von Sonne und Strand, von Glamour und Freiheit, ihre Kritiker bezeichnen sie als Stadtmoloch aus Highways und Smog. An »Big Orange«, wie die Stadt sich auch nennt, scheiden sich die Geister, und doch ist sie mehr als nur einen zweiten Blick wert. Herrlich am Pazifik gelegen, mit angenehmem Klima ist sie ein Synonym für jugendliche Freiheit und Lebensfreude, für Selbstbewusstsein, Innovation und Kreativität. Wer in der City selbst das Löwehafte noch nicht richtig spürt, der muss eben nach Hollywood. In diesem Hexenkessel aus Show, Kult, Macht, Sex und Business werden Löwe-Träume lebendig. Hier gewinnt, wer wie ein Löwe strahlt, lächelt, schreitet, brüllt und liebt.

Löwe zählt zum Feuerelement. Daher zieht es neben Löwegeborenen auch die beiden anderen Feuerzeichen Widder und Schütze magnetisch in diese Stadt. Aber auch die Luftzeichen Zwillinge, Waage und Wassermann erliegen beinahe genauso stark diesem Sog; man muss hier einfach einmal gewesen sein, wenn man zu den »Happy few« dazugehören will. Hingegen kann das große (Show-)Getöse dieser Stadt die restlichen sechs Tierkreiszeichen einige Überwindung kosten, es sei denn, sie lernen die Stadt durch die Augen eines anderen kennen, den sie schätzen und lieben.

Los Angeles	Widder ♈	Stier ♉	Zwillinge ♊	Krebs ♋	Löwe ♌	Jungfrau ♍	Waage ♎	Skorpion ♏	Schütze ♐	Steinbock ♑	Wassermann ♒	Fische ♓
● Feuer	☺	♡	☺	♡	☺	☆	☺	♡	☺	☆	☺	☆

x ● **Feuer:** Abenteuer, Action, Sport, Vitalität, Inspiration
● Erde: Natur, Sinnlichkeit, Genuss, Wachstum
○ Luft: Leichtigkeit, Kontakt, Kultur, Erneuerung
● Wasser: Geborgenheit, Familie, Fühlen, Ursprung

Zur Bedeutung der Elemente s. S. 43ff., zur Bedeutung von ☺☾☆♡ s. S. 55ff.

♋ Krebs-Stadt **Mailand**

Kühle Schöne mit südlichem Flair

Die astrologische Zuordnung Krebs hat Mailand von seinem Mutterland Italien übernommen. Allerdings zeigte es früher eher die kühle Schale des Krebses, bis vor ungefähr fünf Jahren galt Mailand sogar als das Preußen Italiens. Design wurde lieber exportiert als zur Schau gestellt. Heute jedoch werden zwischen der Via della Spiga und Via Santo Spirito Luxuswaren als Kunstobjekte in polierten Vitrinen dargeboten. Wer immer daran denkt, seiner Wohnung, seinem Haus oder seinem Garten mehr gemütlichen Wohlstand (ein Hauptinteresse des Krebshaften) zu verpassen, der muss in dieser Stadt shopping gehen. Mit der Lebensart kam auch die Lebenslust. Heute gibt es viele neue Bars, expressiv gekleidete Menschen mit viel Spaß am Feiern. Und das passende Designer-Outfit dafür ist in den »Stocchisti« oft nur für ein Zehntel des offiziellen Preises zu ergattern.

Krebs gehört zum Wasserelement. Daher fühlen sich außer Krebsgeborenen auch die beiden anderen Wasserzeichen Skorpion und Fische hier schnell sehr wohl und wie zu Hause. Auch den Erdezeichen Stier, Jungfrau und Steinbock gefällt Mailand beinahe auf Anhieb, der berühmten Küche und des unendlichen Angebots an schönen Dingen wegen. Das lässt auch allemal die restlichen sechs Sternzeichen zumindest für ein, zwei Tage in Mailand Halt machen. Wenn es mehr sein soll, brauchen sie jedoch eine zusätzliche Motivation, zum Beispiel einen lieben Menschen, der sie begleitet.

Mailand	Widder ♈	Stier ♉	Zwillinge ♊	Krebs ♋	Löwe ♌	Jungfrau ♍	Waage ♎	Skorpion ♏	Schütze ♐	Steinbock ♑	Wassermann ♒	Fische ♓
● Wasser	♡	☺	☆	☺	☾	☾	♡	☺	♡	☾	☾	☺

● Feuer: Abenteuer, Action, Sport, Vitalität, Inspiration
● Erde: Natur, Sinnlichkeit, Genuss, Wachstum
○ Luft: Leichtigkeit, Kontakt, Kultur, Erneuerung
x ● **Wasser:** Geborgenheit, Familie, Fühlen, Ursprung

Zur Bedeutung der Elemente s. S. 43ff., zur Bedeutung von ☺☾☆♡ s. S. 55ff.

♊ Zwillinge-Stadt **Marrakesch**

Eine Oase für die Sinne

Internationale Designer haben diese Zwillinge-Stadt seit einigen Jahren entdeckt: ihre lockenden und leuchtenden Farben, ihre alten kunstvollen Ornamente, ihr traditionelles Handwerk – doch nicht nur zu ihrer Inspiration. Viele sind so fasziniert, dass sie sich hier einen Wohnsitz geschaffen haben. Dies kommt den Besuchern der »Roten Perle«, so wird Marrakesch wegen seiner roten Lehmmauern genannt, zugute, denn viele Anwesen wurden auch zu Hotels umgebaut, die mit orientalischer Pracht in ein Märchen aus Tausendundeiner Nacht entführen.

Zwillinge-Energie ist seiner Natur nach leicht, bunt, laut und vielseitig. Und diese schönen Seiten zeigt Marrakesch auch. Zwillinge verdrängen allerdings auch alles Hässliche und Ungereimte. Und so trifft man in Marrakesch zunächst einmal immer den schönen Schein. Zwillinge zählen zum Luftelement. Daher fliegen neben Zwillingegeborenen vor allem auch die beiden anderen Luftzeichen Waage und Wassermann auf diese Stadt. Bei den Feuerzeichen Widder, Löwe und Schütze kommt noch die Lust am Abenteuer hinzu, das diese Stadt im Norden Afrikas einfach in sich hat. Die Wasserzeichen Krebs, Skorpion und Fische sind vor allem von der schillernden Fremdheit fasziniert, die ihnen wie ein »Trip« in eine andere Welt erscheint. Und die Erdezeichen Stier, Jungfrau und Steinbock haben am meisten von Marrakesch, wenn sie jemanden begleiten, den sie lieben – und dann durch dessen Augen diese wunderbare Stadt entdecken.

Marrakesch	Widder ♈	Stier ♉	Zwillinge ♊	Krebs ♋	Löwe ♌	Jungfrau ♍	Waage ♎	Skorpion ♏	Schütze ♐	Steinbock ♑	Wassermann ♒	Fische ♓
○ Luft	☾	♡	☺	☾	☾	♡	☺	☆	☾	♡	☺	☆

- ● Feuer: Abenteuer, Action, Sport, Vitalität, Inspiration
- ● Erde: Natur, Sinnlichkeit, Genuss, Wachstum
- x ○ **Luft:** Leichtigkeit, Kontakt, Kultur, Erneuerung
- ● Wasser: Geborgenheit, Familie, Fühlen, Ursprung

Zur Bedeutung der Elemente s. S. 43ff., zur Bedeutung von ☺☾☆♡ s. S. 55ff.

♑ Steinbock-Stadt **Moskau**

Das Auge Russlands

Viele Reiseführer benötigen viel Papier für die Beschreibung all der Türme, Museen, Paläste, Regierungsgebäude und Kathedralen. Was man dort nicht findet, ist das astrologische Zeichen: Moskau ist eine Steinbock-Stadt und dadurch (auch astrologisch) dafür prädestiniert, die Hauptstadt und Schaltzentrale Russlands zu sein. Alles geht von hier aus – und endet wieder hier: Nicht nur russische Geschichte wurde und wird hier gesponnen, sondern auch alle großen Dinge. Das ist steinböckische Philosophie: Alles im Auge – alles unter Kontrolle zu haben! Und wenn Moskau das Auge Russlands ist, dann ist der Kreml – ein Muss für jeden Moskau-Reisenden – das Auge Moskaus.

Steinbock ist ein Erdezeichen. Daher sind neben Steinbock-Geborenen vor allem die beiden anderen Erdezeichen Stier und Jungfrau in ihrem Element und können die Macht und Verantwortung spüren, die hier zu Hause ist. Die Wasserzeichen Krebs, Skorpion und Fische wiederum sind fasziniert von der russischen Seele – einer Mischung zwischen Leidenschaft und Melancholie – von der die Stadt Zeugnis ablegt. Den restlichen sechs Sternzeichen ist Moskau zunächst etwas fremd, sie brauchen Zeit, bzw. einen Menschen, für den es sich lohnt, gewisse Vorbehalte erst einmal abzulegen.

Moskau	Widder ♈	Stier ♉	Zwillinge ♊	Krebs ♋	Löwe ♌	Jungfrau ♍	Waage ♎	Skorpion ♏	Schütze ♐	Steinbock ♑	Wassermann ♒	Fische ♓
● Erde	☆	☺	♡	☾	☆	☺	♡	☾	☾	☺	♡	☾

○ Feuer: Abenteuer, Action, Sport, Vitalität, Inspiration x ● **Erde:** Natur, Sinnlichkeit, Genuss, Wachstum ○ Luft: Leichtigkeit, Kontakt, Kultur, Erneuerung ● Wasser: Geborgenheit, Familie, Fühlen, Ursprung	Zur Bedeutung der Elemente s. S. 43ff., zur Bedeutung von ☺☾☆♡ s. S. 55ff.

♏ Skorpion-Stadt **München**

Geliebtes Millionendorf

Das Oktoberfest, das Hofbräuhaus und Bayern München haben die Isar-Metropole in den hintersten Winkeln der Welt bekannt gemacht. München ist eine Skorpion-Stadt. Das bedeutet, dass sich Skorpion-Geborene hier besonders wohl und zu Hause fühlen. Das bedeutet aber nicht, dass jeder, der im Zeichen dieses Sternzeichens geboren ist, auch automatisch dazugehört, selbst wenn sich im Biergarten jeder zu jedem setzt und man schnell Bekanntschaften schließt. So schön es für jeden »Zugroasten« oder »Turi« hier auch ist, um richtig dazuzugehören zu den richtigen Münchnern, muss man nicht nur selbst, sondern müssen mindestens auch die Eltern hier geboren sein. Denn die eherne Skorpion-Regel lautet: »Nur wer das richtige (Münchnerische eben!) Blut hat, darf sich einen (echten!) Münchner nennen.« Das hält aber weder Skorpiongeborene noch die anderen elf Sternzeichen ab, hier Ferien zu machen. Denn München hat eine Menge zu bieten: Erstens die sprichwörtliche bayerische Gemütlichkeit, zweitens die Weißwurst, drittens den weiß-blauen Himmel, viertens die Sommertage mit den »Nackerten« im Englischen Garten, fünftens Kunst und Kultur in den zahlreichen Theatern und Museen, sechstens barocke Pracht in den Kirchen, siebtens das Umland mit seinen Seen und Bergen, achtens einfach »a Weiße« unter einem Kastanienbaum …

München	Widder ♈	Stier ♉	Zwillinge ♊	Krebs ♋	Löwe ♌	Jungfrau ♍	Waage ♎	Skorpion ♏	Schütze ♐	Steinbock ♑	Wassermann ♒	Fische ♓
● Wasser	♡	☾	♡	☺	♡	☾	♡	☺	♡	☾	♡	☺

● Feuer: Abenteuer, Action, Sport, Vitalität, Inspiration
● Erde: Natur, Sinnlichkeit, Genuss, Wachstum
○ Luft: Leichtigkeit, Kontakt, Kultur, Erneuerung
x ● **Wasser:** Geborgenheit, Familie, Fühlen, Ursprung

Zur Bedeutung der Elemente s. S. 43ff., zur Bedeutung von ☺☾☆♡ s. S. 55ff.

♋ Krebs-Stadt **New Orleans**

Südstaatenromantik mit französischem Flair

Feucht, schwül, eng – das ist keine Beschreibung einer Jazz-Bar in New Orleans, das gibt vielmehr die Stimmung der gesamten City wieder. Und diese Worte spiegeln ebenfalls trefflich das astrologische Naturell der Stadt: Krebs-Energie – eine Mixtur aus Seelenlust und -schmerz, Sehnsucht, Wehmut, Lust und Sinnlichkeit. Hier wurde sowohl der Jazz als auch so legendäre Musiker wie Louis Armstrong und Fats Domino geboren.

Krebs zählt zum Wasser-Clan. Daher zieht diese Stadt neben Krebsgeborenen vor allem die beiden anderen Wasserzeichen Skorpion und Fische in den Bann. Auch die Erdezeichen Stier, Jungfrau und Steinbock kommen gerne hierher. Denn so heiß wie die Musik, die vor allem im French Quarter aus den Bars schallt, so heiß ist auch die Küche. Cajun und kreolische Gerichte sind chilischarf gewürzt. Wer es milder mag, ist mit französischen Speisen gut beraten.

Den Feuerzeichen Widder, Löwe und Schütze werden in New Orleans auf Schritt und Tritt Erinnerungen an den Sklaven- und Rassenkrieg begegnen. Für die Luftzeichen Zwillinge, Waage und Wassermann wiederum ist das soziale und kommunikative Leben in der City und in den Bars eine Reise nach New Orleans wert.

New Orleans	Widder ♈	Stier ♉	Zwillinge ♊	Krebs ♋	Löwe ♌	Jungfrau ♍	Waage ♎	Skorpion ♏	Schütze ♐	Steinbock ♑	Wassermann ♒	Fische ♓
● Wasser	☾	☺	☆	☺	☾	☾	♡	☺	☾	☺	☾	☺

● Feuer: Abenteuer, Action, Sport, Vitalität, Inspiration ● Erde: Natur, Sinnlichkeit, Genuss, Wachstum ○ Luft: Leichtigkeit, Kontakt, Kultur, Erneuerung x ● **Wasser:** Geborgenheit, Familie, Fühlen, Ursprung	Zur Bedeutung der Elemente s. S. 43ff., zur Bedeutung von ☺☾☆♡ s. S. 55ff.

Wassermann-Stadt **New York**

Alles oder nichts

Die USA sind ein Krebs-Land. Aber ihre wichtigste Metropole ist eine Wassermann-Stadt. Entsprechend tanzt hier jeder seine eigene Show. Und jeder ist Star und Nobody zugleich. Wer immer in diese Stadt reist, sollte jedes Pflichtprogramm vergessen. Will er unbedingt einige Plätze, Museen, Straßen oder Restaurants besuchen, sollte er sich auf wenige Ziele beschränken – und eine Stadtrundfahrt unternehmen. Ansonsten unbedingt den eigenen Impulsen folgen! Im Hotel ist zu erfahren, welche Viertel und Straßen zur Zeit relativ sicher sind. Und dann los!

Seit dem 11. September 2001 ist New York um eine entsetzliche Attraktion reicher. Und auch sie passt symbolhaft zur Wassermann-Energie, die grenzenlos ist, sich immer zwischen größtmöglichen Extremen bewegt, und niemals untergeht: Selbst diese Katastrophe wird New York, die Wassermann-Stadt, überleben – und noch glänzender erstehen.

Neben Wassermann-Geborenen und den beiden anderen Luftzeichen Zwillinge und Waage zieht sie auch die Feuerzeichen, allen voran die Löwen, an: Denn New York ist lebendig wie ein pulsierendes Herz. Die Wasserzeichen Krebs, Skorpion und Fische und die Erdezeichen Stier, Jungfrau und Steinbock haben hier Startprobleme: zu laut, zu groß, zu protzig! Was ihnen hilft, ist die richtige Reisebegleitung, am besten ein Luftzeichen: Durch seine Augen New York zu erleben, löst Ressentiments in Luft auf …

New York	Widder ♈	Stier ♉	Zwillinge ♊	Krebs ♋	Löwe ♌	Jungfrau ♍	Waage ♎	Skorpion ♏	Schütze ♐	Steinbock ♑	Wassermann ♒	Fische ♓
○ Luft	☾	☆	☺	♡	☺	☆	☺	♡	☾	☆	☺	♡

● Feuer: Abenteuer, Action, Sport, Vitalität, Inspiration ● Erde: Natur, Sinnlichkeit, Genuss, Wachstum x ○ **Luft:** Leichtigkeit, Kontakt, Kultur, Erneuerung ● Wasser: Geborgenheit, Familie, Fühlen, Ursprung	Zur Bedeutung der Elemente s. S. 43ff., zur Bedeutung von ☺☾☆♡ s. S. 55ff.

♏ Skorpion-Stadt **Paris**

Ein Fest fürs Leben

In vielen Liedern wird sie besungen, für viele Filme war und ist sie Kulisse und Handlungsort. Sie wird als Stadt der Liebe und als Stadt der Haute Couture bezeichnet. Sie ist Inbegriff westlicher Lebensart, und wenigstens einmal muss man dort gewesen sein. Schon in den ersten Stunden an der Seine sind viele vom Paris-Virus infiziert, dessen Symptome sich in der Sehnsucht äußern, diese Stadt immer und immer wieder zu erleben: Endlich einmal die Mona Lisa im Louvre zu bewundern, die vielen Treppen zu Sacré-Cœur hinaufzusteigen, in einem Bistro bei einem Café Crème Paris zu beobachten und zu spüren … Paris ist eine Skorpion-Stadt. Als solche offenbart sie dem Besucher und Reisenden niemals alles. Man wird freundlich aufgenommen, aber man muss dort geboren sein, um wirklich dazuzugehören.

Skorpion zählt zum Wasserelement. Daher wirkt der »Paris-Virus« bei Skorpiongeborenen und den beiden anderen Wasserzeichen Krebs und Fische am schnellsten und nachhaltigsten. Die Erdezeichen Stier, Jungfrau und Steinbock zieht es natürlich wegen der weltbekannten Sinnlichkeit, die Paris verströmen soll, dorthin. Zumindest beim Stier spielt auch die französische Küche eine beachtliche Rolle. Die Feuerzeichen Widder, Löwe und Schütze wollen etwas erleben, besteigen als erstes den Eiffelturm und lassen sich dann vom Montmartre inspirieren. Und den Luftzeichen Zwillinge, Waage und Wassermann bereitet die luftige, leichte Atmosphäre von Paris das größte Urlaubsglück.

Paris	♈ Widder	♉ Stier	♊ Zwillinge	♋ Krebs	♌ Löwe	♍ Jungfrau	♎ Waage	♏ Skorpion	♐ Schutze	♑ Steinbock	♒ Wassermann	♓ Fische
● Wasser	☆	☺	☆	☺	☾	☾	☾	☺	☾	☾	♡	☺

○ Feuer: Abenteuer, Action, Sport, Vitalität, Inspiration ● Erde: Natur, Sinnlichkeit, Genuss, Wachstum ○ Luft: Leichtigkeit, Kontakt, Kultur, Erneuerung x ● **Wasser:** Geborgenheit, Familie, Fühlen, Ursprung	Zur Bedeutung der Elemente s. S. 43ff., zur Bedeutung von ☺☾☆♡ s. S. 55ff.

Fische-Stadt **Rio de Janeiro**

Temperament rund um den Zuckerhut

Der glamourös und freizügig gefeierte Carneval do Brasil ist ein Höhepunkt im Jahr, der andere ist Silvester, wenn zwei Millionen Anhänger afro-brasilianischer Kultur, ganz in Weiß gekleidet, an der Copacabana zu den Klängen wilder Macumba-Rhythmen und mit einem furiosen Feuerwerk der Meeresgöttin Iemanjá mit Blumen huldigen. So laut und bunt wie die hoch aufsteigenden Raketen ist die 6-Millionen-Metropole und Fische-Stadt Rio de Janeiro eigentlich das ganze Jahr. Doch es gibt Inseln der Ruhe, wie beispielsweise in der tropischen Landschaft, die man mit der Zahnradbahn, die auf den Corcovado führt, durchfährt. Oben auf dem Gipfel breitet die fast vierzig Meter hohe weiße Christusstatue als Willkommensgruß und schützende Geste die Arme aus. Vielleicht ist das auch das deutlichste Zeichen des fischehaften Rios: die tiefe Religiosität dieser Stadt und ihre Verbundenheit mit dem Kult und den Mythen der einstigen Indio-Kultur und der Schwarz-Afrikas. Fische gehört zum Wasserelement, weswegen sich außer Fischegeborenen auch die beiden anderen Wasserzeichen Krebs und Skorpion in Rio gleich zu Hause fühlen: Ihre Seele empfindet schnell, dass sie in dieser Stadt Raum finden kann. Auch die Erdezeichen Stier, Jungfrau und Steinbock fühlen, dass sie bei sich selbst sind, und dass ihre Sinnlichkeit erwacht. Die Luft- und Feuerzeichen brauchen in dieser Stadt etwas Zeit, oder sie besuchen sie dann, wenn etwas Extraordinäres geboten wird, zum Beispiel den Karneval.

Rio de Janeiro	Widder ♈	Stier ♉	Zwillinge ♊	Krebs ♋	Löwe ♌	Jungfrau ♍	Waage ♎	Skorpion ♏	Schütze ♐	Steinbock ♑	Wassermann ♒	Fische ♓
● Wasser	☾	☺	☾	☺	☾	☺	☾	☺	☾	☺	☾	☺

● Feuer: Abenteuer, Action, Sport, Vitalität, Inspiration
● Erde: Natur, Sinnlichkeit, Genuss, Wachstum
○ Luft: Leichtigkeit, Kontakt, Kultur, Erneuerung
x ● **Wasser:** Geborgenheit, Familie, Fühlen, Ursprung

Zur Bedeutung der Elemente s. S. 43ff., zur Bedeutung von ☺☾☆♡ s. S. 55ff.

Löwe-Stadt **Rom**

Ein Gesamtkunstwerk

Etwas abgegriffen klingt sie schon, die Bezeichnung »Ewige Stadt« und doch passt keine besser. Die Löwe-Stadt Rom ist uralt und ultramodern. Und den Löwen trifft man überall in dieser Stadt, er zeigt sich im Selbstbewusstsein der Römer, im Strahlen ihrer Augen, im bombastischen Kult ihrer Bauwerke und im Mythos ihrer Geschichte. Löwegeborene fühlen sich daher in Rom auch vom ersten Augenblick an in ihrem Element und beginnen selbst, mehr wie Löwen zu wirken – selbstbewusster, sicherer, strahlender – so, als würde die Löwe-Energie aus den Straßen und Mauern kommen und auf sie übergehen. Beinahe genauso ansteckend ist der »römische Löwe« für die beiden anderen Feuerzeichen Widder und Schütze. Auch die Wasserzeichen Krebs, Skorpion und Fische leben bei einem Spaziergang durch Rom regelrecht auf. Dieser Gang durch die Jahrtausende, durch Menschheits- und Kirchengeschichte, durch ein Museum unter freiem Himmel, befriedigt sie in ihrem Innersten, während sich Momente des überwältigten Schauens, des sprachlosen Staunens und des gläubigen Betens abwechseln. Das bewegt zwar auch die Erdezeichen Stier, Jungfrau und Steinbock und die Luftzeichen Zwillinge, Waage und Wassermann, aber die letzteren bevorzugen einen Kaufrausch in den verführerischen Geschäften oder einen glutäugigen Flirt in einer heißen Sommernacht. Und die Erdezeichen werden Rom ohne eine Schlemmerorgie in einer Osteria nicht verlassen.

Rom	Widder ♈	Stier ♉	Zwillinge ♊	Krebs ♋	Löwe ♌	Jungfrau ♍	Waage ♎	Skorpion ♏	Schütze ♐	Steinbock ♑	Wassermann ♒	Fische ♓
● Feuer	☺	☆	☾	☾	☺	☆	☾	☾	☺	☆	☾	☾

x ● **Feuer:** Abenteuer, Action, Sport, Vitalität, Inspiration ● Erde: Natur, Sinnlichkeit, Genuss, Wachstum ○ Luft: Leichtigkeit, Kontakt, Kultur, Erneuerung ● Wasser: Geborgenheit, Familie, Fühlen, Ursprung	Zur Bedeutung der Elemente s. S. 43ff., zur Bedeutung von ☺☾☆♡ s. S. 55ff.

Wassermann-Stadt **San Francisco**

Nummer Eins in Kalifornien

San Francisco ist – typisch Wassermann – seiner Zeit voraus. Hier begann in den 60er Jahren die »Flower-Power-Bewegung« und später eine alternative Esskultur. Mehr oder weniger sämtliche modernen Psycho-Methoden kommen aus dieser Stadt oder ihrer näheren Umgebung; und hier soll die größte homoerotische Szene leben. »The City«, so nennen Insider die Stadt, fasziniert schon auf den ersten Blick: die Skyline und die Brücken, die Lage am Pazifik und die vielen steilen Hügel. Keine Stadt im Westen der USA löst soviel Begeisterung aus, und doch ist sie alles andere als typisch amerikanisch, eher eine Mischung aus Europa und Asien. Mit mehr als 70000 Menschen gibt es hier die zweitgrößte Chinesengemeinde nach New York, mit eigener Zeitung, Radiostation, Telefonvermittlung und Restaurants mit allem, was die asiatische Küche zu bieten hat.

Klar, dass sich Wassermanngeborene in diesem ultramodernen Völkergemisch wohl fühlen: Das entspricht genau ihrer Vision einer Welt ohne Grenzen. Und so sind auch die beiden anderen Luftzeichen Zwillinge und Waage in ihrem Element. Auch die Feuerzeichen Widder, Löwe und Schütze leben hier auf, denn es wird so viel geboten, dass man selbst während eines Aufenthalts von einer Woche nur einen Bruchteil abhaken kann. Der Rest vom Tierkreis hat seine Anfangsschwierigkeiten – zu laut, zu hektisch, zu ungemütlich – bis er San Francisco ins Herz schließen kann.

San Francisco	Widder ♈	Stier ♉	Zwillinge ♊	Krebs ♋	Löwe ♌	Jungfrau ♍	Waage ♎	Skorpion ♏	Schütze ♐	Steinbock ♑	Wassermann ♒	Fische ♓
○ Luft	☺	♡	☺	♡	☺	♡	☺	♡	☺	☆	☺	☆

● Feuer: Abenteuer, Action, Sport, Vitalität, Inspiration ● Erde: Natur, Sinnlichkeit, Genuss, Wachstum x ○ **Luft:** Leichtigkeit, Kontakt, Kultur, Erneuerung ● Wasser: Geborgenheit, Familie, Fühlen, Ursprung	Zur Bedeutung der Elemente s. S. 43ff., zur Bedeutung von ☺☾☆♡ s. S. 55ff.

Waage-Stadt **Shanghai**

Stadt des Lächelns

Erwacht nach fünfzig Jahren erzwungenem Dornröschenschlaf repräsentiert die 15-Millionen-Metropole und Waage-Stadt Shanghai heute das moderne China. Als »Dragon Head«, als Wirtschaftshoffnung des Riesenlandes, ist hier so ziemlich alles erlaubt, wenn es nur dem Erfolg dient – und, das entspricht der Waage-Maxime, der diese Stadt astrologisch untersteht – solange es lächelnd geschieht. Sieben Tage ist Shanghai zum Einkaufen geöffnet, in Bars, Restaurants und Clubs wird die Nacht zum Tag, wie schon einmal in den wilden 20er und 30er Jahren, als die »Perle des Ostens« eleganter und exaltierter war als ihre europäischen Vorbilder.

Handel, Charme, Luftigkeit, Diplomatie, Liebe und Stil: Das alles spricht natürlich zuerst einmal die Menschen an, die unter dem gleichen Sternzeichen geboren sind, also Waagegeborene. Hier leben sie in ihrer ureigensten Welt. Da Waage zum Luftelement zählt, springt die Begeisterung auch schnell auf die beiden anderen Luftzeichen Zwillinge und Wassermann über. Bei den Feuerzeichen sind es vor allem die Löwegeborenen, die sich hier bald heimisch fühlen: Diese Stadt weckt die Inspiration und macht lebendig. Die anderen Tierkreiszeichen brauchen Zeit und sollten auch eine gewisse Bereitschaft für diese Stadt mitbringen – dann öffnet sie auch ihnen ihr pulsierendes Herz.

Shanghai	Widder ♈	Stier ♉	Zwillinge ♊	Krebs ♋	Löwe ♌	Jungfrau ♍	Waage ♎	Skorpion ♏	Schutze ♐	Steinbock ♑	Wassermann ♒	Fische ♓
○ Luft	☆	☾	☺	☾	☺	☆	☺	☆	☺	☆	☺	☆

● Feuer: Abenteuer, Action, Sport, Vitalität, Inspiration ● Erde: Natur, Sinnlichkeit, Genuss, Wachstum x ○ **Luft:** Leichtigkeit, Kontakt, Kultur, Erneuerung ● Wasser: Geborgenheit, Familie, Fühlen, Ursprung	Zur Bedeutung der Elemente s. S. 43ff., zur Bedeutung von ☺☾☆♡ s. S. 55ff.

Löwe-Stadt **Sydney**

Lebenslust am anderen Ende der Welt

Sydney, Stadt der Olympischen Sommerspiele 2000, ist riesig – fünfmal so groß wie Berlin. Wegen ihrer traumhaften Lage ist sie trotz ihrer Größe eine der schönsten Metropolen der Welt. Eine weltoffene Stadt, in der mehr als 100 verschiedene Völker und Rassen friedlich zusammenleben. Sydney ist eine Löwe-Stadt. An 240 Tagen im Jahr scheint die Sonne, und so sind Freizeitgefühl und Urlaubsstimmung allgegenwärtig. Baden und Surfen im glasklaren Pazifikwasser gehört für die Einwohner der australischen Hauptstadt zum Alltag. Viele sagen, die Menschen hier seien fröhlicher und lebenslustiger als anderswo.

Natürlich zieht diese Stadt Löwegeborene an wie Honig einen Bären. Sydney zeigt sich so, wie sie es sich immer wünschen: groß, prächtig, freizügig, tolerant. Da Löwe zum Element Feuer gehört, sind auch die beiden anderen Feuerzeichen Widder und Schütze begeistert: Klima, Leute und Stimmung wärmen ihr Herz. Auch den Luftzeichen Zwillinge, Waage und Wassermann entspricht die Lebensart Sydneys, vor allem die Leichtigkeit, mit der man miteinander in Kontakt kommt. Die anderen sechs Tierkreiszeichen haben ihre Anlaufschwierigkeiten – den Wasserzeichen fehlt eine spezifische Geschichte der Stadt, und die Erdzeichen fremdeln. Aber wenn sie sich erst einmal eingewöhnt haben (etwa mit Hilfe eines Menschen mit einem für Sydney passenderen Sternzeichen) kann es leicht geschehen, dass sie sich in diese Stadt verlieben.

Sydney	Widder ♈	Stier ♉	Zwillinge ♊	Krebs ♋	Löwe ♌	Jungfrau ♍	Waage ♎	Skorpion ♏	Schütze ♐	Steinbock ♑	Wassermann ♒	Fische ♓
● Feuer	☺	♡	☺	☆	☺	♡	☺	☆	☺	♡	☺	☆

x ● **Feuer:** Abenteuer, Action, Sport, Vitalität, Inspiration
● Erde: Natur, Sinnlichkeit, Genuss, Wachstum
○ Luft: Leichtigkeit, Kontakt, Kultur, Erneuerung
● Wasser: Geborgenheit, Familie, Fühlen, Ursprung

Zur Bedeutung der Elemente s. S. 43ff., zur Bedeutung von ☺☾☆♡ s. S. 55ff.

♋ Krebs-Stadt **Venedig**

Gondeln und Geschichten

Venedig hat seine astrologische Zuordnung zum Krebs vom Mutterland Italien. Und der Krebs begegnet einem hier auf Schritt und Tritt als Mythos einer Stadt, die auf dem Wasser schwimmt und ein besonderes Lebenselixier verströmt. Wer hier, auf einer Brücke, einer Piazza oder einem Boot nicht spürt, dass das Dasein ein verwunschener Zaubergarten, ein Märchen, ein Traum ist, der ist aus Holz oder aus Stein. Venedig zieht alle an: frisch verliebte Paare, Individualisten auf der Suche nach sich selbst, reiche amerikanische Ladys oder die »Touri«-Gruppe aus der Pfalz. Wohl kaum eine andere Stadt wird seit Jahrhunderten so häufig als Schauplatz der verschiedensten Geschichten und Filme benutzt, so häufig literarisch beschrieben. Selbst jene, die noch nie in der Lagunenstadt waren, haben ein klares Bild vor Augen.

Krebsgeborene und die anderen Wasserzeichen Skorpion und Fische fühlen sich von der Magie dieser Stadt am stärksten angezogen: In einer Gondel im Mondenschein vorbei an alten Palazzi zu gleiten … Kann es etwas geben, was dem Wasserelement mehr entspricht? Natürlich erliegen auch alle anderen Sternzeichen dem Zauber Venedigs. Aber die Erdzeichen zieht es eher auf den Markusplatz, um einen (sündhaft teuren) Capuccino zu genießen. Die Luftzeichen sind vom italienischen Temperament begeistert. Und die Feuerzeichen fühlen sich vom Hafen magisch angezogen, um dort – wenigstens in Gedanken – mit den Schiffen auf große Fahrt zu gehen.

Venedig	Widder ♈	Stier ♉	Zwillinge ♊	Krebs ♋	Löwe ♌	Jungfrau ♍	Waage ♎	Skorpion ♏	Schütze ♐	Steinbock ♑	Wassermann ♒	Fische ♓
● Wasser	☾	☺	☾	☺	☾	☺	☾	☺	☾	☺	☾	☺

○ Feuer: Abenteuer, Action, Sport, Vitalität, Inspiration ● Erde: Natur, Sinnlichkeit, Genuss, Wachstum ○ Luft: Leichtigkeit, Kontakt, Kultur, Erneuerung x ● **Wasser:** Geborgenheit, Familie, Fühlen, Ursprung	Zur Bedeutung der Elemente s. S. 43ff., zur Bedeutung von ☺☾☆♡ s. S. 55ff.

♈ Widder-Stadt **Verona**

Stadt der Liebe und des Streits

Verona ist eine Widder- und damit eine Feuer-Stadt – und sie ist der Ort einer der schönsten, aber auch der tragischsten Liebesgeschichten. Der Geist Romeos und Julias scheint heute noch durch die romantischen Gassen und über die malerischen Plätze zu wehen. Vielleicht ist es nur ein Wunschgedanke, aber Liebespaare scheint es in Verona mehr zu geben als anderswo. Dazu aber sollten Sie wissen, dass Auseinandersetzung und Streit in dieser Stadt stärker sind als die Liebe: Die Geschichte Romeos und Julias ist astrologisch betrachtet keine Ausnahme, sondern eher die Regel. Denn Widder bedeutet Reibung und Kampf und nicht trautes Beieinandersein. Deshalb ist es vielleicht besser, das Angebot der Stadt Verona an Liebespaare, in den historischen Räumen von Julia und Romeo zu heiraten, nicht wahrzunehmen …

Widdergeborene und die anderen Feuerzeichen Löwe und Schütze spüren den spritzigen, frischen Geist dieser Stadt am ehesten: Sie leben auf und werden unternehmungslustig. Die Luftzeichen Zwillinge, Waage und Wassermann können sich nicht satt sehen an den Schaufenstern der Boutiquen. Und wenn sie dann – zu zweit – unter Tausenden von Menschen in der Arena von Verona sitzen und im Mondenschein einer Oper lauschen, sind sie im Glück. Die Erdezeichen werden Verona nicht verlassen, ohne die besten Enotecas ausprobiert zu haben. Und die Wasserzeichen sind hoffentlich mit einem Feuer- oder Luftzeichen unterwegs: Dann nämlich wird hier alles noch schöner.

Verona	Widder ♈	Stier ♉	Zwillinge ♊	Krebs ♋	Löwe ♌	Jungfrau ♍	Waage ♎	Skorpion ♏	Schütze ♐	Steinbock ♑	Wassermann ♒	Fische ♓
● Feuer	☺	☆	☾	♡	☺	☆	☾	♡	☺	☾	☾	♡

x ● **Feuer:** Abenteuer, Action, Sport, Vitalität, Inspiration
● Erde: Natur, Sinnlichkeit, Genuss, Wachstum
○ Luft: Leichtigkeit, Kontakt, Kultur, Erneuerung
● Wasser: Geborgenheit, Familie, Fühlen, Ursprung

Zur Bedeutung der Elemente s. S. 43ff., zur Bedeutung von ☺☾☆♡ s. S. 55ff.

♎ Waage-Stadt **Wien**

Kultur, Genuss und morbider Charme

Wien ist eine Waage-Stadt und gleich so typisch Waage, dass sie eigentlich ins Lehrbuch für Astrologie gehört: Typisch Waage ist zum Beispiel der Schmäh der Oberkellner, die Nonchalance der Kaffeehäuser und der Eindruck, dass jeder Wiener und jede Wienerin trotz Sigmund Freud in einer permanenten Beziehungskrise stecken. Wien ist eine Stadt zwischen Lust und Verdruss, zwischen souveräner Lebensklugheit und larmoyanter Todessehnsucht, sie besitzt von allen Extremen etwas. Man lernt Wien schätzen, wenn man all die prächtigen Bauten, Museen und Theater besucht und mehrere Stunden in Caféhäusern verbringt. Doch verstehen lernt man Wien, wenn man ihre Waage-Natur versteht – und sie liebt: »Wien, Wien nur Du allein …!«

Dass das Herz von Waagen hier schneller (und glücklicher) schlägt als anderswo, liegt auf der Hand. Ihr Element ist Luft. Daher erwischt auch die beiden anderen Luftzeichen Zwillinge und Wassermann der Wien-Virus ganz schnell: Sie vergessen über einen Disput in einem Café die Zeit. Den Erdezeichen fehlt auf Dauer die grüne Natur, aber ein paar Tage lang trösten Sachertorte und Wiener Schnitzel darüber gut hinweg. Die Feuerzeichen bleiben gern in Wien, weil der sanfte Charme der Stadt ihre angeborene Unruhe besänftigt. Und die Wasserzeichen? Sie fremdeln anfangs, weil ihnen alles oberflächlich scheint. Aber wenn sie lange genug bleiben, erliegen auch sie dem echten »Wiener Schmäh«.

Wien	Widder ♈	Stier ♉	Zwillinge ♊	Krebs ♋	Löwe ♌	Jungfrau ♍	Waage ♎	Skorpion ♏	Schütze ♐	Steinbock ♑	Wassermann ♒	Fische ♓
○ Luft	☾	♡	☺	☆	☾	☆	☺	☆	☾	☆	☺	☆

● Feuer: Abenteuer, Action, Sport, Vitalität, Inspiration
● Erde: Natur, Sinnlichkeit, Genuss, Wachstum
x ○ **Luft:** Leichtigkeit, Kontakt, Kultur, Erneuerung
● Wasser: Geborgenheit, Familie, Fühlen, Ursprung

Zur Bedeutung der Elemente s. S. 43ff., zur Bedeutung von ☺☾☆♡ s. S. 55ff.

Marianne Riermeier studierte Betriebswirtschaft und ist seit vielen Jahren Mitarbeiterin des Bayerischen Rundfunks. Sie gestaltet und betreut redaktionell Magazin- und Gesprächssendungen und eigene Filme im Fernsehen, von Zeitgeist-Themen bis zu bayerischer Tradition, von Kunst und Kultur bis hin zur Gesundheit. Die Themen Reisen und Astrologie sind ihr ein besonderes Anliegen.

Marianne Riermeier arbeitet seit vielen Jahren mit Erich Bauer zusammen. Unter den gemeinsamen Projekten war auch eine astrologische Fernsehsendung, die ein breites Publikum fand. Für »Das Reisehoroskop« konnte Marianne Riermeier auf ihre zahlreichen Erfahrungen, die sie bei ihren ausgedehnten privaten und beruflichen Reisen gemacht hat, zurückgreifen.

Erich Bauer, geboren 1942, Studium der Psychologie in München mit Diplom in klinischer Psychologie, viele Jahre in therapeutischen Kliniken als Diplompsychologe und Therapeut tätig. Seit 1980 intensive Beschäftigung mit Astrologie. Studium in Indien und den USA, seit dieser Zeit Anwendung der Astrologie gemeinsam mit psychologischen Methoden.

Erich Bauer ist Chefastrologe der weltweit größten Astrologiezeitschrift »Astrowoche«, bekannt durch regelmäßige astrologische Beiträge in Zeitschriften, Radio und im Fernsehen, und Verfasser zahlreicher Veröffentlichungen über Astrologie und verwandte Themen. Seit zehn Jahren betreibt er eine eigene astrologisch-therpeutische Praxis in München und führt Seminare und Einzelsitzungen zum Thema »Astrologische Familientherapie« durch.

Informationen bei:
Erich Bauer · Postfach 22 11 15 · D-80501 München
E-Mail: Erich-Bauer-Planetwork@t-online.de
Internet: www.erich-bauer-planetwork.de

Register

Hier können Sie nachschlagen, wie gut ein Sternzeichen zu den Reiseländern und Städten und Inseln passt.

☺ Das *Sonnen-Zeichen* bedeutet, dass sich das jeweilige Sternzeichen an diesem Urlaubsort voll ausleben kann. Ein optimales Reiseziel.

☾ Das *Mond-Symbol* bedeutet, dass sich das jeweilige Sternzeichen ebenfalls gut ausleben kann, solange es sich dem Urlaubsort gegenüber besonders aufgeschlossen zeigt.

☆ Das *Sternen-Symbol* bedeutet, dass sich die Übereinstimmungen zwischen dem jeweiligen Sternzeichen und dem Urlaubsort erst allmählich offenbaren.

♡ Das *Herz-Symbol* bedeutet, dass sich das jeweilige Sternzeichen an diesem Urlaubsort nur dann voll ausleben kann, wenn es in Begleitung eines anderen Sternzeichens reist, das sich dort auf Anhieb sehr wohl fühlt.

Ihr Sternzeichen / **Reiseziel, Sternzeichen, Seite**		Widder ♈	Stier ♉	Zwillinge ♊	Krebs ♋	Löwe ♌	Jungfrau ♍	Waage ♎	Skorpion ♏	Schütze ♐	Steinbock ♑	Wassermann ♒	Fische ♓
Ägypten ♊	60	☺	☆	☺	☆	☺	♡	☺	♡	☺	☆	☺	☆
Amsterdam ♋	215	♡	☾	☆	☺	♡	☾	☆	☺	♡	☾	☆	☺
Antigua/Barbuda ♏	62	♡	☺	☆	☺	♡	☺	♡	☺	♡	☺	♡	☺
Antwerpen ♎	216	☾	♡	☺	☆	☾	♡	☺	☆	☾	♡	☺	☆
Argentinien ♋	64	♡	☺	♡	☺	♡	☺	♡	☺	☆	☺	♡	☺
Australien ♌	66	☺	☾	☾	♡	☺	☾	☾	♡	☺	☾	☾	♡
Avignon ♐	217	☺	♡	☾	☆	☺	♡	☾	☆	☺	♡	☾	☆
Bahamas ♋	68	☆	☆	♡	☺	☾	♡	♡	☺	☾	☆	☆	☺
Bali ♌	70	☺	☆	☺	♡	☺	☆	☺	♡	☺	☆	☺	♡
Bangkok ♓	218	♡	☺	☆	☺	♡	☺	☆	☺	♡	☺	☆	☺
Barbados ♐	72	☺	♡	☾	☾	☺	☆	☾	♡	☺	☆	☾	☆
Belgien ♎	74	☺	♡	☺	☆	☺	♡	☺	☆	☺	♡	☺	☆
Berlin ♈	219	☺	☆	☺	♡	☺	☆	☺	♡	☺	☆	☾	♡

Reiseziel, Sternzeichen, Seite / Ihr Sternzeichen			Widder ♈	Stier ♉	Zwillinge ♊	Krebs ♋	Löwe ♌	Jungfrau ♍	Waage ♎	Skorpion ♏	Schütze ♐	Steinbock ♑	Wassermann ♒	Fische ♓
Bologna	♉	220	♡	☺	☆	☺	♡	☺	☾	☺	♡	☺	☾	☾
Brasilien	♍	78	☆	☺	♡	☾	♡	☺	♡	♡	♡	☺	☆	☾
Brüssel	♑	221	♡	☺	♡	☺	☆	☺	♡	☾	☾	☺	☆	☾
Budapest	♐	222	☺	♡	☾	☆	☺	♡	☾	☆	☺	☆	☾	☆
Buenos Aires	♊	223	☾	☆	☺	♡	☾	☆	☺	♡	☾	☆	☺	☆
Burma	♑	76	☆	☺	♡	☺	☾	☺	♡	☺	☾	☺	☆	☺
Chile	♈	80	☺	♡	☆	♡	☺	♡	☆	♡	☺	♡	☆	♡
China	♎	82	☺	♡	☺	☆	☾	♡	☺	☆	☺	♡	☺	☆
Costa Rica	♍	84	☆	☺	☆	☺	☾	☺	♡	☺	☾	☺	☆	☺
Dänemark	♊	86	☺	♡	☺	☆	☺	♡	☺	☆	☺	♡	☺	☆
Deutschland	♎	88	☾	♡	☺	☆	☾	♡	☺	☆	☾	♡	☺	☆
Dominik. Republik	♐	90	☺	☆	☺	♡	☺	☆	☺	♡	☺	♡	☺	☆
Dresden	♉	224	☆	☺	♡	☺	☾	☺	♡	☺	☾	☺	♡	☾
Dublin	♉	225	♡	☺	☆	☾	☾	☺	☆	☾	☾	☺	☆	☺
England	♑	92	☆	☺	♡	☺	♡	☺	♡	☺	☾	☺	♡	☺
Fidschi-Inseln	♎	94	☺	♡	☺	♡	☺	☆	☺	☆	☺	☆	☺	♡
Finnland	♐	96	☺	☾	☾	☆	☺	☾	☾	☆	☺	☆	☾	♡
Florenz	♈	226	☺	☆	☺	♡	☺	♡	☺	♡	☺	♡	☺	☆
Frankreich	♎	98	☺	♡	☺	☆	☺	☆	☺	♡	☺	☆	☺	☆
Galápagos-Inseln	♓	100	♡	☺	☆	☺	♡	☺	♡	☺	☆	☺	♡	☺
Griechenland	♌	102	☺	☆	☺	♡	☺	♡	☺	♡	☺	♡	☺	♡
Guatemala	♍	104	☾	☺	♡	☾	☾	☺	♡	☾	☾	☺	♡	☾
Hamburg	♒	227	☾	♡	☺	☆	☺	♡	☺	☆	☾	♡	☺	☆
Hongkong	♎	228	☾	♡	☺	☆	☾	♡	☺	☆	☾	♡	☺	☆
Indien	♒	106	☺	♡	☺	♡	☺	♡	☺	♡	☺	♡	☺	☆
Iran	♈	108	☺	☾	☾	♡	☺	☆	☾	♡	☺	☆	☾	♡
Irland	♈	110	☺	♡	☾	♡	☺	☆	☾	♡	☺	♡	☾	♡
Island	♐	112	☺	☆	☺	♡	☺	☆	☺	☆	☺	☆	☺	☆
Israel	♉	114	☆	☺	♡	☾	♡	☺	♡	☾	☆	☺	♡	☾
Italien	♋	116	♡	☾	☆	☺	☾	☾	♡	☺	♡	☺	♡	☺
Jamaica	♌	118	☺	♡	☺	♡	☺	☆	☺	♡	☺	☆	☺	♡
Japan	♉	120	☆	☺	♡	☾	☆	☺	♡	☾	☆	☺	♡	☾

Ihr Sternzeichen / Reiseziel, Sternzeichen, Seite		Widder ♈	Stier ♉	Zwillinge ♊	Krebs ♋	Löwe ♌	Jungfrau ♍	Waage ♎	Skorpion ♏	Schütze ♐	Steinbock ♑	Wassermann ♒	Fische ♓
Jemen ♐	122	☆	☆	☺	☆	☆	☆	☺	☆	☆	☆	☺	☆
Jerusalem ♍	229	☾	☺	☾	☾	☾	☺	☾	☾	☾	☺	☾	☾
Jordanien ♊	124	☺	♡	☺	☆	☾	♡	☺	♡	☺	♡	☺	♡
Kambodscha ♈	126	☺	♡	☾	♡	☺	♡	☾	♡	☺	♡	☾	♡
Kanada ♋	128	☾	☺	☆	☺	☾	☺	♡	☺	☾	☺	♡	☺
Kenia ♐	130	☺	☆	☺	♡	☺	☆	☺	♡	☺	☆	☺	♡
Kreta ♉	132	☆	☺	☆	☾	☆	☺	☆	☾	☆	☺	☆	☾
Kroatien ♏	134	♡	☾	♡	☺	♡	☆	♡	☺	♡	☆	☆	☺
Kuba ♑	136	☆	☺	☆	☾	☆	☺	♡	☾	♡	☺	♡	☾
Libanon ♏	138	♡	☺	♡	☺	♡	☺	☆	☺	♡	☺	♡	☺
Libyen ♍	140	♡	☺	♡	☺	☆	☺	♡	☺	☾	☺	☆	☾
Lissabon ♎	230	☾	♡	☺	♡	☾	☆	☺	♡	☾	☆	☺	☆
London ♊	231	☺	♡	☺	♡	☺	☆	☺	♡	☺	☆	☺	☆
Los Angeles ♌	232	☺	♡	☺	♡	☺	☆	☺	♡	☺	☆	☺	☆
Madagaskar ♋	142	♡	☺	♡	☺	☾	☺	♡	☺	☾	☺	☆	☺
Mailand ♋	233	♡	☺	☆	☺	☾	☾	♡	☺	♡	☾	☾	☺
Malaysia ♍	144	☆	☺	☆	☺	☾	☺	♡	☺	☆	☺	♡	☾
Mallorca ♉	146	☆	☺	☆	☾	♡	☺	♡	☺	♡	☺	♡	☾
Malta ♍	148	☆	☺	♡	☺	♡	☺	♡	☺	☆	☺	♡	☺
Marokko ♊	150	☺	♡	☺	☆	☺	☾	☺	☆	☺	☾	☺	☆
Marrakesch ♊	234	☾	♡	☺	☾	☾	♡	☺	☆	☾	♡	☺	☆
Mauritius ♓	152	♡	☺	☆	☺	☾	☺	♡	☺	☾	☺	☆	☺
Mexiko ♒	154	☺	♡	☺	☆	☺	☆	☺	♡	☺	☆	☺	☆
Monaco ♉	156	☆	☺	♡	☾	☾	☺	♡	☆	♡	☺	☆	♡
Moskau ♑	235	☆	☺	♡	☾	☆	☺	♡	☾	☾	☺	♡	☾
München ♏	236	♡	☾	♡	☺	♡	☾	♡	☺	♡	☾	♡	☺
Namibia ♈	158	☺	☆	☾	♡	☺	♡	☾	♡	☺	☆	☾	♡
Neuseeland ♎	160	☺	♡	☺	☆	☺	☆	☺	♡	☺	☆	☺	☆
New Orleans ♋	237	☾	☺	☆	☺	☾	☾	♡	☺	☾	☺	☾	☺
New York ♒	238	☾	☆	☺	♡	☺	☆	☺	♡	☾	☆	☺	♡
Niederlande ♌	162	☺	♡	☺	♡	☺	☆	☺	♡	☺	☆	☺	☆
Norwegen ♊	164	☺	☆	☺	☆	☺	☆	☺	☆	☺	♡	☺	☆

Reiseziel, Sternzeichen, Seite / Ihr Sternzeichen		♈ Widder	♉ Stier	♊ Zwillinge	♋ Krebs	♌ Löwe	♍ Jungfrau	♎ Waage	♏ Skorpion	♐ Schütze	♑ Steinbock	♒ Wassermann	♓ Fische
Österreich ♏	166	♡	☺	☆	☺	♡	☺	☾	☺	☆	☺	☆	☺
Oman ♌	168	☺	☆	☾	♡	☺	☆	☾	☾	☺	♡	☾	♡
Paris ♏	239	☆	☺	☆	☺	☾	☾	☾	☺	☾	☾	♡	☺
Peru ♐	170	☺	♡	☺	♡	☺	☆	☺	♡	☺	☆	☺	♡
Polen ♍	172	♡	☺	♡	☺	☆	☺	♡	☺	☆	☺	☆	☺
Portugal ♉	174	☆	☺	♡	☺	☆	☺	♡	☺	☆	☺	☆	☺
Rio de Janeiro ♓	240	☾	☺	☾	☺	☾	☺	☾	☺	☾	☺	☾	☺
Rom ♌	241	☺	☆	☾	☾	☺	☆	☾	☾	☺	☆	☾	☾
Russland ♏	176	♡	☺	☆	☺	☾	☺	♡	☺	☾	☺	♡	☺
San Francisco ♒	242	☺	♡	☺	♡	☺	♡	☺	♡	☺	☆	☺	☆
Sansibar ♉	178	☾	☺	♡	☾	☆	☺	♡	☾	☆	☺	♡	☾
Schottland ♈	180	☺	♡	☺	♡	☺	☆	☺	☆	☺	☆	☺	☆
Schweden ♐	182	☺	☆	☾	♡	☺	☆	☾	♡	☺	☆	☾	☺
Schweiz ♍	184	☾	☺	☆	☺	☆	☺	♡	☺	☾	☺	☆	☺
Seychellen ♋	186	♡	☾	♡	☺	♡	☾	♡	☺	♡	☾	♡	☺
Shanghai ♎	243	☆	☾	☺	☾	☺	☆	☺	☆	☺	☆	☺	☆
Spanien ♏	188	♡	☺	☆	☺	♡	☺	♡	☺	☾	☺	☆	☺
Sri Lanka ♊	190	☺	♡	☺	☆	☺	♡	☺	☆	☺	♡	☺	☆
Südafrika ♑	192	☆	☺	♡	☺	☆	☺	♡	☺	☾	☺	♡	☺
Sydney ♌	244	☺	♡	☺	☆	☺	♡	☺	☆	☺	♡	☺	☆
Tansania ♐	194	☺	♡	☺	♡	☺	☆	☺	♡	☺	☆	☺	♡
Thailand ♋	196	♡	☾	♡	☺	☺	☾	♡	☺	♡	☾	♡	☺
Tschechien ♑	198	☆	☺	♡	☺	☆	☺	♡	☺	☾	☺	☆	☺
Türkei ♏	200	♡	☺	☆	☺	☆	☺	♡	☺	♡	☺	♡	☺
Tunesien ♊	202	☺	♡	☺	♡	☺	♡	☺	☆	☺	♡	☺	♡
Ungarn ♏	204	♡	☺	♡	☺	♡	☺	♡	☺	♡	☺	♡	☺
USA ♋	206	♡	☺	♡	☺	♡	☺	♡	☺	☾	☺	♡	☺
Venedig ♋	245	☾	☺	☾	☺	☾	☺	☾	☺	☾	☺	☾	☺
Verona ♈	246	☺	☆	☾	♡	☺	☆	☾	♡	☺	☾	☾	♡
Vietnam ♋	208	♡	☺	☆	☺	♡	☺	☆	☺	♡	☺	☆	☺
Wien ♎	247	☾	♡	☺	☆	☾	☆	☺	☆	☾	☆	☺	☆
Zypern ♏	210	♡	☺	☆	☺	☆	☺	♡	☺	♡	☺	☆	☺

Erich Bauer

Das astrologische Gesundheitsbuch

mit Ihrem persönlichen Astro-Gesundheitspass

216 Seiten, Festeinband, ISBN 3-7205-2232-6

Gesundheit hat nicht nur mit richtiger Ernährung oder Fitness zu tun. Einfluss auf die körperliche und seelische Konstitution haben auch die Planeten.

Erich Bauer ermöglicht dem Leser die faszinierende Analyse der eigenen astrologischen Daten im Buch und zeigt ihm, wie er sich auf der Basis der astrologischen Medizin selbst therapieren kann: mit der Bewusstwerdung der eigenen Anlagen, mit Selbst-Massage, sinnlichen Duftölen oder magischen Steinen. Im Buch enthalten ist alles, was der Leser für die Analyse benötigt: Planeten-Tabellen, eine Darstellung des »Astromenschen« und ein »Astro-Gesundheitspass«.

Stärken Sie Ihre Gesundheit mit Hilfe der Sterne!

KAILASH

Erich Bauer

Die Kraft der Ahnen

Familienschicksale im Horoskop

256 Seiten, Festeinband, ISBN 3-89631-262-6

Spiegelt sich das Schicksal unserer Familienmitglieder und Ahnen im eigenen Geburtshoroskop wider? Erich Bauer verbindet Astrologie und systemische Familienpsychologie. Er geht davon aus, dass das Geburtshoroskop im Grunde einer Familienaufstellung gleicht, und die Stellungen der Planeten zueinander den Beziehungen zwischen oder zu den Familienmitgliedern entsprechen. Die Botschaft dieser Planeten gilt es zu entschlüsseln, um das eigene Schicksal besser zu verstehen, die Zukunft zu beeinflussen und die Kraft der Ahnen positiv zu nutzen.

KAILASH